Alfred Bosch

LES SET AROMES DEL MÓN

PREMI RAMON LLULL 2004

Planeta

DIAGONAL, 662-664 - 08034 BARCELONA (ESPANYA)
DISSENY DE LA SOBRECOBERTA: SILVIA ANTEM
MAPA DE GRADUALMAP
PRIMERA EDICIÓ: FEBRER DE 2004
SEGONA EDICIÓ: MARÇ DE 2004
DIPÒSIT LEGAL: B. 14.818-2004
ISBN 84-9708-127-7
COMPOSICIÓ: VÍCTOR IGUAL, S. L.
IMPRESSIÓ: A&M GRÀFIC, S. L.
ENQUADERNACIÓ: EUROBINDER, S. L.
PRINTED IN SPAIN - IMPRÈS A ESPANYA

Índex

A aquells que, com el cafè, mai no he conegut prou

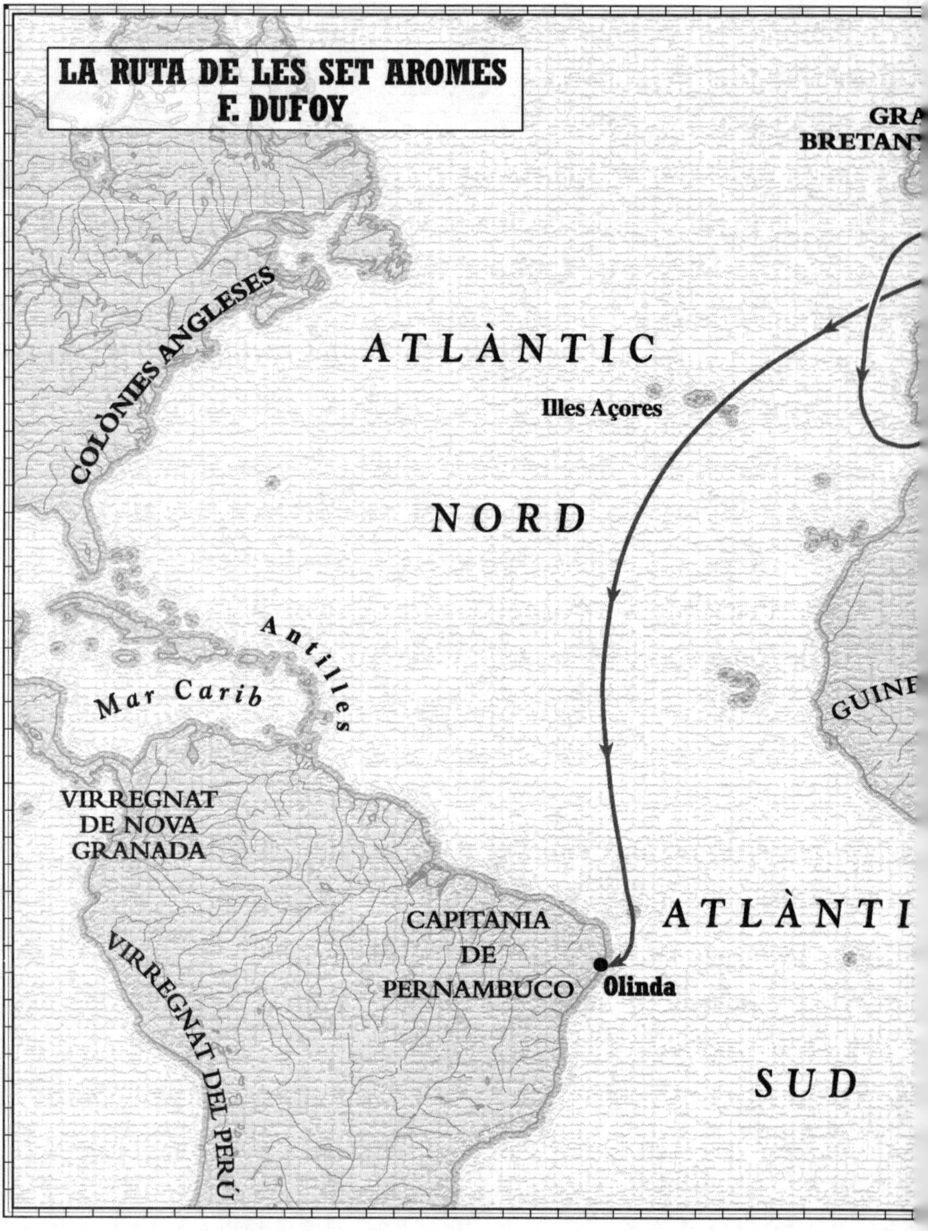
LA RUTA DE LES SET AROMES
F. DUFOY
GRA
BRETANY
COLÒNIES ANGLESES
ATLÀNTIC
Illes Açores
NORD
Antilles
Mar Carib
GUINE
VIRREGNAT
DE NOVA
GRANADA
ATLÀNTI
CAPITANIA
DE
PERNAMBUCO
Olinda
VIRREGNAT DEL PERÚ
SUD

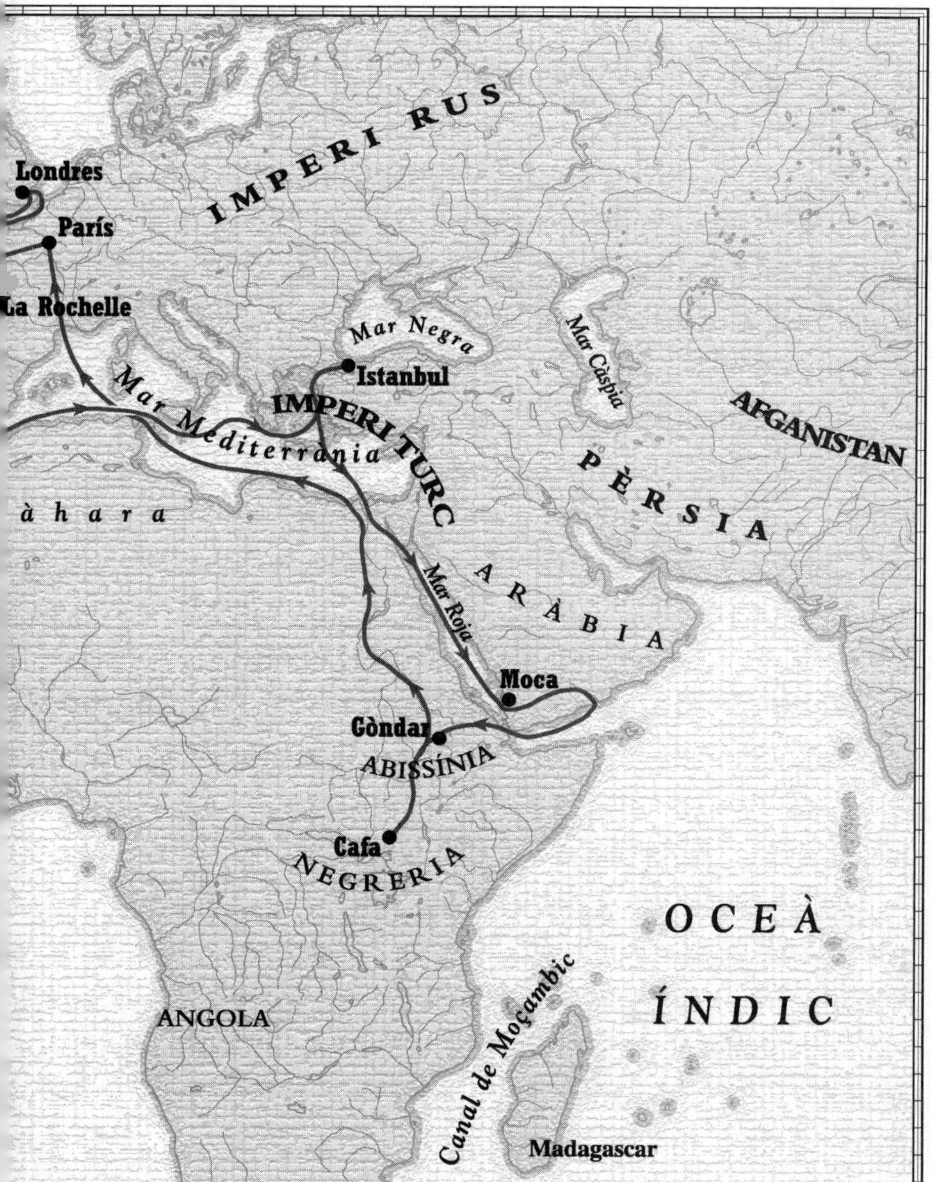
IMPERI RUS
Londres
París
La Rochelle
Mar Negra
Istanbul
Mar Càspia
AFGANISTAN
IMPERI TURC
Mar Mediterrània
PÈRSIA
àhara
Mar Roja
ARÀBIA
Moca
Gòndar
ABISSÍNIA
Cafa
NEGRERIA
OCEÀ ÍNDIC
Canal de Moçambic
ANGOLA
Madagascar

Pròleg

Passats tretze dies del mes d'agost de l'any del naixement de Nostre Senyor Jesús Crist de mil i set-cents i quaranta-set, vàrem albirar la costa de la capitania de Pernambuco. Poc m'afigurava, aquell dia, que arrencava una de les històries més fenomenals que mai no ha escoltat cap orella humana. S'esqueia el primer any de regnat de S. M. Ferran VI, sobirà de les Espanyes i de les Índies. La mar era calma, però el cel anunciava maltempsada, de manera que el capità va resoldre iniciar el cabotatge, i va disposar que jo davallés a terra amb la més gran urgència. La fragata havia de continuar el seu llarg periple fins al Río de la Plata, però érem encara en possessions portugueses, de dubtosa afinitat: no era qüestió d'allargar la maniobra de desembarcament. Fou així que, passada l'hora del migdia, una xalupa em va deixar a mi, un servidor de vostès, de nom Antoni de Gilabert, a les platges de la pròspera vila d'Olinda.

Em complau ressenyar els fets, de fortuna diversa, que m'havien portat a aquelles latituds. Jo era nat a Barcelona, el mateix any de la dissortada submissió, per la força de les armes, de la nació catalana. El meu pare havia mort en la defensa de les antigues llibertats, poc després de venir jo al món. I és clar, un servidor de vostès, per natura i per providència, s'havia inclinat per la gens gloriosa i mundana pràctica dels negocis. De jove m'havia establert a la venturosa illa de Cuba, i ja m'hi havia quedat a viure. Des d'aquell privilegiat santuari havia conduït una empresa de marcada orientació plantadora, dedicada al sucre i el tabac. Entrat en l'edat de la primera maduresa, que com és sabut desperta en els homes la inquietud de les últimes grans oportunitats, vaig prendre la determinació de salpar del port de l'Havana i viatjar cap a terres més meridionals.

És legítim interrogar sobre els motius que m'empenyien cap a altres paratges, lluny de la meva Cuba d'adopció. Podria assegurar que em movia el lucre de l'empresa, però segurament cauria en l'engany pitjor, que és el que cometem en pròpia persona. De fet, pocs anys abans havia començat una pertinaç recerca del producte de moda, el conreu que s'estenia amb fúria pels camps de les Amèriques, i que es coneixia sota el nom de *cafè*. La planta movia fortunes, precipitava enveges i armava conspiracions, perquè el seu consum al Vell Món s'havia disparat més enllà del deliri. Alguns profetitzaven que el seu mercadeig, ben aviat, passaria per davant dels interessos i esforços que nodrien el fabulós tràfic negrer. Jo en dubtava prou, de tals especulacions desmesurades, però sentia una afició particular, quasi espiritual, per trasplantar les fragàncies cafeteres a la perla de les Antilles. Aquella llavor tan singular havia arrelat a moltes colònies americanes, però no pas, encara no, a les hisendes cubanes.

Podrà dir-se, amb sòlides raons, que no calia perdre's a les platges de Pernambuco per fer-se amb un brot de tan preuat vegetal. Però és palès que jo, Antoni de Gilabert, fill de màrtir vençut, també conservava al cos alguna herència del somniador inefable. Havia passat mitja vida ocupat en l'erecció d'un modest patrimoni, i un cop assolit el meu anhel de solidesa material, la flama de l'ideal incert començava a cremar-me les entranyes. Deu ser cert allò que diuen, que ens passem mitja vida fent el nostre futur, i l'altra mitja treballant per desfer-lo. Fos com fos, havia pres el ferm propòsit d'introduir el cafè a l'illa de Cuba. No pas un brot qualsevol, manllevat a les plantacions que es prodigaven a les Antilles o a la Batàvia holandesa, sinó el millor esqueix, el més sublim, el que engendrés el gra més fi i la infusió més saborosa.

Les meves enquestes em van aconsellar, al cap d'un temps, fixar-me en les terres frondoses de les Guaianes i del Brasil. I també vaig sentir esmentar el nom de Fèlix Dufoy, un misteriós personatge que ningú no podia jurar si realment havia existit. Ja tenia dues inspiracions, doncs; una de geogràfica i una altra de biogràfica, i no en necessitava gaires més per engegar el meu periple. Pel que feia a la regió, ho tenia ben fàcil, només havia d'embarcar-me i posar peu en els prometedors destins que, demarcats pels tròpics, començaven a fabricar el millor cafè. Pel que feia al personatge en litigi, però, la cosa es complicava, atès que era més difícil destriar la veritat de la falsedat, en el cas del tal Dufoy, que en qualsevol hagiografia de beat miraculós. Entre experts cafeters, aquella figura era feta a cops de rumor: que si era anglès, que si francès; que si havia corregut mig món, que si era un xarlatà; que si havia produït cafè, que si no; que si la seva beguda era un elixir dels déus, que si aigua bruta; que si era una ficció, que si una persona de carn i ossos... Era com una criatura fantàstica, de les que tan aviat tenen dos caps com una cua de peix, a tenor dels deliris i les quimeres de cadascú.

En recalar a la Martinica, vaig confrontar per primer cop la llegenda amb la realitat. Va ser en un encontre amb un capità normand, el primer home que havia pogut plantar cafè al Carib francès. Allà, la fantasia va començar a ser vençuda per la veracitat. El capità em va assegurar que Fèlix Dufoy no era cap mite, era un personatge de carn i ossos. Ell no l'havia conegut mai en persona, però n'havia patit els ardits. Va dir que anys enrere, a la ciutat de París, el tal Fèlix li havia furtat una planta excel·lent, de la millor espècie, i se l'havia emportat qui sap on. Ell, el normand, s'havia hagut de conformar amb uns brots de tercera classe: malgrat tot, els havia clavat a la terra generosa de la Martinica, i a partir d'allà havia alterat les glòries agrícoles de la França. No calia estudiar gaire el seu posat ofès, el seu tarannà tibat, per comprovar que el capità normand estava fortament ressentit contra un home més hàbil que ell.

Vaig perseverar en les meves inquisicions, de tal manera que aviat vaig saber que, d'existir realment aquell cèlebre Dufoy, devia haver encaminat les seves passes cap a la capitania de Pernambuco. I va ser així com vaig pujar a una fragata de Sa Majestat catòlica, vaig solcar les aigües de mig orb i, aquell tretze d'agost, sis mesos després d'haver salpat de l'Havana, em vaig trobar a les envistes de la pròspera vila d'Olinda. Tot just desembarcat, vaig buscar hostal a la plaça, i vaig preguntar a tota ànima vivent sobre el rastre del curiós Dufoy. Tot d'una em vaig adonar que, a mesura que m'aproximava al meu objecte, la confusió no s'aclaria, ans al contrari. El desconcert s'engrandia.

Algunes veus detestaven la vaporosa memòria del prohom. Que si el senyor Fèlix havia seduït esclaves a tort i a dret, que si era un partidari foll de l'abolició, que si no coneixia ni moral ni confessió. Tenia uns ulls de boig, verds i enormes, i orelles de dimoni, acabades en punxa; a la cella hi exhibia una cicatriu, una innegable marca de dolenteria. Altres en guardaven una memòria més misericordiosa: que si el senyor Fèlix era un gentil home cordial i afable, culte i refinat, que si era un bon pagador... En algunes coses, però, coincidien, les enraonies: aquell home destacat havia bullit un beuratge diví, com mai no s'havia conegut al món; i havia mort a mans de la seva esclava, una Rosa Fortaleza de reputació ínfima, que havia viscut a costa d'ell un grapat d'anys. Apuntaven que els darrers temps, abans de ser despatxat a millor vida, havia ocupat una petita finca, camí del nord, en una absoluta reclusió. Fins que un bon dia havia desaparegut, i la seva pèrfida meuca havia fugit de la mà de la justícia, sense deixar ni rastre.

En aquelles dates, es va escaure un contenciós que em va assistir en la meva tasca. Resulta que un contingent de negres, uns fugitius que s'havien resguardat al rerepaís, al campament rebel de Palmares, van negociar amb les autoritats el seu retorn a la civilització. Un bon dia van comparèixer a les portes de la vila d'Olinda, en nombre de tres-cents i escaig, i es van lliurar a la llei. Els sotmesos van organitzar un avalot, sota el pretext que la capitania els havia promès l'emancipació; però les tropes els van encerclar i els van reduir a foc i espasa. Després van arribar els majorals, procedents de les plantacions veïnes, els van marcar amb ferros roents, i se'ls van emportar a collir canya de sucre. Aquells fets i la meva història no s'haurien encreuat si no m'hagués topat, al cap de poc, amb un d'aquells esclaus infeliços.

L'home carregava sacs a la platja. Era jove i fort, anava mig despullat i lluïa la marca del ferro a l'espatlla. M'hi vaig atansar i li vaig oferir un glop d'aiguardent —mètode reconegut i infal·lible per deslligar les llengües més nuades. Li vaig demanar si venia de la zona insurrecta. Ell em va respondre que venia de la república lliure de Palmares, i que en mal dia havia marxat d'allà. Jo no tenia cap obligació immediata, així que vaig desplegar la meva naturalesa, curiosa de mena, amb una bateria de preguntes amables. Quan ell es va sentir prou afalagat, li vaig demanar allò que més m'interessava: si havia sentit parlar d'una esclava renegada, una tal Rosa Fortaleza, que havia mort el seu amo.

El camàlic em va mirar amb aquells ulls d'esclau, que no saps mai els secrets que amaguen. Va afirmar que no només n'havia sentit parlar, sinó que l'havia conegut. Era una dona meravellosa, va dir, ferma i valenta, que encara vivia a Palmares. Tenia una caseta allà, on s'hi estava amb una anciana amiga seva. I desconeixia si havia mort el patró o no, va afegir: però si ho havia fet, segur que el bordegàs s'ho havia buscat. La Rosa, va dir, no era una dona qualsevol. Sabia cantar com els àngels, i caminava amb el cap dret, molt ben posat entre les espatlles. Maleït el dia, va cloure, que havia abandonat la companyia de gent tan ferma com la Rosa Fortaleza.

Em vaig quedar tan capficat, per les paraules d'aquell bastaix, que no vaig encertar a donar-li una petita almoina. L'home només en va treure una esbroncada del capatàs i un cop de canya als ronyons. Em vaig quedar ben aturat, és cert, i quan el cap em va tornar a rutllar la colla de mossos ja no hi era. Però els dies següents vaig aprofundir en la meva recerca, i vaig abordar tots els captius retornats que em vaig trobar. Les seves informacions eren coincidents, i aviat se'm va formar la idea més pelegrina que se li podia formar a una ment decent. Vaig decidir que m'internaria en la selva, fins a la comunitat de Palmares, i parlaria amb l'antiga esclava de Fèlix Dufoy.

Vaig fer els preparatius, doncs, i vaig arrencar cap al país on la llei, la lletra i el decòrum quedaven esborrats del mapa. No voldria allargar-me tot narrant les penalitats que vaig passar: el cas és que, unes quantes setmanes més tard, ja era a la frontera última del progrés i la cultura. I mentre descansava en una clariana, uns negres colossals em van assaltar amb els seus matxets i em van obligar a seguir-los. Van robar-me tot el que portava, em van punxar amb les seves ganivetes de dos pams i van estar a punt de fer-me a bocins. Per fortuna, se'm va ocórrer esmentar-los el nom de Rosa Fortaleza, i aleshores van pensar que més valia dur-me al campament, on algun salvatge una mica menys analfabet podria sentir les meves explicacions.

En suma, diré que aviat em vaig trobar a la cabana de la pròfuga en qüestió, on vaig verificar que es tractava d'una dona imponent, de gran bellesa i d'una olor salada que embriagava els sentits. També era prou dotada, pel que fa a les intuïcions, i diria que de seguida va entendre que jo no pretenia enganyar-la. Em va escoltar amb atenció mentre li detallava els motius del meu viatge, fins i tot va somriure en un parell d'ocasions, i va elogiar el meu coratge. Però, quan li vaig demanar si conservava el cafè del seu amo, es va incomodar. Jo li vaig prometre que pagaria el que fos, el que ella em reclamés, per aquella llavor única. Els bàrbars que m'havien assaltat tenien tot el meu or, vaig admetre, però estava disposat a baixar fins a Olinda i tornar amb més diners, si calia. Allò no seria un obstacle.

Ella va negar amb el cap, una i altra vegada. Res del seu amo bonic —va usar aquells mots— no li pertanyia. Quan es va afartar de la meva insistència, la dona es va aixecar i va anar al fons de la cabana, on una senyora blanca descansava en un llit. Podeu pensar què hi feia, aquella vella, allà a la cova dels fugitius: però heu de saber que a caus com aquell hi van a parar els residus de la societat, siguin del color que siguin. I ella no va ser l'única persona de pell clara que vaig veure a Palmares. Bé, tant és. La tal Fortaleza es va acostar a l'anciana, i la va acaronar. Li va passar les mans pels cabells i li va fer un petó al front. Com si la reconfortés en una malaltia, o com si la calmés en una avançada demència senil. Si l'evidència de les pells no m'ho hagués tret del cap, hauria jurat que es tractava de mare i filla. Finalment, la vella va murmurar alguna cosa, que no vaig sentir, i la tal Rosa va tornar cap a mi.

Em va quedar clar que la negra no tenia pressa per ferme fora, i que no em volia cap mal, però també vaig comprovar que no desitjava fer cap mena de tracte. Tot apuntava que la meva aventura s'acabaria allà, en una trista cabana d'un campament d'esclaus sediciosos. Em va aclaparar la serenitat extrema del fracàs, aquell sentiment pla i definitiu que ens envaeix quan ens adonem que ja no podem fer més del que hem fet, i quan al capdavall hem fet molt més del que recomana la mesura. Despullat de tot recel, per tant, i sense altra esperança que la de tornar a casa sa i estalvi, vaig elegir el camí de la més pura tafaneria. Li vaig demanar un extrem que no guardava cap relació amb la planta del cafè, però que m'havia intrigat des que havia sentit a parlar d'ella i de Fèlix Dufoy.

—¿És cert allò que diuen, que vas matar el teu amo?

—La gent diu moltes coses —va replicar ella.

—¿És cert o no?

—Sí, el vaig enviar a millor vida.

M'ho va dir amb una tranquil·litat insòlita. Només les criatures més feréstegues, vaig reflexionar, són capaces d'expressar veritats tan crues d'una manera tan senzilla.

—Ah... —vaig fer—. ¿I per què?

—Perquè m'ho va demanar ell.

Allò va ser tot, de la tal Rosa Fortaleza no en vaig obtenir res més. La dona va emmudir i jo em vaig quedar amb un pam de nas. A l'endemà, quan emprenia el llarg camí de retorn a la ciutat, pensava que no en trauria mai més res, ni d'ella ni de cap altre testimoni, ni de Palmares ni de Pernambuco ni del Brasil sencer. Ni un miserable gra de cafè, no en trauria. De ben poc em serviria una confessió de culpa, per boca d'una fugitiva negra, quan jo mai a la vida no havia festejat la vocació judicial. Res més lluny del meu ànim que travessar mig món per determinar les causes d'un delicte comú. D'acord, entesos, una negra havia liquidat una espècie de fantasma. Molt bé, o molt malament, però jo havia fracassat en l'objecte del meu llarg viatge, que era la recerca del gra més captivador de la terra.

Vaig davallar cap als palmerars de la costa, convençut que un servidor, Antoni de Gilabert, s'havia estavellat contra un mur massís. Les bèsties salvatges, les males herbes que entorpien el meu descens, i sobretot la pena que carregava al damunt, em van impedir cultivar l'esperança que la divina providència ens reserva en tota mena d'estretor. Reconec que vaig defallir, pobre de mi, i que vaig estar a punt de convertir aquella visita en un simple episodi estèril, en una anècdota extravagant de la meva vida. Perquè vaig oblidar que a tota hora, en qualsevol racó del món, els camins del Senyor són presents i se'ns obren al davant. Per inescrutables que ens semblin.

Soho

Això és repugnant —vaig exclamar—. Déu meu... ¡això és un xarop satànic!

Va ser el meu primer i el meu darrer glop de cafè. Cremava com l'infern i deixava un rastre amargós com el pecat; era ensucrat com la luxúria i obscur com la tenebra eternal. Aquella tasseta era una caldera menuda, on espessia tota la indecència i tota la perfídia de la humanitat. Durant anys m'havia resistit a la seva fragància temptadora. Jo, Justin Dufoy, predicador reformat, la més ferma de les talaies, havia aguantat una i altra vegada davant els embats de la moda. Però aquell dia m'havia deixat arrossegar fins a Miles, un cau d'entre un miler on servien aquell beuratge. Havia transigit, ple de desfici, i m'havia encaminat a la perdició en una hora maleïda.

—Ets un cas, Justin —va engegar el meu cosí, quan es va atrevir a trencar la pesantor de l'ambient—. Tu i els teus dimonis.

—¿Dimonis? Certeses i fe, cosí meu. Jo només sóc un pobre servidor de l'Altíssim.

Vaig repassar l'estranyesa dels comensals. No em trobava en una assemblea de pastors, no, però sí en un aplec de gent que es tenia per decent. Hi havia el cosí Prudence al meu davant, i quatre més: un regidor de la ciutat, un sabater modest, un vell soldat republicà i el meu fill. El més perplex de tots era en Fèlix, que esguardava aquella escena, i de fet el món sencer, des del silenci dels seus setze anys —era el meu únic descendent, devot i obedient, però massa reservat. Vaig provar d'aguantar-li la mirada, advertint-lo que ell no tastaria mai de la vida aquella beguda, i que mentre existissin pares i fills sota la capa del cel, ell se n'estaria prou. Em va dedicar els seus ulls verds i enormes, alhora quiets i vius, regal de sa mare difunta. Li vaig reconèixer les marques paternes: aquelles orelles punxegudes i la cicatriu que li partia la cella —l'únic senyal que trencava la netedat del seu rostre. I també vaig observar els seus llavis fins i premuts, tan seus, com propis d'ell eren els silencis que s'hi tancaven.

—Ara em direu —va parlar l'antic milicià— que us empasseu les bajanades que corren. L'altre dia un cretí em va assegurar que, barrejat amb llet, ¡provocava la lepra!

Era un home de poca flama interior però de moltes nafres —a les mans, al front i una de grossa als llavis, que el convertia en un llimac xiulador. Era cert que se'n deien moltes, de ximpleries, sobre el cafè, i per un poeta que en cantava els beneficis, trobaves tres doctors que alertaven contra els seus perjudicis. Que si feia caure en l'insomni perpetu, que si desfermava els ardors de ventre, que si conduïa a la impotència, que si inflava excrescències i tumors... Però tots aquests atzars, espantosos com eren, no guardaven parangó amb el pitjor dels mals, el que podia trasbalsar l'ànima. Jo sospitava que, en el combat de la llum contra la foscor, la beguda era una aliada del Gran Temptador. No podia ser altrament, vist com aixecava passions i apel·lava als sentits del poble.

¿Per què la vaig tastar? Jo mateix m'ho preguntava mentre resseguia el ribet de la tassa, i em perdia en aquell líquid fosc, gairebé vivent, animat de petites onades. Em vaig adonar que havia caigut en la seducció de la primera Eva, festejada per la poma del coneixement. M'havien insistit que allò era font de saviesa, pou de ciència; ¿quin mal podia fer una libació que despertava el pensament? I si portava el mal, bé, ¿no s'espantava millor el mal si es coneixia? I aquella flaire que em pujava al cap... Si feia la provatura, afirmaven, sentiria com els meus ulls, els ulls que sempre m'havien semblat tan clars però que eren plens d'ombra, renaixien de sobte lúcids i esbatanats. La dolçor fumada m'embargava. M'acostaria més a Déu, garantien els meus companys de taula. ¿O és que no era pas jo, de tota la vida, un lluitador de la llum? A més, necessitaven el meu dictamen, el del conductor d'ovelles. Jo sospirava, i vaig acabar per xarrupar.

El sabater em contemplava mentre es gratava les arrels d'un cabell massa poblat, que li envaïa el front i semblava a punt de fondre's amb les celles.

—No us comprenc —va dir el pelut—. A mi el cafè em va allunyar del vici de la beguda. ¿Penseu que no és bona, una cosa així?

—Doncs no, amic —vaig desafiar la seva expressió primitiva, de cuiro adobat—. Aneu errat. És pitjor que el vi, perquè aquí hi trobeu el pecat disfressat, el que es vesteix d'eixerit.

—¿Aleshores? —va xiular el soldat de llavi bífid—. ¿Quin líquid aproveu?

—Cap. No, no em mireu així; cap ni un —li vaig engegar a aquella cara tosca—. Hem de cercar el que no es beu, el que no s'olora, el que no es tasta, perquè el que toquem és temporal, i el que no toquem és etern.

Vaig sentir uns esbufecs que em van confortar. El meu criteri havia estès el silenci, i allò era un bon senyal. Havia deixat prou clar que la dissipació no duia el nom del cafè, ni el nom de cap altre beuratge conegut; duia el nom del plaer. Només a l'hora de mostrar-se s'exhibia a través d'aquella negror, que era la manca de llum i d'evangelis. D'aquell sucre que era l'engany, d'aquella escalfor que era la de l'avern, d'aquella amargor que era la del penediment. El meu cosí va alçar la cafetera de llanterna, vaig declinar l'oferiment i es va arronsar compungit. Havia estat ell, en Prudence, qui m'havia arrossegat fins aquell cau.

—No pateixis, Prudence —vaig avançar—. Si vull trobar algun culpable, només el trobaré sota aquesta roba.

Vaig pessigar la meva capa ginebrina, més negra que la negra beguda. Jo era del tot franc quan no li descarregava les culpes dels meus propis actes. A més, ell m'havia ajudat a trobar refugi, quan escapava dels gossos del Rei Sol. M'havia acollit a Londres amb el seu pa, el seu sostre i la seva bondat. Potser no era el més rigorós dels devots, abillat a la moda, amb el collar brodat fins a les espatlles, unes grans botes de coll doblegat i un barret ample coronat per una ploma d'estruç. Potser aquell bigoti cargolat, la barbeta de boc i una cabellera un pèl massa presumida, no eren la millor carta de presentació d'un home de fe. Però ell i la seva família ens havien salvat de les urpes del monstre catòlic, ens havien embolcallat amb la seva calidesa i el seu afecte.

Em va passar pel cap una comparança terrible: ¿no podia ser que aquell home, sota la seva aparença dolça i amable, fos com el cafè? ¿Que el meu parent encarnés la perversió subtil, no com l'alcohol furibund i sanguini, sinó com aquella infusió de presència càlida i raonable? ¿I que encomanés les seves corrupcions mesurades, en especial al meu fill, que l'admirava i l'escoltava? Tot just va ser una imatge fugaç, passatgera, que vaig esbandir del cap. No, no, l'únic responsable de les desviacions pròpies, i de les d'en Fèlix, era jo. Jo mateix, el predicador, el model i baluard per a tants. El feble era jo. El feble era jo. I tant que ho era, de feble.

—Vejam, Justin... —va aventurar el meu cosí—. ¿No has pensat mai a tornar-te a casar? Et veig massa... ¿com t'ho diria? Massa de pedra picada. Pensa que una bona esposa sempre...

—No hi tornis, Prudence —el vaig tallar—. Saps que cap muller no prendrà el lloc que va deixar la Grace.

—És clar, és clar —va omplir la seva tassa—. No en trobaràs cap com ella. Però home, una família canvia el color de les coses. I el deure de la procreació...

—Nostre Senyor no ho ha proveït —vaig sentenciar—. Sí, Prudence, me'n vas presentar cinc, de dones íntegres, segons tu. ¿I què vaig veure? —em vaig adreçar als altres—. Cinc luxúries, vaig veure. Cinc. La dels ulls, la de la carn, la de les paraules, la del nas i la de la boca. Vaig decidir que continuaria vidu.

—No tens remei, cosí. Només veus ruïna en les dones. Tots sabem que van ser dones les que van fer caure Adam, i Samsó, i el savi Salomó. Però també eren dones les que van concebre i consolar el Crist.

Va intervenir el sabater aspre.

—Ah, ¿i el vostre fill, senyor meu? ¿No heu cregut mai que una veu de femella, a casa, l'ajudaria a...?

El vaig fulminar sense paraules. Tot seguit, vaig apamar la cara d'en Fèlix, les seves orelles llargues i primes que despuntaven i els ulls que s'obrien com un oceà. El noi havia abraçat més la mare morta que no pas la viva, i l'enyorança d'aquella màrtir que gairebé no recordava li aigualia l'esguard. Amb els nusos dels dits, vaig fer un cop sec i rotund a la taula. Les tasses van vessar una mica. Em vaig mossegar el llavi.

—Prou —vaig pronunciar fluixet—. Que no se'n parli més.

El regidor va rescatar la conversa. No tenia les batalles del soldat, ni la rudesa del sabater. Els llavis prims, els pòmuls frescos, els ulls menuts, l'armaven d'una elegància propera a la falsedat. Era el més agut dels presents, amb diferència, i va fer derivar les disputes cap a l'estat del reialme. En aquell terreny, els desacords no podien ser tan forts. Tots érem de conviccions republicanes i crèiem que les corones absolutes feien de mal suportar. I tots estàvem decebuts. Havíem canviat un rei catòlic per un de protestant, d'acord, però rei al capdavall. I que si tomba i que si gira..., el fervor purità havia quedat diluït en les trifulgues entre polítics antics i joves, entre corrupcions de sempre i privilegis nous. La causa de la gent pura i lliure no havia avançat, i si bé no havia retrocedit, simplement érem allà on érem: en un país de nobles rics.

—El que no comprenc —va dir el regidor— és per què no us heu embarcat cap a la Nova Anglaterra. A un home recte com vós, sense renúncies, us hauria convingut començar de nou. I més ara que som a les portes del segle divuit: viatjar cap a una terra de promissió, en la frontera d'un món obert, allà on tot resta per fer...

—¿És això el que voldríeu, senyor meu? —el vaig interrogar tot agitant les mans—. ¿Deslliurar-vos dels més estrictes, dels més molestos, per empassar millor les pròpies claudicacions? ¿Noliejar no un, ni dos, sinó tres-cents vaixells, i despatxar-nos cap a les Amèriques?

El regidor es va retocar el mocador de seda blanca, ben nuat al coll. Aviat portaria una perruca voluminosa i un tern groc llampant, vaig sospitar, com ja estaven fent tots els patricis de certa posició. Però la seva vivor no s'acabava amb les aparences. Tenia una llengua esmolada, i no renunciava a usar-la.

—¿Que no us agrada la llei dels homes? —va aclarir la veu—. Doncs d'acord. Marxeu i viviu amb la llei de Déu, res a objectar. Ara, si voleu residir al món real, reverend, potser alguna concessió...

—Ja me'l conec, aquest discurs, regidor. I abrigo l'esperança que vós, i els altres —vaig repassar els presents, tot esquivant el meu fill— ... no us el cregueu. Sabeu molt bé que buscar el paradís a la terra és cosa de necis. Hem de poder afrontar el sacrifici, la torbació i el patiment, perquè només en la lluita hi trobarem el perdó. I ja que en parleu, doncs sí senyor. És clar que vull viure al món real, però amb coratge i encarat al mal.

Vaig veure que en Fèlix mirava la tassa de cafè amb ulls devoradors, i em vaig alarmar. Quan jo deia encarar el mal no volia dir estudiar-lo, o potser sí, però no ho volia per al meu fill, el meu àngel, que portava la calamitat escrita en una cella migpartida. Li desitjava la virtut, el rigor, la integritat, però sense la temptació i el sofriment. Volia tota la bondat i la pietat per a ell, i tots els perills de la terra per a mi. Per poc que pogués, aquell havia de ser el meu jardí terrenal, el paradís d'un fill celestial a canvi d'un pare torturat.

—Aquí el tenim, l'últim purità... —va intervenir el meu cosí—. ¿Que no t'adones, home, que t'amargues l'existència? Em fas patir, Justin, mira't al mirall. Els cabells se t'arrapen rere les orelles en punta i se t'enganxen als pòmuls. No has anat al metge perquè et tracti la cama coixa. Fas cara de no haver estat mai un nen. Només et guarneixes als funerals... i encara. Per no dir res del menjar, dels llibres, ¡de les dones! ¿On són les alegries? ¿Que no formen part de la creació?

—Em vaig quedar coix en fugir de França, Prudence. ¿Com t'he de fer entendre que no és el meu cos, el que em preocupa? I tu saps molt bé que em mudo sovint. Per exemple, per exemple... tot sovint... —em vaig gratar el nas— ... mira, als bateigs.

—Justin, ¡però si espantes els nens! I en Fèlix també, també l'espantes. No fotis, home.

Li vaig dedicar uns ulls esverats. Podia suportar moltes coses, i atendre les opinions més diverses. Podia escoltar els dissidents i fins i tot els papistes, si no em forçaven a creure com ells. A en Prudence, parent meu i benefactor, li podia tolerar més que a ningú. En el fons jo era un home pacient. Però el que no podia sofrir, i el meu cosí ho sabia prou, era el llenguatge brut. Ell va alçar els braços i va abaixar el cap en mostra de contrició. Després va destacar el dit i, amb els ulls tancats, va arquejar les celles. Volia reblar el clau del que pensava. Es disculpava per les formes, però no pas pel fons del que havia dit. No el vaig deixar parlar.

—Hem de protegir els menors, ¿oi? —tots van mig assentir, tret del meu noi de setze anys—. Ho hem de fer, és la nostra obligació. Però no ho farem pas amb feblesa. L'excés d'amor i de goig ens pot fer dèbils. El nostre amor i el nostre exemple han de ser robustos com un roure.

—La joia de viure, Justin —va exclamar el cosí—, la joia de viure. ¿Te n'has oblidat? ¿No forma part de la creació, la joia de viure? ¿No ens la va regalar l'Omnipotent, també? ¿Fa no sé quants segles?

—Segons el bisbe aquell —va apuntar el tros de soca del sabater—, fa ben bé quaranta segles.

—Segons les medicions del bisbe Usher —vaig recalcar, imposant càtedra en coneixements històrics— ... la Creació data d'una nit, entre divendres i dissabte, del vint-i-tres d'octubre de l'any quatre mil quatre abans de Jesucrist. I la joia, estimat cosí, la joia la vam perdre aleshores. Ja ens serà retornada quan ens la mereixem.

—Per cert —va tornar el regidor al rescat—, parlant dels orígens: ¿sabeu que el gran Milton va inventar-se el *Paradís Perdut* justament aquí, a Miles, en aquest mateix cafè?

Va dir que gairebé veia el vell Milton a la seva taula, envoltat de místics misèrrims, els flocs de cabell mòrbids i aferrats al coll. Veia el poeta dels darrers anys, agre i xuclat, la mirada ja del tot boirosa. El veia ressentit contra el món dels poderosos, però encara apassionat pel fervor dels modestos, disposat a passar-se hores amb l'organista de la parròquia veïna o un estudiant de seminari. Ell no havia conegut en persona el mestre, només l'imaginava per boca d'altres i pels seus escrits, però la seva figura cega i reservada se li apareixia al racó com si del seu pare difunt es tractés.

—Aquí al costat mateix —insistia el regidor— va ser on Milton va prendre la seva primera tassa de cafè. I va dir allò tan memorable de... vejam, ¿com anava? Ah, sí: «...no sento la mort, sinó més vida... els ulls oberts, noves joies i esperances.» ¿Què us en sembla, eh, predicador? Però encara va dir més sobre el cafè: «...tan diví és el tast, que allò que fins ara tenia per dolç, trobaré amarg i insípid.» ¿Què me'n dieu?

—Que jo mai no em podré comparar al gloriós Milton. Això us dic.

—Però escolteu —va continuar el regidor—, escolteu la màgia lírica del gran home, els seus versos de marbre i d'escalfor: «Per la mar el vent ofrena, bufant des de garbí, aromes de Saba... vinguts de les riberes perfumades, arribats de l'Aràbia feliç... i en moltes llegües, ¡l'oceà antic que obre un somriure!»

—L'Orient —vaig sentenciar— només m'atrau com a bressol del Crist.

—Doncs el vostre fill —va apuntar el milicià, amb una ganyota bavosa— no sembla que sospiri per un pessebre.

Vaig comprovar, desolat, el gest d'en Fèlix. Obria els ulls de bat a bat i contemplava, abans que la cara, les paraules. Les paraules que sortien dels llavis del regidor i que s'enfilaven amunt, talment uns fumerols de cafè. El vaig reprovar amb una mirada seca, i llavors el noi va abandonar d'un bot les costes mahometanes per tornar a les gelors d'Anglaterra. El meu cosí va provar de disculpar-lo.

—Als joves no els fa cap mal, somniar de tant en tant. Deixa'l, home, deixa que viatgi cap als misteris del Turc...

—Ai —va sospirar el sabater—, cap als reialmes de la planta del cafè...

—Ai sí, cap a la fragància de les dones més belles... —va afegir el soldat.

—I cap a la més fabulosa de les fortunes —va arrodonir el regidor—. Tot el gra que arriba aquí, el que després bullim a les nostres cafeteres, ve del Gran Turc. El soldà no deixa sortir ni una llavor que no estigui torrada, ni un sol brot capaç de néixer.

—Doncs tot això que ens estalviem, senyors. I ja n'hi ha prou d'entabanar el meu fill.

—Diuen que a les parts més recòndites d'Orient —va desafiar el regidor— hi creix una planta fina de cafè, una espècie que encara no ha arribat aquí i que amaga unes propietats extraordinàries. Amb el seu gra, asseguren, es pot coure l'Elixir del Bon Saber, un filtre que regala gran enteniment a qui el tasta. I no cal dir que, la persona que trobi una semblant tisana, obtindrà el seny més elevat.

Es va fer un silenci sepulcral. Les paraules d'aquell home havien despertat la torbació dels presents, com si hagués revelat l'emplaçament precís d'un tresor enterrat. A en Fèlix li van pujar tots els colors a la cara i una lluïssor perduda, de ximple enamorat, li va inundar el gest. Jo era l'únic que em mantenia impassible davant d'aquella fantasia, i no estava disposat a adorar una droga exòtica. L'únic seny era l'adoració de Nostre Senyor, i no el d'una quimera material. Érem a un pas de la blasfèmia.

—Bé, hem acabat —vaig fer.

Em vaig incorporar de la cadira, i vaig ordenar a en Fèlix que em seguís. Jo estava enutjat, sabent que era molt fàcil, massa fàcil, fer trontollar un esperit jove. Els contertulis em van mirar amb malícia, van moure els caps i van provar de fer-me seure. Quan van veure que estava decidit a marxar, s'hi van resignar: i el més beneitó de tots, el sabater, em va interpel·lar a mode de cloenda.

—Així, pastor, ¿què dictamineu?

—¿Dictaminar sobre què?

Va assenyalar la seva tassa de cafè.

—Doncs dictamino que... dictamino... No dictamino res de res, ¡per Déu! No sóc pas el papa, jo. O més ben dit:

dictamino que tornem cap a casa. Al nostre barri frugal i decorós. Al nostre Soho.

I justament aleshores, mentre amb una mà buscava el meu bastó, va succeir un fet insòlit. Vaig cometre un acte irreflexiu, quasi per instint. El braç lliure se'm va allargar cap a la tassa, encara plena, i me la va acostar a la boca —com per apurar la beguda abans d'enllestir. No ho vaig fer pas jo, no, ho va fer el meu braç. Però l'olor em va repoblar el nas. Durant un instant, que es va fer etern, se'm van tancar les parpelles i vaig volar cap a unes llums ignotes. Llavors vaig sentir un calfred i vaig tornar al món. No vaig gosar mirar els presents, alarmat de mi mateix: a penes havia aturat el curs de la beguda a frec de llavis. Glaçat, inflat de rubor, vaig empassar salivera. Tot seguit, se'm va disparar el braç i la porcellana es va estavellar contra el mur. Uns reguerots espessos i foscos van lliscar fins a terra. Vaig girar cua, em vaig repenjar al braç del meu fill i vaig sortir d'aquell cau.

Ben mirat, aquell dia es va trencar alguna cosa més que una simple tassa de cafè.

És més difícil fer ingressar un vividor al Regne del Cel, certament, que no pas esmunyir un camell pel forat d'una agulla. L'home que somnia en el plaer s'està treballant, amb perseverància, la seva perdició. El que té ànsia per la carn, l'orgullós, el que aplega riqueses, el que menja sense mesura i el que beu —sí, també el bevedor de cafè— se'n van de cap al pecat. I només hi ha un esperit més brut que el del pecador, un de sol encara més indecent que el que comet una acció impura: el de l'instigador. Per això a l'endemà em vaig despertar amb gran inquietud, i encara em vaig esverar més quan vaig descobrir que en Fèlix no era al seu llit ni enlloc. Allò era un acte inèdit i, per descomptat, preocupant. Vaig córrer al llit del meu cosí Prudence. Ell es va fregar els ulls i em va confiar les seves sospites.

—Déu del cel —vaig gemegar—; ¿n'estàs segur, del que dius?

—M'hi jugaria el coll, Justin —es va refregar les lleganyes—. Ahir em va demanar per tots els cafès de la ciutat, els dels jueus i els dels italians, els dels puritans i els dels ateus. Volia saber-ho tot, però mai no m'hauria imaginat que...

—Valga'm Déu —vaig sospirar—, és culpa meva. Les meves relliscades són autèntiques esllavissades per a ell.

En Prudence no em va permetre que carregués, tot sol, el penediment. També se'n sentia, d'instigador. Va confessar que li havia parlat més d'una vegada sobre aquella tisana sorprenent, al noi, i que en alguna ocasió li havia permès olorar-la. Diantre de cosí, vaig pensar, no podia estar tranquil ni amb els de casa. Però no era l'hora dels retrets: sota la meva mirada severa, es va vestir en un tres i no res. Tot seguit, li vaig dictar el pla: ell cobriria la banda de ponent, riu amunt, i jo aniria cap a mar. Ens esforçaríem a regirar Londres de dalt a baix, i trobaríem el noi. A punta d'alba, doncs, ens vam arribar a la creu de Charing i, amb un gruny somnolent, ens vam separar.

Allà començava el meu pelegrinatge, la meva davallada als abismes de la gran ciutat. Em vaig afegir a la caravana de carros que grinyolaven, plens d'hortalissa i de fruita, cap a Covent Garden. Els crits encara eren somorts, com esmorteïts pel fred matiner, i els pagesos es prenien la vida amb resignació. Amb el meu bastó inseparable vaig arribar a plaça. Allà vaig demanar pels establiments del barri. Vaig fer el recorregut, però la majoria eren tancats. Només un, conegut pel nom de Will's, acollia una bona clientela. Era el lloc preferit dels literats i la gent del teatre, que ja des de primera hora hi anaven a escalfar la llengua.

Era una fira de vanitats. D'entrada, l'encarregat no em volia deixar passar: aquell local era una autèntica universitat, va exclamar, i si m'hi volia afiliar havia de fer dringar unes monedes al taulell. Jo no portava res, així que li vaig relatar les meves angoixes, i en comprovar la seva manca de compassió, el vaig intimidar amb tot el pes del meu ministeri. Ell no va distraure gens el seu paper de gos sentinella i em va barrar el pas. Al cap d'una estona, el petit aldarull va fer arribar riotes i clams des de dins. Els clients reclamaven la presència del predicador turmentat, o sigui jo.

Una caterva d'estudiants sorneguers, els birrets a les mans, em va guiar fins a la vora del foc. Quan vaig poder esbandir el fum de les pipes, vaig discernir dues perruques exuberants inclinades damunt la taula. Em van presentar una de les perruques, pertanyent a un poeta llorejat —un home que no es dignava a treure el nas d'un petit tendal de seda verd. Estava aspirant el baf d'algun producte aromàtic. L'altra perruca ocultava un addicte al rapè, i quan es va redreçar vaig endevinar els ulls congestionats i el nas carronyer d'un home de mitjana edat. Se'm va introduir com a publicista. Es va compondre els rínxols postissos, i un núvol de farina va entapissar la taula.

—No feu aquesta cara, pastor —va dir entre xuclades de nas—, tothom cultiva les seves aspiracions. Jo practico aquestes, i el col·lega —va assenyalar la perruca veïna— fa les seves inhalacions matinals de cafè. Per prescripció facultativa, contra la migranya.

—Busco el meu fill.

—Així —va xuclar de nou— ...¿heu perdut una ovella? ¿La més preuada del vostre ramat? ¿I creieu que aquesta pastura —va escombrar l'indret amb la mà— li podria resultar edificant?

Els batxillers li van riure la broma, però ell va fer-los callar. Jo vaig amidar l'espectacle abans de parlar.

—De cap manera, senyor meu. Qui té moltes paraules sol menysprear la Paraula.

—Amén —va fer el publicista—. Mireu, reverend, aquí no hem vist la vostra criatura.

L'home ja donava la facècia per acabada, havent esgotat el divertiment. Va fer un gest amb els dits, i els estudiants em van convidar a marxar. En aquell instant, però, l'altra perruca es va aixecar. El poeta llorejat va exhibir el seu rostre ullerós, emporcat pel maquillatge que s'escorria galtes avall. Els vapors del bol de cafè, el bol que havia amagat sota el drap de seda, li amaraven la cara.

—Us noto un deix francès, pastor —va parpellejar—. ¿Que sou hugonot?

—Sóc un creient dels evangelis, milord. I fa deu anys que visc a Londres. ¿Què hi fa d'on vinc?

—Hi fa, hi fa —es va eixugar els llagrimals amb la seda verda—. Cal conèixer les músiques del món, que són moltes. I els gustos del món, que són quatre: salat, dolç, àcid i amargant. També cal aprendre els set colors del cel.

—Amb el color de la santedat vaig servit.

—... però sobretot —va continuar com si res—; per entendre la creació, hem de conèixer les olors, perquè les olors són com les terres d'origen, que ens indiquen la veritable naturalesa de les criatures.

—A mi només em val l'emanació de Déu.

—La creació divina —va sentenciar ell— és molt més generosa del que penseu. Se'ns presenta amb el vinagre, la menta, la flor... vejam, ¿què més? Bé, sí, el mesc, l'èter, la fetor i... Són sis, ¿oi? Ah, i la càmfora. Són les set aromes del món. Set fragàncies primordials.

—L'Altíssim el podem respirar des de casa, no calen tantes essències.

—No, senyor meu —va alçar el dit—. Les nostres cases i els nostres temples, la ciutat de Londres tota sencera, només desprenen la part del vinagre. Hem d'aprendre les set fragàncies, si volem aprendre a viure.

—Per això —vaig replicar— us tanqueu sota un drap a respirar cafè.

—Just, predicador. El cafè cura el mal de cap, perquè conté les set aromes, les que l'han regat als set racons del món. Jo no he vist pas el vostre fill, bon home —va tancar els ulls—, però podeu comptar que si el veiés, li diria això mateix.

Vaig girar cua. Aquella cofurna de lletraferits no tenia res més a oferir-me. Les murmuracions d'adulació i les rialles dels col·legials se les podien quedar totes a dins. Vaig tornar al carrer, perquè jo tenia una missió a la terra. Jo era un hugonot, sí, jo era un refugiat protestant que havia fugit de Sa Catòlica Majestat francesa, poc després que l'astre coronat decidís revocar l'edicte de la tolerància. Jo era un apestat, i no en volia saber res de les olors que feien els homes distints i les terres remotes. Només apreciava dues aromes, jo: la de l'Altíssim i la de Satan.

El firal humà de Londres era ben tèrbol, però era millor que el de la meva comarca natal. A França hi governava la presumpció, tot es bescanviava, des de títols i honors fins a terres, noms i febleses: els béns més preuats prenien forma de puta, de dona, de marit, d'infant, d'esclau, d'argent o de sang. La sola cosa que no es tolerava era la fe pura, la del creient digne i decorós, la del fidel que es negava a passar per la franquícia de Roma. Parlar a Déu i escoltar-lo en directe, sense sotmetre's a oficiants hipòcrites, era prohibit.

Des que havia arribat al Soho, hi havia trobat un recer de comprensió. Els meus sermons eren apreciats i les meves tribulacions passades eren venerades. Fora del barri hugonot, una mica pertot, la ciutat em regalava jardins de repòs i de companyonia. Fins i tot al caos general, quan vagarejava pels carrers de frivolitat i de cobdícia que tot mercat agrega, i el de Londres no n'era cap excepció, jo no era pas l'heretge o el criminal. Potser aquella ciutat desprenia els aires del vinagre, potser sí, però no es podia comparar amb els fems irrespirables de França.

Un dels millors consols de viure en una ciutat lliure era pujar els teus com més et plagués. En Fèlix podia ser al meu costat, i allò que eren extravagàncies per a la resta, per a ell eren seguretats. Si jo me l'estimava amb severitat, era perquè jo era així, i si no fos així, jo no seria jo mateix, sinó que seria un altre. I en les hores extremes, quan el pecat em rosegava, quan jo patia els meus dimonis i les meves abominacions, ell era amb mi.

Fins que es va amotinar. Capturat per la fantasia de l'elixir del bon saber, o vés a imaginar quines fragàncies, va sortir sense avisar, i em va forçar a rastrejar-lo per la barreja de Londres. Aquell matí, el fil preciós i invisible que ens unia, el que jo veia fort com un cable, es va trencar. De menut, ell sempre havia estat submís. Amb la seva finor de galtes, la seva blancor gràcil i una menudesa que el feia aparentar menys edat de la que tenia, era un regal del cel. Se'n guardava prou, de disgustar-me. Vestia de negre, deia les seves oracions, menjava amb frugalitat i no tenia colla al carrer. Els seus actes sempre eren gentils i temerosos de Déu. Fins que... ¿Però era de debò el Senyor, el que ell més temia? ¿No podia ser que tingués por de mi, dels meus accessos i dels meus actes passats?

Estimar-me sí, és clar, m'estimava amb bogeria, perquè jo era el seu pare. O potser més aviat m'adorava, amb aquell toc de respecte que gasten els fills virtuosos. Tal com s'admira el sol, que és font de vida i sense el qual no podem ser. Diantre, ¿qui era realment el meu fill, aquella criatura bondadosa i dòcil? Estalviava tant en paraules, era tan lacònic, que no ho podia saber del cert. Tota la vida havia custodiat aquell petit brot, i no coneixia el fons de la seva ànima. ¿Què faria en Fèlix quan entrés en la seva primavera? ¿Em faria pagar les meves faltes, que eren poques però terribles?

¿I quan jo ja no hi fos? ¿Se n'oblidaria, dels ensenyaments paterns?

Més endavant, al carrer Cannon, el rètol d'un negre amb turbant indicava l'entrada d'un nou establiment. Em va cridar l'atenció l'enrenou que hi estava muntant un grup de matrones respectables, totes amb la seva còfia i el seu davantal. Les dames no solien tenir accés als cafès, i encara menys les que vestien d'aquella manera. M'hi vaig atansar, i abans que pogués obrir conversa ja m'havien allargat una gaseta. Era una petició per a la interdicció del cafè. La vaig llegir amb interès i amb certa simpatia. Uns quants anys abans, de fet abans que jo arribés a Londres, una denúncia similar havia forçat la prohibició de la beguda, però el rei l'havia hagut de cancel·lar per les pressions dels addictes, que eren homes i cridaven més fort.

Les raons d'aquelles dones eren dignes de consideració. Asseguraven que la poció repugnant, essència de sabates velles i de fems cremats, gastava la força viril dels seus homes. El xarop sec i ardorós tornava els esposos, insistien, tan àrids com les arenes d'Aràbia, d'on venia el gra maleït. I rubricaven que, de perseverar en aquell costum funest, els descendents dels seus robustos avantpassats acabarien com una raça de miserables macacos i pigmeus, escardalencs i ennegrits. Vaig doblegar els fulls i vaig obrir-me pas entre les senyores.

A dins vaig ensopegar amb un avalot comparable, però de signe contrari. Allà em van fer a mans un imprès on els homes de la nació sortien en defensa de la beguda. Hi glossaven les virtuts medicinals de la planta, les alegries que havia regalat als homes de l'orient i la protecció que oferia contra licors més vils. Arremetien contra les dones que, privades d'aquell tast, morien d'enveja i preferien tenir els marits tancats a casa. I, sobretot, es despatxaven a gust contra els cervesers i vinaters, que al seu entendre promovien l'escàndol.

Mai, deia el pamflet, mai no s'havia vist aliança tan contranatura com la que associava les dones decents amb els pitjors borratxos del regne. Em vaig desar els fulls a la butxaca, amb els altres. Era cert que fer negoci amb els borratxos no tenia res de caritatiu, però bé, vaig dir-me, ja hi pensaria quan en tingués ocasió. Vaig adreçar-me a la colla que m'havia donat el pamflet.

—¿No haureu vist pas per aquí —vaig demanar-los— un vailet jove, d'aquesta alçada —cinc dits per sota meu—; ulls grans, orelles com les meves, com... com de follet?

—Entesos —em va respondre un d'ells, gras com una bóta—: es tracta del vostre fill, ¿oi?

—Sí. Setze anys.

Van esclafir a riure, tot repetint la xifra que els havia dit. Allò ja era un home, va exclamar el panxut; un altre, amb aparença de voltor escardalenc, em va aconsellar que tornés a casa; i encara un tercer, tou com la mantega, em va picar l'ullet. Tot seguit, va insinuar que l'infantó devia ser en una cova més calenta que qualsevol cafè. La hilaritat va ser general.

—No m'enteneu —vaig intervenir—; ...ell és bondadós, en Fèlix és pur i casolà, és vulnerable... és, és... és diferent. Ara li ha agafat per seguir el rastre d'això que beveu, i temo per ell.

—Ara que hi caic —va fer el rapinyaire—: ¿era un xicot jove, més aviat finet? ¿Un que es captenia, que es movia com si sempre l'estiguessin observant?

—¡Sí, just! —vaig exclamar—. ¡Ple de capteniment!

—Doncs ho sento però no —l'home va apuntar un somriure carronyer—. No hem vist cap marieta, per aquí.

Allò em va fer mal. Admeto que aquella calúmnia em va ferir en el més profund del record. Hauria d'haver pres el brètol aquell pel coll, el seu coll rugós i estret, i haver-li donat unes bones lliçons de mascle. Però em vaig quedar quiet. D'acord, les meves creences m'aconsellaven paciència i enteresa davant la injúria, però no va ser per principis que em vaig quedar glaçat. No va ser cap prova de contenció. El que em va passar va ser com una estocada, un cop i un dolor molt forts, i una immobilitat de cap a peus que no tenia remei. Al cap d'una estona, quan ningú no reia al meu voltant, quan m'havien abandonat tots perquè jo ja no feia ni gràcia, aleshores vaig començar a emergir del sopor. I caminant en agonia, molt a poc a poc, la cama ben adormida, vaig assolir la porta i em vaig capbussar en la frescor de l'hivern.

Jo ja ho sabia, ja, que en Fèlix no era de pasta viril, ho sabia i sabia altres coses. Ara bé, des que havíem arribat a Londres, tots dos, jo havia provat d'esculpir-li una figura a cops de martell, de dreçar-lo i envigorir-lo a la meva manera. Des de la pregària continuada i la rectitud li havia mostrat els camins durs de la condició mortal. Encara recordo aquella confessió pública, quan ell comptava a penes vuit anys, que ens havia exposat a tots davant el Totpoderós i davant els nostres feligresos.

En aquella ocasió, el motiu va ser una criaturada, que jo hauria pogut ignorar sense fixar-m'hi. Però tenia clar que les conductes s'havien d'afaiçonar des de la primera infantesa. Doncs bé, resulta que en Fèlix s'havia cruspit les galetes d'una caixa de reserva: una dotzena de biscuits que guardava per a hores de carestia. La guerra amb el francès amenaçava fam, i no era qüestió de liquidar existències així com així. Quan vaig adonar-me de la malifeta, vaig dir-li que la infracció era greu, perquè havia combinat el robatori amb la golafreria i la desobediència. Li vaig ordenar que confessés la seva falta davant la congregació, i ell va acotar el cap.

El dia assenyalat, jo vaig fer un sermó impecable sobre els àngels caiguts. El meu anglès havia millorat molt, i sentia la necessitat d'impressionar els parroquians.

—...Va sorgir una bretxa enorme damunt l'abisme desolat —vaig tronar—, i els àngels van llançar-s'hi des del marge del Cel. L'eterna còlera cremava sobre ells mentre queien en el buit insondable —vaig callar per observar-los a tots— ...i van caure pels segles dels segles, amén.

Llavors vaig gaudir una estona de la quietud i el recolliment, fins a trencar el glaç amb un apunt particular. Tal com havien pecat els primers soldats del Senyor, vaig dir, tots nosaltres cometíem els nostres petits excessos. Ningú no era lliure de culpa. Ni el mateix fill del pastor, model de virtut i lleialtat, no, ni el meu fill estimat, carn de la meva carn, no n'era cap excepció. Vaig convidar en Fèlix a alçar-se. El nen es va posar dret, entre la gent, al meu davant. Estava vermell com un tomàquet. Allà enmig, semblava encara més vidriós i fràgil i encongit del que era. Amagava la mirada i es gratava els punys amb els dits, mentre tothom l'esguardava amb llàstima. Alguns m'espiaven i em pregaven amb el gest que enllestís aviat. Jo tenia el cor en un puny, però em mantenia ferm. Vaig demanar-li que redrecés el cap i que es redimís davant l'Altíssim.

—Jo... —els llavis li tremolaven—, jo, Pare, he robat. I... i... —es va quedar clavat— ...i, i jo, Pare..., jo...

Ell, el front de nou acotat, xuclava pel nas. Estava sol, ben dret, entre la gentada i el silenci. Jo era a punt de cedir, i els congregats també. Em vaig sobreposar, perquè calia portar l'eradicació del mal, i la revelació de la culpa secreta, fins a la puresa final. Vaig ajuntar les mans i vaig parlar-li a ulls clucs.

—Sigues ver, fill, sigues... —em va sortir un esgarip, i em vaig aclarir la veu—. Sigues ver, no amaguis res... ¡ensenya al món el pitjor de tu!

El menut es va convulsionar. Després, ben lentament, va aixecar la vista. Asseguraria que el seu rostre es va transfigurar, perquè de sobte ja no portava el pànic als ulls. Tampoc no expressava la joia de la confessió, ni de la veritat alliberada. No; més aviat expressava condescendència, i l'adreçava a mi. Com si, essent ell el gran i jo l'infant, consentís el meu dictat. O potser només m'ho vaig imaginar, no ho sabria dir: el cas és que va pronunciar la confessió amb gran desimboltura. Vaig observar aquell estrany aplom, mentre jo provava d'empassar el tap que m'ennuegava. I només al final, quan vaig veure les ales del pesar que marxaven pels finestrals, quan ell es va avançar i em va abraçar, aleshores sí que ens vam desfer en plors, ell i jo i tothom.

A partir d'aquella expiació, en vindrien d'altres, públiques i privades, sempre severes i formatives, sempre arran de minúcies, sempre amb aquell gir especial, en què el noi es vestia d'una maduresa precoç. Ara feia vetlla, ara es purificava amb abstinències, ara feia dejuni: de fet, complia el que jo li instruïa, i m'obsequiava amb obediència filial. Cara enfora, el meu fill i jo érem motiu d'admiració, érem un model a seguir. De portes endins, érem una parella difícil, marcada per un passat tortuós i inconfessable, molt unida i alhora molt separada. Ningú, tret de mi, no li veia la compassió a la cara; ningú no sabia el que havia viscut abans de desembarcar a Anglaterra, i ningú no veia com havia de suportar les abominacions i les visions que em mortificaven a mi.

Tot això evocava jo quan m'endinsava a la City, empès per un riu d'ànimes fosques i atapeïdes. Estava ben tip de la meva davallada als inferns, però m'havia fet el ferm propòsit de salvar el meu fill, i no podia retrocedir. A l'alçada del Banc d'Anglaterra, el formiguer s'espessia: escales amunt i escales avall corrien companyies de mossos, corredors, criats, vividors i financers, tot engolint els captaires aïllats que seien als graons. El niu d'usura era prou bigarrat, i tan aviat s'hi bellugaven les perruques i els mocadors de mussolina com els colls tinyosos i les espatlles carregades de paquets.

Em vaig internar pel carreró que abocava a Cornhill, l'avinguda més freqüentada de Londres. De totes les valls de l'avern, aquella era la pitjor i la més ombrívola, poblada com estava per l'avarícia. Queien quatre gotes, i les senyores i els venedors ambulants s'arranaven als murs. En plena avinguda, els homes apressaven el pas amb una mà al tricorni, tombaven cap a qualsevol banda amb girs sobtats i esquivaven les carrosses i les cadiretes sedan —sempre més enutjoses sota la pluja. L'avarícia, vaig pensar, sol ser amiga de les presses. Em vaig ajustar la capa i, talment un pelegrí que s'endinsa en el barranc més fosc de l'extermini, vaig remuntar el carrer.

Només el bon cristià podia sortir il·lès d'aquell barranc, en aparença tan ple de vida però desert d'esperit. Perquè és un indret on els cecs de cor arrosseguen altres cecs de cor, i és tan ple d'urgències, tan ple de desitjos materials, que costa trobar-hi els camins estrets, poblats d'entrebancs, que et permeten sortir-ne. Ni l'espasa de foc dels valents et pot obrir bretxa, quan un negoci porta a un altre, i la riquesa et tempta amb un vernís de prestigi social. Gràcies a Déu, a mi em protegia la meva missió salvadora. Vaig entrar al cafè de Lloyd's amb la meva cuirassa de creient i de pare.

Vaig baixar al celler i, repenjat a una paret, vaig provar de discernir el que passava en aquell sotamón de fum i crits. Els clients s'hi estaven de peu, i de tant en tant sol·licitaven tasses fumejants dels cambrers que s'esmunyien, la safata ben amunt, en l'aglomeració. Entre la massa hi podies endevinar tauletes governades per un o dos escrivans. Els clients proferien crits, tot escalant licitacions, i els secretaris anaven anotant a la llum d'una espelma. La competició era viva fins que l'espelma s'extingia. Aleshores l'escrivà adjudicava i feia una rúbrica al paper. El més sorprenent era que no veies enlloc ni una peça d'argent, ni una unça d'or, ni un bitllet de banc.

Ignoro quin era el secret d'aquella màgia. Potser liquidaven els comptes a la sortida, o només els anotaven i prou.

No ho sé. El cas era que mercadejaven sense tocar res, ni el diner ni el producte, i allò era el més pervers de tot plegat. Pel que vaig entendre, aquells brètols comerciaven amb el risc, o sigui amb les desgràcies dels altres. Participaven en operacions d'assegurança: si un buc arribava a bon port, o si una càrrega entrava al mercat, guanyaven. I si el buc naufragava, doncs perdien. O a la inversa, depèn. El batibull de Lloyd's podia semblar respectable, si pensaves que la moneda, la cara palpable i visible del lucre, havia estat expulsada. Però era pitjor, molt pitjor, justament perquè el pecat no es podia tocar, i perquè el pecador no arribava ni a ensumar el producte traficat. Una breu indagació em va portar a una taula on s'havia apagat l'espelma: hi enllestien uns títols d'assegurança per a la Companyia de les Índies Orientals.

—Prou bé, prou bé —va fer l'escrivent, tot endreçant la feina—. S'ha col·locat prou bé.

—¿Què heu col·locat?

—Una partida de gra aràbic —l'oficial va alçar els ulls i em va repassar de dalt a baix a través del seu monocle—; un carregament de Moca, reverend, previst per a finals d'any. Però digueu, ¿què se us hi ha perdut per aquí?

L'home es va fer portar una tassa. La va tocar amb els dits i la va deixar en repòs. Tenia una expressió calmosa però malèvola: llavis prims, closca pelada, celles altes i descregudes. Jo li vaig descriure en Fèlix, la seva semblança i la seva fal·lera transitòria. Ell va prémer els llavis i va tornar als seus papers, però no va defugir el tema. Sí que havia vist un xicot com el meu, va admetre. Sí, fins i tot s'havien dit quatre mots. Vaig obrir els ulls i vaig prendre un tamboret.

—¿Us ha dit on pensava anar? —em vaig repenjar a la taula—. ¿Hi heu parlat, de debò? ¿Es trobava bé? ¿De què heu parlat?

—De no pas gaire. Una conversa estranya. M'ha demanat si m'imaginava un món regit pel cafè.

—¿Com dieu...?

—Li he dit que sí, naturalment —el secretari es va mig incorporar, es va ajustar el monocle i va exhibir una discreta lluïssor—. Us ho imagineu, ¿oi? S'hauria acabat la nostra societat de borratxos. Exèrcits d'operaris sobris i matiners, desperts i feiners, amb ganes de produir, de benefici i de sous més alts per poder comprar més cafè. Milers de persones com jo, assegudes a una taula plena de papers, treballant tot el dia. Un paradís... o una autèntica revolució, en tot cas.

—Un malson —vaig replicar.

L'home em va apamar, va desar el monocle i es va refugiar altre cop en els seus fulls.

—¿Un malson? No us entenc.

—Treballar, ¿per què? —em vaig embrancar—. No pas per a major glòria del Senyor, no. Treballar amb un zel errat, per viure còmodes, dissoluts i mundans. Per sepultar la fe, la veritat i la justícia. ¿Recordeu el poble d'Israel? Jahvé el va castigar, quan es va prostrar davant l'ídol material, davant el vedell d'or que...

—Aquí comprem gairebé de tot, bon home, però no pas sermons —va aprofitar per fer unes anotacions amb la ploma—. Vejam: ¿voleu el vostre fill o no? Doncs aneu al passatge de la Borsa. Hi ha més cafès allà que en tot Londres.

—¿És on ha anat el noi? ¿Ho sabeu del cert? Anar allà seria enfonsar-me al marasme.

Va esbufegar, i em va despatxar amb els dits.

—Us podeu enfonsar on més us plagui, benvolgut pastor. On més us plagui.

Vaig sortir altra vegada a Cornhill. El marasme en qüestió era una mica més avall, a l'altra banda de l'avinguda. Vaig agrair el plugim a les galtes, tan fi que tonificava. La gana em girava l'estómac. Del genoll al peu, la cama dolenta era com una barra de ferro, freda i feixuga. La cuixa em bategava amb un dolor impertinent. Vaig haver d'aturar-me un parell de cops, malgrat les empentes i els cops de colze. Un noi es va ensopegar amb el bastó, em va trabucar i vaig caure de quatre grapes. Em vaig redreçar com vaig poder, sense l'ajuda de ningú, i vaig espolsar-me el fang de les mans i dels calçons. A l'entrada del passatge de la Borsa vaig prendre aire, em vaig mossegar el llavi i vaig capbussar-me en l'aiguabarreig humà.

El passatge era, en realitat, l'accés a un laberint de carrerons, placetes i atzucacs. A dins, s'hi havien encaixonat botiguetes de canvistes, licoreries, barberies i tavernes. Allà hi havia nascut el primer cafè de la ciutat, i en pocs anys aquella idea funesta havia proliferat fins a omplir la meitat dels establiments. Com que el dia s'escolava, em vaig haver d'esforçar a distingir els rètols que penjaven per damunt d'aquells vials ombrívols. Aquí hi havia una sirena i una testa de turc, més enllà una cafetera, una fragata i una odalisca, i en un cul-de-sac dos mariners muntats en grifons. Jo no feia altra cosa que badar, sense decidir-me a entrar en cap local.

De sobte, vaig rebre un cop. El cel em va caure al damunt, el crani se'm va esquerdar i em vaig ensorrar. La tenebra es va ensenyorir del buit.

El primer que vaig veure, entre vapors, van ser les barbes del Crist. Tot seguit, uns dimonis ficats a dins del cap em van començar a picar amb les seves maces. La cara del Fill de Déu es va anar fonent fins a confondre's amb la del meu cosí Prudence: melena, barba i bigoti, tot plegat encara desdibuixat. El tenia suspès a sobre, a punt d'ensumar-me l'alè. Al voltant de la seva cabellera, rodava una aura de murmuris i de siluetes fosques. Jo era estès a terra, i els malignes no paraven de martellejar-me el cervell.

—Prudence —em vaig ensalivar els llavis— ...aquests espectres. M'estan marejant.

—El que et mareja és l'aiguardent.

—¿El què? —vaig mirar d'incorporar-me, però estava clavat al paviment.

—T'han assaltat, Justin. Volien robar-te, i com que no han trobat ni un penic, t'han inflat de destil·lats. Ho solen fer com a escarni de puritans. Has vomitat i portes un trau a la closca.

—S'ha fet tard —veia bocins foscos de cel—. ¡El noi! ¿On és el noi?

—Deixa'l estar, primer ens ocuparem de tu.

Em va enforquillar per sota les aixelles i em va tibar amunt. Va haver de fer-ho un parell de cops fins que em va redreçar. Jo no era cap colós, però era un pes mort. Em va penjar a la seva espatlla i es va obrir pas entre la gentada. A l'alçada d'una cafeteria es va aturar i en va estudiar l'interior. M'hi vaig resistir, vaig fer que no amb el cap i ell va haver d'arrossegar-me.

—Justin, hem d'entrar-hi. Això és ple de cirurgians i apotecaris.

—Que surtin ells.

—Has passat una hora a terra, i no han sortit. Els hem d'anar a buscar. Tinc diners, no t'amoïnis.

—¿On és el meu bastó? Prudence, l'he perdut, he perdut el meu bastó...

—El tinc jo. Tu deixa fer.

Em va estirar, tant sí com no, cap dins. Va fer buidar dues cadires, me'n va acostar una amb el peu i m'hi va desplomar. Em va plantar el bastó entre les cuixes. Aleshores va demanar dues tasses ben calentes, i va reclamar a crits un facultatiu. Fins que no va alçar el saquet de monedes i el va agitar ben enlaire, no es va acostar un barber desdentat i infestat de grans. El medicastre va palpar-me la closca, en va prémer una regió concreta i em va fer saltar de la cadira. El meu cosí m'anava relatant la seva peripècia: tots els caus que havia visitat, l'absència de notícies i la travessa de la ciutat per trobar-me. Per fortuna, va dir, s'havia ensopegat amb mi. Però d'en Fèlix, res de res.

—Deu voltar prop d'aquí —vaig dir, i entre basques vaig mirar de confiar-li les escasses pistes que havia obtingut.

El curandero em va alçar les parpelles i va aprofitar per regar-me d'un baf punyent de cervesa agra.

—Una trompa i una banya —va exhalar—. Res més. Típic.

L'home va recomanar un bol de cafè ben carregat, va cobrar i va marxar. En Prudence es va empassar el beuratge, primer el seu i després el meu. Jo em vaig empassar una gerra sencera d'aigua i vaig matar la gana amb pa de mantega. Mentre mastegava, passejava la vista per l'ambient. Les visions encara se'm deformaven, es donaven com una mitja de llana, però en podia discernir l'estampa general. L'indret era estret, i contingut per un seguit de vitrines atrotinades, on s'hi exhibien tota mena de pocions medicinals. Uns petits anuncis indicaven si es tractava d'una panacea per al cabell, un remei contra la tos, un tònic per als encostipats o un dentífric. Al mur central hi havia una llar amb una marmita de cafè bullent, on els cambrers remenaven i pouaven el brou, amb més devoció que si atenguessin les calderes de l'avern. Les taules eren plenes de clients que fumaven en pipes estirades de terrissa, que discutien, escrivien, bevien, jugaven i escopien. Aviat vaig convèncer el meu cosí que teníem coses més urgents que passar l'estona a la caverna aquella.

Vam sortir i vam inspeccionar la resta de l'aiguamoll humà amb l'ànsia al cos. Jo em repenjava al braç d'en Prudence i usava el bastó, talment l'espasa d'un arcàngel, per avançar. Tot preguntant, vam anar a parar a un contramestre ebri, que ens va fer un comentari encoratjador: l'home tenia en ment un vailet que, per l'aspecte, podia ser el meu fill. El llop de mar li havia referit, al suposat Fèlix, que s'havia passat el dia descarregant un bergantí d'orient, un buc farcit de gra de cafè. El mariner ens va fer ensumar la seva camisa, i potser sí, potser encara desprenia l'olor de la llavor torrada, tot i que la suor dels seus greixos confonia qualsevol apreciació. Vam deixar enrere el marasme i vam trencar cap als molls del Tàmesi. Si el mariner ens havia orientat bé, el vaixell en qüestió devia ser a prop de la Duana. Quan vam arribar al Monument, aquella columna altíssima que evocava l'incendi de trenta anys enrere, vaig seure al pedestal. Encara em rodava el cap i em mancava l'alè.

—¿On m'he equivocat, Prudence? —vaig preguntar mentre recuperava l'aire.

—Enlloc, Justin. Però l'has volgut encertar massa. Un pare ha d'entendre que el seu fill vulgui campar al seu aire.

—Només he volgut —vaig acotar el cap— que fos una ànima ben desvetllada.

—Sí, és clar —em va tustar l'espatlla—; per això no t'has d'amoïnar, el teu noi va prou desvetllat. I el cafè no deixa de ser una beguda per combatre la son.

—¡És una droga, home! ¿Que no ho veus? ¿Com pots ser tan cec? L'únic que desperta el pecador és la contemplació de Déu, no pas l'engany dels sentits. L'assumpte és el plaer, ¡vet aquí! —vaig estrènyer els punys—. O encara diria més, la satisfacció. Una cosa és perseguir el benestar, ensumar-lo, apreciar-lo, tocar-lo amb la punta dels dits, si vols. I una altra de ben diferent és instal·lar-s'hi, com si volguéssim el paradís a la terra. No ens han fet pas per això, no senyor. De cap manera.

En Prudence va moure el cap.

—¿Vols dir que hem de viure per al sacrifici?

—¡Nooo! ¡No has entès res! Viure amb el sacrifici, no pas per al sacrifici —el vaig interpel·lar amb el bastó—. ¿Que em comprens? La pietat vol patiment, el necessita, i no vol ni sentir parlar de satisfaccions. El plaer mata l'ànima. ¿Entens el que et dic?

—Déu n'hi do, cosí. Les devies passar ben magres, a França.

—Deixa't estar de França, no cal anar gaire lluny. Mira, quan feia poc temps que era a Londres, em vaig enfilar aquí dalt —vaig assenyalar el Monument—, fins ben amunt, fins al mirador que hi ha sota l'urna flamejant. Hi anava amb el meu fill, i pots comptar que, amb la cama així, l'ascensió em va suposar un turment. Aquells graons en espiral, que no s'acabaven mai...

—Ja m'ho penso, ja —va esbossar una ganyota de burla, un punt enutjosa.

—Doncs ¿saps què et dic? Va pagar la pena. Sí, sí, Justin. Vaig contemplar la ciutat, i se'm va obrir davant els ulls un principi universal. Quan vaig veure el bosc de cases i carrers, aquell termiter infestat de persones, les fumarades que començaven a Kensington i s'encadenaven fins a les drassanes de l'East End, les cúpules i els campanars i les xemeneies, el brogit de repics i lladrucs i xiulets i rodes de carro, ho vaig entendre. Aquesta ciutat de licors i perfums, aquesta ciutat de fems i llenya cremada, aquesta ciutat s'esbravava com el vinagre. Era la Ciutat de la Perdició.

—Justin —va mostrar tanta severitat com li cabia a la cara—, no oblidis que és la meva ciutat, i que aquí hi vas trobar acollida.

—Vas ser tu que em vas acollir, cosí —vaig precisar—, tu i els teus. Però no pas Londres. Tingues present que ens trobem a la vila més gran del món. ¿I doncs com, digues, com no s'hi ha de perdre algú, en un oceà tan immens i remogut?

El cosí es va mossegar el llavi, em va fer el senyal de prosseguir, i em va ajudar a alçar-me. Vam davallar cap al Tàmesi, tot esquivant la darrera riuada de gent que, a corre-cuita, emergia del pont. El pont de Londres se m'apareixia des del primer dia com un drac panxut, a punt d'esfondrar-se, carregat amb aquelles cases altes i atapeïdes que li vessaven de punta a punta, i farcit de gent i bèsties que transitaven pel seu ventre. Vaig assenyalar la gentada escopida pel gegant.

El meu cosí em va passar el braç per l'esquena, i jo em vaig encongir en la seva aferrada.

—Au, no t'hi capfiquis. Potser és l'hora de permetre't certes flaqueses humanes —va dir—. No pots ser perfecte; ni tu ni ningú.

—No ho sóc gens, de perfecte, i en Fèlix ho sap molt bé.

Vaig explicar-li com, durant anys, els matins de diumenge, abans del servei religiós, obria el meu cor a en Fèlix. Com li relatava els meus errors, i molt especialment aquell gran disbarat que vaig cometre en la fugida de França. Li detallava, fil per randa, cada seqüència del jorn funest. Li demanava, li implorava, que furgués en la meva ferida, i que burxés en les minúcies de la meva falta. Quan el noi tenia a penes deu anys, coneixia millor que jo tots els fets que es van encadenar en l'infortuni. Ell, i només ell, podia mirar Justin Dufoy com el que realment era: el pitjor dels pecadors. I mai no en tenia prou, jo, perquè sempre volia que em cargolés més, que m'interrogués més a fons, que engrandís l'escala del suplici.

I, en acabat, cada diumenge igual, quan jo pressentia que la meva llosa de culpa es dissipava, quan l'expiació arribava a terme i començava a respirar, aleshores ens mudàvem i anàvem cap al temple. Entràvem tots dos, ell seia al banc del davant i m'esguardava amb aquells ulls d'adult petit. Jo ja havia expulsat el maligne. M'acostava al faristol, feia les lectures del dia, conduïa les pregàries i llavors, només llavors, em veia capaç d'encarar-me amb la parròquia.

—És que la congregació, Prudence —vaig admetre—, la nostra comunitat del Soho, no coneix el seu pastor. A mi m'espanta la seva adulació, els seus ulls aquosos que veuen un ídol prop de l'altar... jo un ídol, jo, ¡el qui més avorreix els ídols! Però sí, hi veuen el sant i el màrtir, el qui ha perdut mitja família i una cama a mans dels papistes. Em veuen així, a mi, el gran impostor.

—Ja, ves per on. Au va, que estem buscant el teu fill —em va empènyer dolçament—. ¿Vols dir que són tan greus, les ombres del teu passat?

—Sí —vaig deixar una estona morta—. Sí que ho són. Només la confessió, la de cada matí, cada matí del dia del Senyor, en companyia d'en Fèlix, em dóna ales per vèncer el remordiment. Havent-me alliberat, puc afrontar la meva pròpia vergonya, i fer el sermó.

—Ja tens raó, ¡quins sermons! Recordo el de diumenge passat...

—«Jo, que us porto la comunió... —vaig recitar de memòria— ...i la paraula de la Més Alta Omnisciència: jo, que quan camino esguerrat dieu que deixo un rastre de llum; jo, que he reposat la mà del baptisme sobre el cap dels vostres fills; jo, que he alenat precs de comiat als vostres difunts; jo, el pastor que adoreu i reverencieu, jo sóc una falsedat i una pol·lució.» Un intent de confessió, Prudence.

—Sí, sí, no ens entretinguem. Ja gairebé hi som.

—Em va semblar que ho deia ben clar, però res. Res de res. Aquella bona gent no m'inculpava, ans al contrari: m'adorava doblement. Vaig estar a punt d'explicar tota la veritat, em vaig aclarir la veu i tenia els mots atrapats a la gola. No ho vaig fer, i ells em van santificar. ¡A mi, l'impostor! ¡A mi, que asseguro estimar la veritat i odiar la decepció! A mi, el predicador que es detesta ell mateix. A mi, el fals.

—¿Per què no et vas destapar davant d'ells?

—Perquè diumenge passat, justament diumenge, en Fèlix no va voler-me assistir. Jo em vaig veure tan feble, quan es va negar a revisar les meves nafres... Vaig témer que alguna cosa s'havia trencat entre nosaltres. I ja ho veus, avui som aquí...

Érem al Tàmesi, tocant a l'edifici de la duana. El sol s'havia colgat riu amunt, i la vesprada escatimava penombres. Els perfils negres de les barcasses lliscaven en les aigües estígies, i en la vessant de la riba s'endevinava el tràfic dels estibadors que grunyien amb els seus sacs a les espatlles. Al seu darrere, els arbres dels vaixells oscil·laven contra el fons lluent del riu. Vam demanar on era el bergantí vingut del Caire i d'Istanbul, i cap allà ens vam encaminar. El meu cosí em va encertar les inquietuds.

—No s'ha embarcat, Justin —em va ajudar a lliscar pendent avall—. No ho crec. Tampoc no crec que hagi tastat una sola tassa de cafè.

—Pobre d'ell.

—Ja no és un nen —em va agafar la mà abans que m'ensopegués—. Estimar un nen és fàcil, però amb un adult és més complicat. No n'hi ha prou a estimar, cal comprendre.

Vaig esgrimir el bastó i el vaig agitar.

—¿Comprendre? Si l'enxampo, em sentirà... —vaig relliscar de nou, i aquest cop vaig caure de cul—. Uf, no puc més —vaig renunciar al braç del meu cosí—. Per Déu Nostre Senyor, Prudence, ja no puc més. Tant me fa tot plegat. L'únic que vull és tenir aquesta criatura al meu costat. El cel, l'infern, el pecat, les coses d'ahir... Ara vull en Fèlix.

Ell va estrènyer la mirada, com si la perdés en el buit. Després em va contemplar amb un somriure que s'eixamplava sota el bigoti.

—Doncs no pateixis més. Allà tens la teva criatura.

Em vaig esforçar a destriar les siluetes de l'entorn. El meu cosí em va orientar cap a un munt de barrils, en un espigó: i encimbellada dalt de la pila, de cara al riu, hi havia una figura simple, gràcil i delicada que destacava en aquell món de rudesa. Hi vaig clavar la vista. Vaig tirar pendent avall i em vaig entrebancar. Vaig aixecar-me, sense deixar d'estudiar aquell perfil enlluernat que vigilava la dàrsena. Vaig tornar a caure i vaig perdre el bastó. Sí, podia ser, podia ser ell. Em vaig oblidar del bastó, em vaig oblidar de la cama i del meu cos rebregat. Apreciava la blancor de les galtes, aquelles orelles a imatge meva... Era ell, era en Fèlix, per Déu que ho era. Jo ja no era el predicador, ni el castigador, ni el penitent. El tenia allà, a tocar, el meu fill. I jo era l'àngel del cel, disposat a tombar el príncep de les tenebres.

Què diantre, jo era el seu pare. El pare ocell, que obria els braços i volava cap a ell. El pare mico, que s'enfilava als barrils, no sé ni com; el pare gos que queia de morros, i el pare cuc, el més baix i servil, que s'arrossegava fins a abraçar-se als seus peus. El meu Fèlix. Que no me'l prengués mai ningú, ni el Pare Sant Totpoderós. Que no me'l toquessin.

Sí, el tornava a tenir. El meu Fèlix: com m'inflava per dins quan ho pronunciava. Al llarg del dia, havia suportat la Fira de Vanitats, havia transitat per les Valls de l'Ombra de la Mort; m'havia endinsat al Marasme del Vici i havia vençut la Ciutat de la Perdició. Ell era amb mi, el tenia ben subjectat, i entràvem tots dos al nostre petit Soho de rectes hugonots i puritans. En aquella hora, estava feliç, perquè havia rescatat la meva criatura d'un món de perills. El meu Fèlix.

Però en el fons de la meva persona, jo sospitava que les proves pitjors ja no em vindrien de fora. El meu pitjor dimoni era al meu casal, al racó més profund del meu cor, i es manifestava en la fragància de l'aventura i dels somnis que rondaven el meu descendent. Jo entrava amb en Fèlix als carrers endreçats i mòdics del Soho, i de cua d'ull espiava la seva ànsia. El tenia ben aferrat pel coll i el notava inquiet, com si es volgués deseixir. Li endevinava el desànim de veure altre cop els vestits foscos, les dones encaputxades i una desfilada d'humilitats devotes. A ell, vaig sospirar, aquell veïnat devia semblar-li trist. Jo somreia per la batalla guanyada i em sentia exultant, però al mateix temps suava per la guerra pendent.

—Enlloc no et trobaràs com aquí, Fèlix. ¿Que no veus una llum? —El vaig estrènyer—. ¿No la veus, al damunt de cada cap?

—No ho sé... No sabria dir, pare —es va remoure incòmode—, si hi veig el mateix que vós.

—Doncs hi és, i també és al teu davant —vaig dibuixarla en l'ambient—. No la deixis escapar, vés-hi corrent, persegueix-la i espera-la. Crida sempre ¡vida eterna, vida eterna!, i no atenguis l'escarni.

Va enfocar-me amb compassió. I amb bondat, potser no una bondat divina, però ben real. Vaig continuar.

—Fuig de l'atracció mundana, Fèlix —el vaig sacsejar fluixet—. Anem cap a un reialme infinit, sense plor, sense pena i sense dol. Ens donaran corones de glòria i vestidures blanques com el sol. Coneixerem ancians amb cabelleres d'or i verges amb arpes dolces, ens trobarem...

—Em temo que no us entenc, pare —va arronsar les faccions, altrament tan fines i rodones—; diria que no entenc i no veig la vostra albada dels justos.

—Jo tampoc no l'entenc, però la veig. Perquè hi crec.

Li vaig passar la mà pels cabells, i ell va transigir. ¿Què havia fet amb ell? ¿L'havia consentit? No, no ho creia pas: pocs progenitors marcaven com jo els seus fills amb el ferro de la rectitud. ¿L'havia estimat massa? Potser sí, perquè tal com havia adorat la seva perfecció d'infant, també em commovia la seva imperfecció d'home emergent. La curiositat dels seus ulls inquiets, que empassaven massa; la seva fe menuda, tan trencadissa com el seu cos blanc i gentil; la seva inclinació per la novetat, que entrava per aquelles orelles tan dretes i que l'empenyia al perill... Sí, jo el venerava sense reserves, cegament, i acabava volent-lo més per les seves carències que per les seves virtuts. I em descobria irreverent, a un pas del sacrilegi, més apassionat per una criatura del món que pel Creador Suprem.

—A tu el que et mata és l'orgull —em va sorprendre el cosí, que caminava al nostre costat—. Tu voldries presumir d'un fill impecable. I això seria massa presumir, ¿no ho creus, follet?

Va alçar les celles al nebot, que va aguantar la broma.

—No és cert, no —em vaig adreçar a en Prudence, però en realitat parlava per al noi—. L'orgull és debilitat i és follia. L'orgull aïlla i denigra, i obté com a força tot el contrari del que ambiciona: l'oblit i la humiliació.

—I bé, ¿no és això el que busques?

—T'equivoques. —Vam trencar pel nostre carrer—. A mi em perd l'amor i el dolor. Desespero de veure la carn de la meva carn que es queda enrere, que no comparteix la llum, que té por de perdre el món terrenal, que no estarà a punt per ascendir al Reialme.

—¡Ai, Déu! —va exclamar—. I tot per una miserable tassa de cafè...

—Us juro que jo no... —va intervenir en Fèlix, però el vaig tallar.

—No juris, fill. No juris —i vam enfilar el camí de retorn.

Vam arribar a casa, a aquella porta discreta del carrer Greek que temps enrere s'havia convertit en el nostre domicili. En Prudence es va quedar a baix i nosaltres vam pujar a les golfes: els llits, les creus i la taula despullada, amb la Bíblia socarrada, eren allà per evocar-me la pau d'abans. Volia tornar als primers dies anglesos, quan aquell espai era la meva cel·la sagrada i en Fèlix el meu consol. Als dies en què ell era un infant, el meu, i compartia el meu martiri interior.

No volia altra cosa que viure amb placidesa els meus malsons. De nou. Ell va seure al seu llit, jo vaig seure al meu, i ens vam mirar, com dient-nos que allò ja no tornaria a ser. S'havien acabat les flagel·lacions, les revisions en comú, la participació de la culpa: només mirar-nos, sabíem que ell tindria la seva gàbia i jo la meva. Ja no valdria el retorn a les hores funestes de França, a les hores on tot va començar i tot va mudar en les nostres vides.

¿Què era el que més em mortificava, d'aquells episodis passats? ¿La revocació de l'edicte de tolerància? Home, allà s'havia desbocat l'infortuni, s'havia acabat la comprensió envers els protestants francesos i el decret havia arrossegat en cadena un cúmul de maldats. Però no es podia odiar una llei, com no se la podia estimar, ni inculpar, ni perdonar, ni res. Tampoc no em rosegava per dins l'efígie del Rei Sol, tot i ser ell l'astre productor i el responsable últim de tanta vilesa. Ni tan sols avorria les seves tropes, els artillers i els dragons que havien saquejat les nostres cases. A tots ells, la tristor de l'ahir, no pas l'agonia del viure.

La tristor de l'ahir. Els sabres del rei Lluís havien esquarterat la Grace, sí: quan nosaltres érem fora, amb la impunitat més abjecta. Jo no havia trobat mai el seu cos escapçat, només havia vist a la cuina els bassals de sang encara calenta. I havia trigat a descobrir el seu cap preciós, amagat sota el bancal. Havia collit sense respirar aquell cap benaurat, i l'havia mostrat a la carn de la meva carn, perquè recordés per sempre més la beatitud tensa del martiri. La criatura, de set anys encara inalterats, havia premsat els llavis i havia tastat les pròpies llàgrimes. Després havia allargat la mà i havia acaronat amb els dits la cara blavosa de sa mare. De dalt a baix, com havia fet sempre, des que era un infant de llet.

—Mira la teva mare —em tremolava la mà—. Que ella t'inspiri i et doni força.

Li va omplir la cara de petons, fins que jo el vaig aturar. Se li van obrir uns ulls com unes taronges, aquells ulls que no havia tancat mai més, i aleshores sí, entre sanglots, va inspirar. Per Déu que va inspirar, com si li anés la vida.

Ai, el pesar de l'ahir. La França catòlica i assassina retornava, una nit i una altra. ¿Qui em podia deslliurar d'aquells records? Jo havia enterrat la testa de la Grace a l'hort i havia recollit la nostra sagrada Bíblia, mig socarrada i ensangonada. Des d'aquell moment l'horror m'acompanyava arreu, i a partir d'aquell dia les meves nits mai no van ser de repòs. Però haig de dir que els sants suplicis i les morts beneïdes, que devasten els sentiments, també poden purificar l'ànima, com la crucifixió i l'exemple del Crist. No, no, fins i tot allò no era el pitjor; perquè era el pesar de l'ahir, i el pesar em podia arribar a dispensar consol en la pietat extrema.

També m'abatia recordar la meva amistat amb un jove cirurgià catòlic, Monsieur De Chirac, en qui jo havia trobat empara. Algun cop havia visitat el seu casal de La Rochelle, li havia confiat les nostres malalties, havia cregut en el seu consell i en la seva erudició, i a la fi havia hagut de suportar la seva traïdoria. Ell havia usat elegància i aparença per enganyar-me: sota el seu mostatxo cargolat i en el fons de les seves pupil·les negres, havia ordit la pitjor deslleialtat. Havia acabat per denunciar la nostra família, i mitja congregació, a les autoritats. Sense tacar-se les mans, havia mort la Grace; havia penjat d'un castanyer el pastor ancià; havia incendiat dues dotzenes de granges i havia enviat amics i veïns a podrir-se a la presó o a trencar-se a la roda; havia preparat el camí de les forques i a nosaltres, a nosaltres dos, ens havia empès a l'exili. Sense embrutar-se mai, usant tothora la delació i la perfídia. Ai, la tristor de l'ahir.

Tot i així, altra vegada, la figura del cirurgià De Chirac

no era la pitjor de les memòries. Jo només havia caigut en el seu parany, i no per vanitat o lascívia o avarícia, sinó per simple innocència. La cama espatllada sí que em dolia, perquè va ser producte d'una decisió meva, un primer error que anunciava el desencert major. I és que el genoll no me'l van trinxar els soldats, no, no va ser pas una represàlia dels papistes. Resulta que les ordenances prohibien sota pena de mort que cap femella abandonés el regne. El monarca estava obsedit amb la procreació i la població: així que tampoc no permetien que marxés cap adult heretge, cap *home fet i de cos hàbil*. Jo, acorralat com estava, empaitat per totes bandes en una terra encesa, vaig pensar que no tenia cap més sortida: m'havia de convertir en home inhàbil. Era un estratagema per fugir, vergonyant, però no en tenia d'altra, i no volia fer companyia als màrtirs. Vaig ser un covard, ho reconec, i en el meu oprobi vaig complicar-hi una personeta de set anys.

—Puja en aquell carro —li vaig ordenar— i assota els bous fins que arrenquin.

—No puc, pare meu —va protestar—, no puc fer això.

Vaig jeure a terra, amb una sola cama emplaçada entre les rodes. Vaig tancar els ulls i vaig cridar a ple pulmó.

—¡Fes el que et dic!

Va somicar.

—Fes-ho —vaig murmurar amb força— o t'enviaré al foc de l'infern.

Ho va fer. Sense deixar de somicar.

Després vam baixar a La Rochelle, en aquell mateix carro, la seva figura menuda al davant, sanglotant i amb les regnes a les mans, i jo xisclant com una gallina al darrere. Ens vam atansar a casa del doctor De Chirac, perquè em tractés la cama, i va ser justament aleshores que vam descobrir la dolenteria d'aquell home. Vam veure les quadrilles d'oficials i sergents del rei que transitaven, lliurement, pel seu casal. No vam voler entrar a la consulta i ens les vam compondre com vam poder, amb els oficis d'un sangoner qualsevol. Al vespre ja érem a la bodega d'un navili, i salpàvem cap a Flandes per desembarcar, un parell de setmanes més tard, a Southampton. Llavors va arribar en Prudence. A partir d'aquell punt, aleshores sí, ens vam acollir als bons oficis del meu cosí. I allà va arrencar l'agonia del viure.

Perquè abans jo ja havia comès la més gran abominació, una acció molt més execrable que la fugida, l'abandó dels difunts estimats o la fractura d'una cama. Va ser encara a França, a la dàrsena estreta de La Rochelle, on vaig optar per contravenir les lleis de Déu. Allà em vaig condemnar i em vaig convertir, per un sol acte que no goso relatar en paraules, en una bèstia molt pitjor que el Rei Sol o les seves tropes o el cirurgià De Chirac. A la fi vam salvar la pell, sí, però des d'aquell disbarat ja res no tornaria a ser igual. Cap dels monstres nascuts en les meves últimes hores franceses no em torturaria com aquell. Ni la testa mutilada de la muller, ni el carro que m'esclafava la cama, ni els meus companys enforcats, cremats i triturats. La fal·lera d'escapar em va portar a una nova resolució fatal, meva i només meva. Ai, l'agonia del viure. Mai no podria atemperar aquella decisió, ni corregir-la, ni invertir-la com jo hauria desitjat. Allà la culpa em va robar la vida, i el penediment me la va fer interminable. La vida.

No, no puc relatar el que vaig fer. El meu obrar el coneix el meu fill, el conec jo, i Nostre Senyor. Ningú més no ho sap, ni ho sabrà mai. Una cicatriu que parteix la cella d'en Fèlix n'és l'unic testimoni mut. Vaig passar a ser més indigne que la púrria fornicadora, i pitjor que la dona de Lot quan mirava enrere. Jo em vaig convertir en estàtua de sal allà mateix, quan vaig fundar la meva Sodoma, al port de La Rochelle. Des d'aquella hora, cada dia de l'any mirava enrere, veia la cella rompuda d'en Fèlix i em costava aguantar-li els ulls. No ho podia evitar, se m'apareixia el cop de bastó que jo, miserable, li havia descarregat en plena cara. I em veia a mi mateix fet de sal, rígid i d'una pasta maleïda. Cada matí de la setmana, i cada jorn del Senyor, em llevava i implorava al cel que em deslliurés, que desfermés el cataclisme final d'Armaggedon. Cridava per la finestra oberta, als cels grisos de Londres i a les teulades de la ciutat perduda.

—Déu, ¿no seria ara un bon moment? —bramava—. ¿No podries, avui mateix, fer tronar i llampegar i petar fins a rebentar la creació?

Sí, aquell era el meu suplici privat. ¿Què era la desorientació del meu fill, una ànima jove, comparada amb aquell crim inconfessable? Ben poca cosa, no cal dir-ho. Però els perills del meu fill tenien molt a veure amb la meva pròpia monstruositat. Si jo tenia una missió en el món, més enllà del propi sacrifici, era impedir que en Fèlix caigués en el mateix abisme que jo. Totes les precaucions eren poques. Allà a les golfes de la caseta del Soho, ell assegut al seu llit i jo al meu, ho veia encara així. No podia permetre la seva perdició, l'havia de custodiar. Jo li havia ensenyat que el plaer matava l'ànima, i confiava que ho hagués entès.

—¿L'has tastat? —vaig decidir-me a preguntar.

Ell es va enrojolar i no va dir res.

—¿Ho has fet o no?

—Digueu-me una cosa, pare —li va tremolar la veu—. ¿Per què els pecats són de fet i també de pensament?

No era el primer cop que havia de respondre un interrogant com aquell.

—Perquè el foc etern és tant per als impurs d'obra com per als de pensament.

—Aleshores n'hi ha prou si només he festejat les aromes del cafè, sóc igual d'impur.

—No n'hi ha prou, fill. M'ho has de confessar tot.

Va acotar el cap, i ja no vaig veure els ulls verds de sa

mare, ni la meva cella partida. Sabia que premia els seus llavis fins, seus i només seus.

—Bé —va assentir, molt lentament—. Potser teniu raó. En aquest cas, diré que jo... Jo, pare meu, jo...

Hauria donat el poc que tenia per escoltar el final de la frase. Hauria regalat les vestidures, la Bíblia, les sabates velles, els llits i les taules de la cambra. Ho hauria donat tot: el remordiment, les culpes del passat, la pau del Soho, la meva congregació de feligresos i els meus sermons. El perfum de santedat que m'envoltava i les conviccions que em protegien. Però no va acabar la frase, i vaig saber que no ho faria mai. El noi es guardava les quimeres. ¿Havia tastat el cafè? Potser no, però segur que li rondava l'aventura, l'elixir del saber i les set aromes del món. ¿De què volia fugir, el meu fill? ¿De Déu? ¿De mi? No ho podria dir, perquè jo sabia moltes coses d'en Fèlix, però no en sabia prou.

—¿On vols anar a parar, fill?

—No ho sé, pare. O potser sí... —va obrir aquella immensitat d'ulls—: voldria anar ben lluny. Tan lluny com fos possible. Voldria saber-ho tot.

Una quietud prenyada es va elevar entre nosaltres. Jo entenia, i aquest era el mal, que aquella quietud, aquell silenci tibant, continuaria regnant entre tots dos. A penes em quedava el trist consol de pregar. Vull dir de pregar, en vida, que no m'abandonés.

Istanbul

En el nom de Déu el compassiu i el misericordiós. Lloem el Senyor de la creació, i beneïm amb la pau eterna el Príncep dels Apòstols, el nostre amo Mahoma. S'eleva el present escrit al Gran Visir de l'imperi de la casa d'Osman, escrit del qual se'n serveix còpia als arxius palatins del serrall del Topcapi. A Istanbul la ben guardada, a partir de veus i testimonis de l'humil oficial que rubrica, el sempre modest comandant dels eunucs negres, el vostre fidel Quislar Agassi. Avui discorre l'any de la fugida del Profeta disset i cent i mil.

Les Tres-centes Supremes, frec a frec i en la seva nuesa natural, són una visió torbadora. Ni un home disminuït com jo, privat de la funció viril, no pot dormir tranquil amb el record d'una semblant tria de carns: totes turgents i amarades de vapors, totes joves i esplèndides, totes aplegades sota la cúpula dels banys. Aquella assemblea de belleses, que exhibien els ropatges que Déu els havia donat, de les més fines textures i dels més fins colors, eren un espectacle que tallava l'alè. I és ben veritat que, si fos costum anar despullats, mai no ens fixaríem en les cares de la gent, perquè els cossos en flor són molt més plaents que els angles dels rostres. Fos com fos, allà era jo, enfilat al terrat dels banys Txemberlites, espiant a través d'una gelosia, per designació de vostra Altesa, Txorlulu Alí Paixà.

Ignoro, magnífic visir, si la vostra particular comanda era gaire corrent en la història dels annals otomans. De cap manera no voldria dubtar de la utilitat i la necessitat que hi anaven aparellades, perquè la meva vida és vostra, per delegació de l'Altíssim i també de l'estimat soldà de tots els turcs (que Déu concedeixi llarga vida a Ahmed el tercer, llum i veu dels creients). És palès que vós sou el ministre principal de la casa d'Osman, i jo no sóc ni la trista ombra d'un pobre mortal. Vegeu la crònica maldestra que segueix, doncs, com un compliment abnegat, car no em vau demanar que parlés d'un personatge qualsevol, ni d'un afer ordinari, ni subordinat a unes contingències de rutina. Deu ser ben cert que el sol no s'alça mai, ni s'adorm, sense que s'esdevingui un prodigi. I jo haig de rendir un testimoni, fidedigne i aplicat, de visions prodigioses. Així que faré el que devotament podré.

El motiu d'una missió tan peculiar era, vós ho sabeu bé, il·luminar la tèrbola figura de Felis l'Effendi. El de les orelles punxants i el trau a la cella, el de la pell de llet i la falsa innocència als ulls. Aquell eunuc blanc, que va desaparèixer de palau fa un temps, i que va estar a punt de provocar un daltabaix en els destins de la casa d'Osman, mereixia prou una exploració.

—El contenciós és de gravetat extrema —em vau dir el dia de l'encàrrec—; s'han violat les lleis de l'harem, ha mort el fill preferit del rei i, encara pitjor, perilla la nostra jurisdicció privativa sobre la llavor del cafè.

—L'infanticidi no ens hauria d'ocupar en excés; ja trobarem algunes mans brutes de sang. ¿Però sospiteu que el tal Felis Effendi era agent d'una potència estrangera? ¿Que pot haver segrestat un esqueix o una planta jove de cafè?

—Això és el que heu d'esbrinar, benvolgut Agassi —em vau respondre—, i també si encara és viu, i on ha adreçat les seves passes.

—¿I de debò penseu —em vaig atrevir a dir— que en el

seu deambular confós, podria haver abusat d'alguna de les Tres-centes Supremes?

—Ignoro les facultats d'un eunuc per...

—¡Ha!, cauríeu de cul... vull dir —vaig rectificar— ...vull dir, noble Txorlulu Alí Paixà, amb el degut respecte, us meravellaríeu de l'enginy que pot tenir un eunuc en certes matèries.

—Haureu d'esbrinar-ho tot, benvolgut Agassi —vau sentenciar.

—¿I si no en traiem l'aigua clara? ¿I si no apresem el tal Felis, si no esbrinem els fets esdevinguts?

—Apreciat Agassi —vau afirmar—. Algú haurà de pagar. Quan la casa del soldà no pot ser justa, aleshores ha d'ajusticiar.

—Escolto i obeeixo —i vaig fer una reverència.

La vostra instrucció va arribar en l'hora deguda: s'inaugurava la gloriosa època de les Tulipes, i el gran Ahmed Tercer (llarga vida a ell...), amant dels ocells i de les flors, no podia permetre de cap manera que li espatllesin allò que era seu de ple dret. Recuperar l'Hongria dels infidels no seria senzill; reflotar la caiguda en picat de la piastra, tampoc; impedir que les mesquites bramessin contra el govern, o que els soldats geníssers volguessin ser amos del carrer, no seria planer. Però retenir el tresor més cobejat de l'imperi, el gra de cafè, que era perseguit pels ambaixadors cristians, allò era factible. Es deia que els holandesos ja havien conreat la planta a la seva Batàvia, però sembla que uns aiguats enviats per Déu els havien esguerrat la provatura. I en aquell litigi del cafè, justament allà on era indisputat el rei de la terra dels fills d'Osman (llarga vida a Ahmed Tercer, llum i veu dels creients), allà apareixia aquest cretí de Felis Effendi, com vomitat de la gola de l'infern.

Convenia deixar camp obert a la loquacitat. I ja se sap: en rivalitat, Gran Visir, vós o jo mateix som amics de la discreció, però en l'harem, la continència pot ser un signe de feblesa. Les havia de reunir a totes, aquelles donzelles tan fermes, belles i radiants que podien haver dit als astres «marxeu, que prendrem el vostre lloc». Les havia d'aplegar, si podia ser als banys, allà on les criatures més prudents hi perden el rubor, i allà on sembla que les paraules no perviuen, perquè les veus es fonen en els bafs que s'esmunyen pels forats de les cúpules.

Em vaig posar a treballar. D'entrada vaig escollir una confident, una jove grega que havia arribat al serrall després dels fets en estudi, i que era molt ambiciosa. Li vaig prometre que, quan engendrés un fill del Gran Senyor, jo intercediria al seu favor. Va assentir, i vaig instruir-la en la seva funció. Va sortir amb l'expedició de les Tres-centes als Txemberlites, i jo em vaig equipar per a l'ocasió. Aquell gener era dels freds: la ciutat era emblanquinada i el Corn d'Or era pres de grans llenques de glaç. Així que em vaig enfonsar la copa blanca fins al clatell, vaig enfundar-me en la túnica rosada i la vaig cenyir amb la faixa d'or brodat. Em vaig embolcallar en la capa de seda roja i encara vaig protegir-me amb les pells de gibelina. Vaig tenir la precaució de recórrer als peücs de llana abans de calçar-me les babutxes i, per descomptat, em vaig endur la daga argentada. Vaig sortir amb la meva escorta.

Els minarets de Santa Sofia i de Sultanahmed es retallaven en un cel prim i irisat. A l'avinguda del basar encara hi havia prou trànsit: bastaixos, mules i geníssers s'apressaven a retirar-se, abans de l'ocàs. Tot era en ordre. Si bé el fregadís era intens i abundós, no se sentia ni el vol d'una mosca, com de costum. Istanbul, la ben guardada, ho sabeu prou, és molt gelosa de la seva quietud. Doncs bé, vaig arribar als Txemberlites quan fosquejava, i alguns subalterns em van ajudar a enfilar la meva massa corpòria fins al terrat. Ara que recordo l'escena, crec que un dels mossos va riure per sota el nas, i vaig pensar que a l'endemà el faria escanyar i el penjaria dels peus en alguna reixa. Sí, potser hauria d'enxampar el desgraciat aquell...

Bé, tant és. L'Altíssim sempre acaba castigant els necis. El cas és que em van acomodar a la intempèrie, amb un miserable coixí sota les natges i una gelosia davant del nas que em permetia observar l'interior dels banys. Darrere meu, a una distància prudent, hi vaig fer seure els meus ajudants, que havien d'espantar intrusos i rates i gossos i gats, és a dir, tots els amants dels fems i de la nit. Em vaig ajustar les pells de l'abric i vaig clavar els ulls a la reixeta, tot escampant els vapors que pujaven de baix. Les Tres-centes ja s'estaven alliberant dels seus ropatges, i l'espectacle era tan sensacional que la resta del món deixava d'existir.

Van començar a caure pells d'ermini, vels i llaços de tafetà. Les esposes del bondadós Ahmed (llarga vida...), les Supremes de l'imperi, reien i feien broma i es deslligaven els cinyells incrustats de joies. Llavors van començar els comentaris, no sempre elogiosos, sobre els caftans massa ajustats, les faixes de damasc tacades i els calçons massa badats. Les serventes es van afanyar a collir les gases amb rivets, i sobretot els robís, diamants i altres botons que subjectaven les peces més íntimes. Que el Misericordiós em perdoni, però confesso que els pits altius que vaig veure, les cuixes blanques o morenes, els pubis afaitats, els turmells elegants que se'm van descobrir allà baix, un a un, em van portar a èpoques molt remotes. Des dels anys de la meva infantesa, des d'abans que em deslliuressin dels meus atributs, no sentia una coïssor com aquella al ventre.

Aleshores va arribar l'hora més excelsa de totes, perquè les Supremes es van anar deslligant els tocats. Les seves domèstiques es van endur plomes de garsa, rams de flors i diademes de perles. A mesura que marxaven les gorres de brocat i les borles, els clavells de topazi i les roses de robí, una legió de cabelleres es va despenjar en una tempesta salvatge: rínxols vermells, crineres àuries, trenes untades d'oli... Em vaig començar a repetir «Déu és gran, Déu és gran», i vaig provar de combatre l'alarma dels ulls amb l'enteniment de les orelles. Les femelles em van fer el favor de calçar-se les sandàlies de nacre i van anar desfilant cap a l'estança calda. Em vaig canviar a un altre observatori, molt semblant al primer, i vaig veure arrencar la representació que jo havia orquestrat amb tanta cura.

Les dames van jeure als coixins, contentes de ser fora dels passadissos foscos i de les cambretes de l'harem. Algunes odalisques van prendre el bany. Les esclaves van seure als graons de marbre, rere les seves mestresses, i es van entretenir a pentinar cabells. Les mosses de l'establiment van treure sorbets de magrana i pipes de tabac, perfumades amb aigua de roses, que van distribuir entre les dames del Topcapi. Va ser llavors que la meva confidenta es va alçar, es va aclarir la veu i va demanar l'atenció de les Tres-centes. Va explicar que s'havia vist en privat amb mi, el Quislar Agassi —això les altres ja ho sabien, perquè hi ha coses de palau que no es poden amagar—, i va confiar que jo li havia fet una revelació fabulosa.

—M'ha dit el nostre eunuc major —va anunciar— que el cèlebre Felis Effendi, desaparegut des de fa un temps, a més de matar el primogènit Murad, ha robat un esqueix de cafè. I que és encara a palau, perquè podria ser investit amb els més alts privilegis de l'imperi.

Es va fer un silenci compacte, sòlid, que només es podia tallar amb un ganivet esmolat. Les odalisques miraven aquella jove grega, que encara no s'havia allitat amb el bon Ahmed (llarga vida...), i calculaven sense respirar com la novetat podia afectar les seves vides.

El bany es va acabar, i jo em vaig haver d'alçar altre cop, i espolsar la son de les orelles dels meus ajudants. Vaig desplaçar-me a un altre mirador, i abans de defallir vaig ordenar que em portessin uns pinxos de kebab, una sopa calenta i un cafè ben carregat. A sota, les Supremes entraven a la sala tèbia. Duien tovalles brodades al cap i lligades a la cintura. Bona part d'aquella legió de nimfes van jeure als bancs de marbre, panxa avall: van obrir els braços i van tancar els ulls perquè les criades fessin la seva feina. Els cops de palmell, les fregues i els sospirs van ressonar per la volta dels banys. Qui fos una d'aquelles mans fortes i expertes, vaig pensar. Qui pogués palpar, aplanar, fregar, pessigar i amidar aquelles carns. Em va arribar el kebab, li vaig clavar un parell de mossegades, i vaig sentir a la gola la cremor de les espècies. «Déu és gran, Déu és gran», vaig murmurar.

Es va incorporar Hanna, l'Hebrea. Era una dona menuda i de pell ferma, del color de l'aram, que portava el sol a les venes. Tenia els ulls de cérvola i les celles com dues llunes creixents. La seva boca era un robí, valuós i escarlat, tret de l'anell del magnífic Suleimà. En la més tendra infància, havia estat despatxada des de les arenes d'Aràbia, per iniciativa d'una família d'orfebres jueus. Com la majoria dels sefardites de l'imperi, era enemiga de crits i estirabots: dispensava una obediència devota a l'ordre otomà, i aplicava el seu enginy al treball industriós. La favorita infonia un respecte gairebé universal, cosa francament inusual. La seva veu pausada i bondadosa era medicinal per al bon Ahmed (llarga vida...), però també per a les Tres-centes i per als domèstics del Topcapi. Era un estel lluent i solitari, deien, al firmament regirat d'Istanbul. Les odalisques, doncs, van respirar a fons i es van rendir, alhora, a les fregues medicinals i a les cures d'aquella veu gentil.

Que Déu m'empari i m'il·lumini en el camí que jo, Hanna, l'Hebrea, he de transitar per aquesta vida. Que les paraules del profeta siguin font d'inspiració i que vosaltres, les Tres-centes Supremes de l'imperi, em comprengueu i m'acompanyeu en el meu caminar. Jo us puc dir —però només l'Altíssim és savi i totpoderós— que el Felis Effendi que jo vaig conèixer era ben divers del assassí, lladre i oportunista que insinua la grega. Ell ja no és aquí, i no espera cap càrrec. El meu Felis no era un beuratge tèrbol, ni un elixir del desig càndid, no era pas una droga obscura. Ell tornava la vida als que dormien, i des que va marxar jo el celebro, perquè feia resplendir les prades i els matins: i quan em desvetllo el recordo, i convoco l'alba a ell. Germanes, l'alba a ell, l'alba a ell, que res no ens va robar i que tant ens va obsequiar.

Mai no havia pres, ni tornaré a prendre, un tast com el seu. Entrava brillant i lluminós a l'esguard; sorprenia amb un gust mig afruitat, mig perfumat, ple de lavanda i gessamí, i s'estenia a l'estil d'una llimona, agut i mordaç. No el podria comparar ni amb el millor cafè de Moca, el de la meva terra natal. I a l'hora de marxar, germanes, ¿com us ho diria? Partia lleuger i àgil, t'abandonava suau i veloç, a la manera d'un vel de seda. I si bé el seu regust no s'aferrava al paladar, tossut, el seu record era massa dolç per oblidar. Així era el meu Felis, i així us el desplegaré davant vostre. Jo, Hanna d'Aràbia, no us vull enganyar, i no us vull parlar de l'ésser que mai no vaig conèixer, del que us ha vingut de veus i rumors. Ell ho hauria pogut ser, hauria pogut ser astut i cobdiciós, o àvid i fogós, fabulós com era en el seu enteniment. Ho hauria pogut ser tot, si hagués volgut, però jo us parlaré de la persona que realment va ser.

Va ser ell qui em va reclamar primer. Li vaig marcar una trobada al gran basar, a la bijuteria d'un jueu, originari del meu país de Saba. Tot aprofitant una excursió de les Tres-centes, per venir a aquests mateixos banys dels Txemberlites, em vaig esmunyir entre la gentada amb la meva esclava fidel. El joier em va fer passar a la rebotiga, observada per braçalets, penjolls i anells que guardaven el testimoni mut de moltes trobades fur-

tives. Em van portar una safata de cafè. Al cap d'una estona va arribar ell, amb la mirada clara i amb el gest inquiet, curiós i gairebé esverat del nouvingut. Venia amb ulls de princesa, orelles de conill i un trau de guerrer a la cella. Vestia amb modèstia, cobert de peces folgades i blanques, però no em va semblar un esparracat. I si m'ho hagués semblat, tampoc no m'hauria espantat, perquè jo, com vosaltres, jo també he tingut una infantesa pobra.

—En nom de Déu —va fer, tot inclinant-se. Mostrava respecte a una dama i, alhora, es disculpava pel retard.

—La pau sigui amb vós —vaig dir per calmar-lo, i amb la mà oberta vaig convidar-lo a seure, usant la fórmula habitual—. Amic, lloem el Senyor.

Felis es va acomodar a la catifa. Llavors va alçar una tassa amb les dues mans, el cap cot, i me la va atansar. Jo vaig estendre els dits perquè ell, en senyal de deferència, me la lliurés.

—Si m'atrevís, us diria, us diria... —va entonar la seva veu blanca, i va envermellir— us diria que Déu guardi aquestes vostres mans.

—Que el Misericordiós —vaig eixamplar el pit— no em privi de la lluïssor dels vostres ulls.

Aleshores ell va fer un gest inusual. Va acostar la seva mà oberta, i tot just em va fregar la cara amb els dits. De dalt a baix, com qui apama una peça d'art. Estic segura que va notar el parèntesi del meu alè. Tot seguit va assentir amb el cap, molt a poc a poc, i va començar a obrir el seu cor.

Va relatar que feia alguns mesos que era a Istanbul, i que la ciutat encara el meravellava. La ben guardada, va confessar, era un bagul de sorpreses. Els seus carrers podien ser bruts i enfangats, però les cases, de fusta ennegrida, amagaven grans esplendors. La manca de campanes, de crits i de carros li causava estranyesa, amb aquell silenci rubricat pel frec de les babutxes. Els soldats geníssers, ben afaitats i sempre solters, tatuats fins a les celles, se li feien temibles, sobretot des que va veure com apa-

llissaven la gent corrent i com tombaven les marmites abans de revoltar-se, cada dos per tres, i subvertir l'ordre regnant. Els calènders, aquells místics que renunciaven a la vida, li semblaven trets d'un altre món: quan els veia al carrer, deambulant a pèl, amb argolles de pam i mig penjades al membre, i els cabells trenats fins als genolls, encara es quedava glaçat d'admiració.

Se sentia entendrit per la devoció que mostraven els pobladors cap a les flors, els arbres i les bèsties de tota mena. Una gent tan atenta i companyona, fins i tot amb les criatures menors, no l'havia trobat enlloc. Per descomptat, al seu país no hi havia gent així. Com tampoc no hi havia cossos que es rentaven cada dia, o robes que es canviaven cada divendres. Com tampoc no hi havia la diversitat de formes, colors i veus que convivien a Istanbul. La ciutat més gran de la terra era també la més rica en gent: una dotzena de parles corrents, quatre escriptures als rètols, quatre calendaris i dos horaris diferents per mesurar el pas del temps... I una multitud de creences, amb vint maneres de pregar agermanades, al capdavall, ¡sota un mateix Déu! Per a ell, que havia estat caçat com un conill, que pertanyia a una secta torturada dels cristians, aquesta ciutat era una benedicció.

Així em parlava Felis, just abans de ser investit l'Effendi, el docte i mestre, i ho feia en una barreja encara maldestra de turc poètic i vulgar. Jo no volia deixar passar l'ocasió, ignorant si tornaria a tenir aquell bon conversador ran de mi. Li vaig demanar una cosa que sempre m'havia encuriosit.

—¿És cert que les dames de la França —vaig fer—, sota les faldilles, porten enormes gàbies de ferro? ¿I que només els marits les poden obrir?

—És del tot cert —va somriure—. Però passa igual que aquí, bella Hanna: que les presons construïdes pels mascles acaben sent armes de muller.

—No esteu usant paraules d'espòs —vaig apuntar—. No pas les d'un espòs otomà.

—Bé, no ho sé, parlo tal com sento —es va limitar a dir.

—¿Qui sou de debò, Felis?

Es va encongir d'espatlles i em va regalar amb els seus ulls de menta, grans i perduts. Tot seguit, va fer el gest de repensar-s'ho. Es va aixecar i va remenar a les prestatgeries de la rebotiga. Va prendre un mirallet i s'hi va reflectir, de manera que jo el pogués veure.

—Avui dec ser aquest, el que anomenen Felis. Ahir devia ser un altre, i demà no ho sap ningú.

Vaig acceptar amb humor la seva sortida. I ell, tot repescant la conversa sobre els homes i les dones, em va manifestar la seva aprovació pels costums d'aquí. Deia que no havia vist dones sotmeses, sinó desunides dels marits: amb orgull propi, amb hisendes, amb servents; dones que es podien divorciar, que no veneraven la castedat, dones que, si el marit les volia recuperar, podien tastar abans un altre home. Dones amb béns i poders, afectes a les lletres i els versos. ¡Dones que disposaven fins i tot del seu paradís etern! Podien ser esclaves, concubines o esposes, va afirmar, però sempre eren mestresses.

—Potser sí —vaig observar—, potser entre les dames de rang. Encara no heu vist gaires pageses o criades, ¿oi, amic?

Em va concedir que no i va olorar el seu cafè. Tot seguit, va exposar les raons que l'havien conduït cap a mi. Feia poc que li havien ofert les millors llavors de cafè, a canvi d'eliminar el petit Murad, primogènit i fill de la segona favorita. Ell s'havia fet enrere, esgarrifat, i havia estat a punt de fer mitja volta. Però aleshores havia rebut la invitació a entrar a la sublim porta, ingressant en la corporació dels eunucs blancs, a canvi de res. ¿De res? S'havia quedat de pedra.

—És un regal enverinat, ¿oi? —va badar els ulls—. ¿Què puc fer?

—No us conec prou, Felis. Aneu per on us porti el Misericordiós, que ell sí que us deu conèixer bé.

—¿El Misericordiós? No ho sé... Si us referiu al Déu del meu pare, hauria de tornar al galop cap a casa, i menar una

vida austera —va apuntar amb una ganyota—. Si us referiu al vostre Déu...

—Parlo de la veu superior que us alimenta des de dins —vaig assenyalar-li el pit—; parlo del vostre propi Déu.

Em va esguardar amb familiaritat, serè i espurnejant. M'obsequiava, a mi, amb els seus ulls, on feia goig de perdre-s'hi. Llavors em va agrair de tot cor les orientacions quan, ja ho veieu, ben poc havia fet jo per ell. Com que no deia res més, vaig ser jo que li vaig reclamar un segon encontre. Per saber com acabava l'assumpte, vaig aclarir. Ell m'ho va prometre, i ens vam acomiadar amb cortesia i un punt de recança. Ai, roures més forts, vaig pensar, havia fet caure Istanbul. Roures molt més forts i molt més alts. I aquell adorable Felis, què voleu que us digui, oferia l'estampa d'un pelegrí solitari i exposat, un pelegrí d'aquells que no tenen més companyia que Déu.

Tenia entre les mans una tassa de cafè. Els babaus del meu seguici me l'havien fet arribar gairebé freda, però tant li feia. Un cafè era un cafè. Podia imaginar —imaginar, si més no— l'escalf interior del beuratge quan m'omplia les vísceres. I cavil·lar sobre la importància del que es deia allà baix. Els dilemes eren d'alta volada, certament. D'entrada, les lleis de l'harem havien estat desafiades sense escrúpols. Segons els codis antics, una odalisca només tenia una manera de sortir del serrall, que era amb els peus per davant, dins d'un formós taüt. Però el cert era que les dones acudien a cites secretes, conspiraven i tastaven homes a esquena del gran senyor. Davant d'ell besaven la terra, li desitjaven prosperitat i li deien allò tan bonic: «Amo, flor del meu cor, llum dels meus ulls, tresor del meu cor...» Quan el rei de la casa d'Osman (llarga vida...) es tombava, li plantaven unes banyes que grataven els núvols del firmament. Istanbul n'anava plena, tothom en parlava, però sentir-ho en viu a tan notable senyora era d'espant. Caldria posar fi a aquella disbauxa, una malaltia més de les que castigaven l'imperi.

D'altra banda, i això ho meditava mentre els meus dits jugaven amb la tassa buida, la incúria amb què es tractava la planta del cafè era d'escàndol. Un foraster, que ningú no sabia ni qui era ni d'on venia realment, s'havia infiltrat a palau i havia pogut minar la gran riquesa dels otomans. Li havien ofert gra jove, favors i fórmules secretes que cap de les potències cristianes, en les capitulacions dels darrers anys, hauria gosat reclamar. Tant és si Felis Effendi era de debò un agent estranger o no; el cas és que qualsevol nouvingut, si era prou destre, podia rebentar els nostres mercats d'un dia per l'altre. Només li calia parar l'orella i saber abusar d'un fet greu, però tan corrent i inevitable com era la mort d'un nadó, un primogènit eliminat, arran de disputes ordinàries, a les entranyes del Topcapi.

Vaig deixar la tassa a terra. Hanna, l'Hebrea, havia interromput la seva confessió i s'havia assegut. La tovallola li havia caigut als peus i li cobria les sandàlies de nacre. Una esclava robusta li premia les espatlles, a la manera de l'escultor que modela una figura. Els pits, erectes i ferms com dues magranes bessones, li tremien a cada embat. La favorita va reclamar més oli; va ser untada de dalt a baix, amb especial dedicació entre els dits dels peus i de les mans, i a les engonals. Ja sabeu, magnífic visir, que els plecs d'una dona s'han de fregar i amorosir, perquè són les formes més buscades de la seva figura. Hanna va reprendre el fil de la història, encara asseguda, i el seu timbre pausat va ressonar a les voltes dels Txemberlites.

Felis va ingressar a palau i jo, germanes, me'n vaig sentir molt confortada. No em feia il·lusions de veure'l sovint, rigoroses com són les normes del serrall, però el podia afigurar allà a tocar, passat el mur de les salutacions. Gairebé notava el seu alè i el seu esguard atent. Amb l'ajut dels servents vaig combinar alguns encontres més, sempre massa curts i massa infreqüents, sempre plens d'anhel i de joia. Ell em va narrar la seva vida, en una història àcida i agresta, una història que imprimia tremp a una persona tan bondadosa com ell.

Havia nascut en una família de la França, i havia vist morir molta gent per motius de creença. De ben petit havia perdut la mare: un ésser innocent, un espectre angelical que li produïa tristor per la condició femenina. Només li havia quedat el pare, un atribolat amb qui havia fugit a l'Anglaterra, i havia suportat infortunis de difícil memòria. Felis havia provat de refer-se dels cops —la nafra a la cella, entre altres—, però no pas el seu pare, que era un home sorrut, i que omplia la vida de prohibicions. Felis havia cultivat el gust per la temptació, naturalment, però sense deixar de ser fill del seu pare. Duia les seves orelles punxegudes, i també el seu pavor pel descobriment, que tant podia acabar en pecat com en decepció. Un bon matí, havia sortit a passejar per la vila de Londres, encuriosit pel cafè: n'havia sentit a parlar molt en boca del seu oncle, un tal Prudence, i volia flairar-lo en règim de llibertat. Ni tan sols la va arribar a tastar, la beguda, però son pare el va tractar d'heretge cap amunt. I si fins aquell dia mai no havia pensat a voltar món, a partir de llavors va començar a entendre que li convenia partir ben lluny.

—I ho vas fer, és clar.

—Bé, no del tot —va apuntar—. Ho vaig fer un cop mort el pare.

—Et vas esperar per evitar-li un disgust.

—Suposo —es va gratar els punys—. De fet, no t'ho sabria dir. Sí, potser en part... Però jo crec que va ser a la inversa. Fins que no va morir, no em vaig veure forçat a marxar.

—¿T'hi vas veure forçat? —vaig preguntar, i em va semblar que el patiment li feia desviar la mirada—. ¿Què vols dir? ¿Que no era el deslliurament, el que buscaves?

—He sentit a dir que la llibertat, sovint, no és més que una paraula. Deu ser cert: una paraula que serveix per als que ja no tenen res a perdre.

A Felis, estava clar, mai no li havien ensenyat a usar aquella paraula. La pèrdua del seu pare el va obligar a emprar-la, i fins i tot aleshores no va ser senzill. Ell estimava molt el pare, potser com s'estima el sol, que pot cremar però que és font i custodi de la vida. ¿Us imagineu un sol malalt? Doncs allò va ser el que li va passar a en Felis. Durant uns quants mesos, el minyó va vetllar pel seu sol, el seu pare i únic astre conegut: va anar observant el cranc que li pujava des de la cama fins al cor, i gairebé el va notar dins seu. A canvi, va rebre algun mot amable, moltes reprovacions i un munt de profecies apocalíptiques. I un mal dia, de sobte, el sol es va esborrar. El noi va quedar orfe en tots els sentits, sense astre, sense normes, sense les barreres conegudes. Li va costar Déu i ajuda pair la seva llibertat.

El seu pare no havia pogut sortir d'un món torturat i miserable, ni a l'hora de morir. Però ell sí, a la fi havia carregat amb tot el pes del passat i s'havia embarcat, disposat a solcar les aigües, a la recerca de la pau i del bon saber, que era tant com dir a la recerca de la seva pròpia persona. Com que la guerra el perseguia per mitja Europa, havia arribat a Ragusa, on s'havia enrolat al servei del duc. No pas com un eunuc rapinyaire, sinó com un viatger que buscava les fragàncies del món. I d'allà, havia saltat a casa nostra. Les inquisicions que havia fet sobre l'essència del cafè, les seves visites a cònsols i mercaders, eren mogudes per l'ànsia de coneixement. El poder l'havia confós per una altra cosa. No era un agent al servei de ningú, no era un buscador de fortunes, ni ho podia ser, perquè era una ànima solitària.

—¿Qui em podria deixar els seus ulls per plorar? —va confessar-me un dia—. Ningú, Hanna, ningú. Mai no podràs llogar els planys d'un altre, ni els somriures, ni les esperances. Estem sols, amiga.

No podia fer altra cosa que estar d'acord amb ell. Era d'una sensibilitat profunda, cultivat com n'he vist pocs, i no m'estranya que ben aviat el nomenessin l'Effendi, el Docte o el Mestre. Absorbia la nostra parla, i també la nostra ànima, com si li anés la vida. Li vaig recitar els versos del poeta Abu Nouàs, consol dels esperits errants.

—La gent rica té enemics ardents —vaig refilar—, en els tresors vestits d'amics; ... la gent rica en herois no té res, en els tresors vestits d'ossos; ... i els altres no som més que morts vivents, nascuts de vivents morts.

Ell es va sentir commogut, i em va fregar el front amb els llavis. Encara porto aquell bes d'aire estampat a la faç; aquell segell candorós i, alhora, impúdic, més abrasador que la carn d'un home quan s'endinsa en la pell d'una dona.

Les millors empreses, ja ho diu el Profeta, són les que avancen amb ponderació. Entre Felis i jo no hi havia pressa, perquè hi havia entesa; i hi havia entesa, perquè no hi havia pressa. Sentíem set l'un de l'altre, és clar, però ens estimàvem més no rompre la cerca amb un tracte comercial o amb un contracte carnal. Com si no volguéssim arribar a la fi, ¿m'enteneu? Com si el camí fos el més preat, i el final el més temut entre nosaltres. ¿Que si mai ens vam ajuntar de cos, em demaneu? ¿És tot el que voleu saber, germanes? Bé, us puc dir que no, no ho vam fer. No calia pas, perquè entre dues ànimes hi ha un i mil plaers amagats, que l'annexió d'un home i una dona poden ofegar. I perquè Felis Effendi, que en realitat no era un eunuc, doncs ell tampoc... Però veniu, veniu a prop, si m'heu d'escoltar.

Vaig afinar la vista, i vaig observar les Tres-centes que s'alçaven i es congregaven al voltant de la menuda Hanna. Vaig afinar-la encara més i, en aquell fregadís de pells nues, de tovalles impecables i de cabells perfumats, no hi vaig poder distingir la meva confident. Maleïa els seus ossos i imaginava cent càstigs per a ella, la jove grega que m'havia fallat en el moment més delicat. Em vaig perdre el xiuxiueig de la tercera favorita, i només vaig captar l'exclamació de sorpresa que emergia de l'aplec, seguida de rialles i un lent retorn cap a les posicions del massatge. Després vaig saber que la meva espiona havia aprofitat aquella estona, precisament aquell curt instant, per anar a l'excusat. Ja passaré comptes amb ella, per inepta i per desobedient. El cas és que m'haig de disculpar davant vostra eminència, Visir Txorlulu, per aquest buit que apareix en la meva crònica, d'altra banda ben acurada, i fidel a la veritat del que allà va succeir. I ara, us ho prego, consentiu que vagi tancant el relat de Hanna, l'Hebrea.

Potser direu que sóc una crèdula, que transito per un món de somnis i deliris. Però, ¿sabeu què li va passar al somniador de Bagdad? ¿En coneixeu la rondalla? ¿No? Doncs escolteu, germanes, escolteu, que se'n pot treure més d'una lliçó. Vet aquí que hi havia, a la cèlebre ciutat de la pau, un pobre sabater que va tenir una aparició: un geni va irrompre en els seus somnis, i li va recomanar que viatgés fins al Caire, on trobaria la fortuna. Ho va fer, i només va trobar vint i cent bastonades a mans d'uns malfactors. Un bon mercader el va recollir, i li va assegurar que havia obrat com un ximple, que no tornés a creure mai més en els somnis. Així mateix, el cairota li va confessar que ell en tenia sovint, de somnis, i que en un d'ells apareixia un pati amb una palmera guerxa, on se suposava que s'hi ocultava un gran tresor. El pobre sabater va tornar a Bagdad, i en arribar a casa va veure la seva palmera guerxa, la de tota la vida. Va remenar la terra i ¿sabeu què? Doncs hi va trobar un gran tresor.

Si heu parat atenció, germanes, veureu que els somnis sovint ens il·luminen, si els sabem llegir bé. Jo mateixa, com el pobre sabater, havia escoltat les veus que parlaven d'un somni, i l'havia buscat. L'enigmàtic Felis Effendi va ser el nostre somni, però el poder i jo no el vam llegir igual. Perquè ell no era un tresor en peces d'or ni ànsies conspiradores, ell era un tresor dels que et feia tornar a casa i descobrir allò que sempre havies amagat al teu propi pati. Confesso que, en algun moment, vaig veure en el meu Felis la joia final: vaig presumir que el dia de demà potser compartiríem les nostres vides, sense cadenats ni captiveris. No hauria estat la primera vegada que una concubina del serrall s'aparellava amb un patge o un eunuc, i que vivien feliços fins que eren visitats per l'ombra que esborra penes i amistats. Però no: aviat vaig entendre que a mi em corresponia restar aquí, on fins les mosques callen davant l'autoritat, ...i fer el suprem sacrifici de parlar. Quant a Felis, vaig saber que la riquesa del pelegrí solitari era el seu caminar, i que podies gaudir del seu pas, però mai del seu destí.

L'ús del nostre famós visitant no portava cap satisfacció. Ell no era un mercader, no servia per als afers. No era un botxí, ni de bon tros, i el poder ho va poder comprovar: quan el va cridar —perquè finalment ho va fer— i li va demanar que escanyés el petit Murad, ell va fugir esperitat i em va venir a veure. No perseguia el benestar ni la fortuna, i proposar-li un tracte amb la llavor del cafè era la cosa més absurda que es podia fer. Una altra cosa és que ara li vulguin encolomar el mort, i que a mi em facin parlar amb la boja ficció del seu ascens a visir.

¿I Murad, aleshores? ¿Qui havia mort el menut, us demanareu? Us puc dir, amb tota certesa, que no va ser pas el meu Felis. Ell n'era incapaç. Però pregunteu, germanes, pregunteu, i tal vegada ja no podreu mirar a la cara el nostre Quislar Agassi, o fins i tot el nostre Gran Visir Txorlulu Paixà. Mireu, mireu amunt, i entre nosaltres i el cel hi veureu els culpables. Però no mireu el meu Felis, que va partir, a l'hora de la veritat, per escapar de l'ofec. El seu camí abocava, entre les quatre parets del Topcapi, a l'abisme. L'havien atrapat en un niu de rumors i malícies insalvables, i ell va tombar pel primer trencall que li permetia fer camí. ¿Que és aquí a Istanbul? ¿Que serà el pròxim visir? Ho dubto, ho dubto molt, francament, dames de l'harem.

Ell no era pas un ésser, us ho dic jo, que volgués viure en un mar de podridures.

El vespre abans de la seva partença, encara el vaig poder veure. Ell enllestia la seva fugida en ocasió d'una desfilada imperial, de les que s'estilen en aquesta era de les tulipes, i comptava emparar-se en el rebombori. La processó aplegava els dignataris de palau, guarnits de plomalls i sedes acolorides, i el poble ras, que irrompia en massa al pati exterior del Topcapi. Els passadissos del serrall eren gairebé buits. Quan va aparèixer a la meva cambra, es va sentir un clamor extern: l'ombra del gran senyor (llarga vida...) es devia insinuar rere la gelosia de la Finestra perillosa. Felis Effendi va ignorar l'enrenou i se'm va acostar a acaronar-me els dits.

—¿Saps per què he vingut? —va preguntar.

—Ho sé, germà. Vens a acomiadar-te, ¿oi? —Ell va prémer els seus llavis fins, però no va respondre—. I bé, ¿cap on penses anar?

Primer es va encongir, i després va afluixar la mà. Ja ho sabia, va protestar. N'havíem parlat un i tres mil cops. Partiria cap a la meva terra natal, cap a l'Aràbia feliç de la meva infantesa que jo li havia descrit, manta vegada, amb recança. Marxaria suau i veloç, una gasela àgil i silent, a la recerca del seu camí. Trobaria la ruta de Moca i s'enfilaria a les verdes muntanyes on s'hi conreava, des de temps remots, la llavor del cafè. Encalçaria el rastre d'aquell arbust aromàtic del qual ni tan sols en coneixia el tast.

—Felis, ¿em deixes demanar-te una darrera cosa?

—El que vulguis —va fer, i va parar les seves orelles de vidre.

—¿Què tens contra el cafè? —vaig aturar-me per corregir l'expressió—. Vull dir, ¿què tens contra la degustació? ¿Del cafè, o del que sigui?

—El meu pare...

Una cridòria, que venia de fora, va travessar els murs de palau. Devien ser els dervitxos i els espontanis del festival, que juraven morir pel seu amo i senyor (llarga vida...). La multitud adora els números semblants, com sabeu. Quan surten els homes mig despullats, regats de sang, amb fletxes atravessades a les galtes i a les orelles, la gentussa enfolleix. I quan comencen a obrir-se els braços amb ganivetes, i fan el possible per esquitxar l'imam, la mare o l'amant, esclata el deliri. Doncs com us deia, el xivarri va pujar de to, i Felis va haver de fregar-me l'orella per fer-se sentir.

—...el meu pare solia dir, Hanna, que el plaer mata l'ànima. Però jo penso altrament. Quan la meva vida —va cridar un poc més alt— ... quan el meu destí es va capgirar, al port de La Rochelle, crec que vaig departir les meves conviccions de les d'ell.

—No em faràs creure que vas abraçar els plaers terrenals...

—No ho diria així —em va interrompre—. ¿Com t'ho posaria? De fet, era un infant, i jo mateix ignorava que alguna cosa s'invertia dins meu. Però la decisió devia ser-hi, i ara ho veig més clar. Perquè des d'aquella hora fonamental, vaig triar ensumar en lloc de consumar.

—¿És el final el que et causa pavor?

—Doncs en part, amiga, perquè la troballa enterra l'esperit. El final ho mata tot. La recerca del gust, en canvi —se'm va atansar un poc més— ... edifica l'esperit. Així ho crec. La recerca, no pas la troballa.

Li vaig resseguir la cicatriu del front amb el dit. Poc em va faltar per suplicar-li que s'aturés, que no busqués més, que havia arribat al cap del camí. Que no s'exposés a més bastonades i sacrificis. I penso de debò que si li ho hagués pregat, no hauria alçat el vol. Mireu el que us dic, ho crec amb tota l'ànima. Però no podia fer-ho, perquè jo també havia arribat a estimar la seva recerca.

—¿I si algun dia arribes a trobar el que persegueixes? ¿Si trobes la persona amb qui et vols fondre? ¿Si descobreixes l'Elixir del Bon Saber, i no pots resistir empassar-lo d'un glop?

—No ho sé, Hanna, aquest dia encara no ha arribat.

Em va olorar el clatell. Ell volia olorar, i per res del món es resignava a desfer l'encanteri de la fragància. L'amor, sospitava ell, es feia malbé amb frecs i suors. El diner no valia res quan es comptava entre les mans. El cafè corrent deixava de ser una fantasia quan passava per la llengua. Perquè Felis Effendi entenia que, de totes les sensacions, la més preada, la més refinada, la més delitosa, era la que d'entrada no es satisfeia. Em va passar els dits per la cara, de dalt a baix, com ho havia fet el primer cop. Sense tocar-me, a penes fregant els vapors de la pell. Llavors va fer-me un buf a la nuca i va marxar per sempre més.

Aquesta és la meva narració, estimades Tres-centes, germanes Supremes de la terra otomana. Tal com ho vaig viure, jo us ho he contat. Direu que sóc ximple, companya de l'error, obra mestra del candor: tal vegada ho sigui. Però encara que acabi errant despullada pel desert, com l'admirat poeta, encara que em visiti la Mort, exterminadora d'esguards, ja no puc escoltar les veus planes i mundanes. Jo he conegut la millor de les ànimes, i si cal pujaré a la Meca per cridar, i cridaré Felis al lloc més sant de la terra. Ho faré, us ho juro davant el cel. M'enfilaré dalt de la pedra sagrada i cridaré el seu nom, el cridaré una i mil vegades, fins que no resti ningú sense sentir-me. I no us confonguéssiu pas: no ho faré per innocència, ni per honorar la veritat. Ho faré per honorar el nom del meu amic.

En ell s'ajuntaven la forma i el sentir, la corba del company i l'hàbit del de l'inquiet. I proclamo, davant de qui ho vulgui sentir, el meu amor més gran per ell. Jo tenia un germà, sí, lleial com ningú. Vibrava amb la terra, sí, tendre i atent, vibrava amb el somni i vibrava amb l'aroma. Quan em desvetllo cada jorn, jo el recordo i convoco l'alba a ell. Germanes, l'alba a ell, l'alba a ell, que res no em va prendre i tant em va obsequiar. L'alba a ell, que va haver de marxar. ¿Qui el va fer partir, suau i veloç com un vel de seda? Ai temps madur, ai dies de sang i de tulipes... Ai Tres-centes que m'escolteu, ai Istanbul la ben guar-

dada, ¿què us he fet jo? ¿Què us he fet, pobra de mi, si abans d'haver-lo comprès ja me l'havíeu pres?

Res no va destorbar les darreres veus de Hanna l'Hebrea, que van ressonar a la cúpula dels banys fins que es van extingir del tot. Confesso que jo estava tan captivat com les Tres-centes, transportat per les evocacions de la favorita. Potser sí, que aquell Felis Effendi era l'amic franc i lliure, de natura dreta i bondadosa, que havia desaparegut sota un cel de noblesa. No ho disputo. Però a mesura que les Supremes anaven desfilant cap als vestidors, a mesura que la sala tèbia es quedava buida, i la brisa glaçada del vespre m'eixeria, vaig recobrar el meu deure. Em vaig incorporar, i mentre retornava al Topcapi i em petaven tots els ossos, el pensament se m'aclaria. Jo era un oficial dels otomans, tenia una missió concreta, i havia de mantenir el cap fred. Com vós, magnífic visir, jo sóc un viatger amb pressa: i sé que algun dia, com vós, seré estès a la fossa. La vida ens cremarà més ràpid del que voldríem, i abans de l'hora nefasta haurem d'haver enllestit el nostre torn.

El que Déu ha ordenat, s'haurà d'esdevenir, és ben cert: i el que Ell ha escrit, cap mà de mortal no podrà esborrar. Jo no sóc ningú, només sóc un humil servidor de la casa d'Osman, i no tinc cap dret a alterar el destí. Jo he de fer complir les lleis de Déu i del soldà (llarga vida...). No anhelo els honors de la sublim porta, que d'altra banda poden ser mortals en més d'un sentit. Em limito a complir les meves obligacions, i una n'és, com a Quislar Agassi que sóc, administrar la vida i la mort entre els domèstics de l'harem. Doncs bé: sapigueu que els esclaus, les criades i els castrats que han pres part en aquesta trama seran exterminats. Ja us ho dic ara. No pot ser que els missatges i les dames en persona entrin i surtin de l'harem, amb tota impunitat, com si d'un basar es tractés. També disposaré de la confident inútil, la jove odalisca grega que no va encertar a complir la funció encomanada.

En relació amb l'anomenat Felis Effendi, malament puc obrar, i l'únic que m'atreveixo a recomanar és que es dicti un decret de cerca i captura. Tot i que, si de debò ha fugit més enllà de la nostra jurisdicció, no ens podem fer gaires il·lusions. Com sabeu prou bé, les extremitats d'Aràbia ja no formen part del nostre just govern, i des de fa uns quants anys han caigut en la barbàrie de les tribus indígenes. A més, no us sabria dir del cert si el tal Felis era realment un agent de les potències forasteres, si era un castrat o efeminat o què. Les confessions no aclareixen res, com tampoc no ens il·luminen sobre l'assumpte més greu: això és, si el personatge es va apropiar de llavors o esqueixos de cafè. En tinc les meves reserves, però a tenor de les disparitats anotades, m'inclino a pensar que Felis Effendi no era cap maquinador, sinó més aviat un foll, amb el cap ple de pardals. Si algun dia l'arribem a enxampar, els eunucs blancs li haurien d'aplicar justícia: i si no l'apresem, tindrem un boig menys al reialme. Que Déu el maleeixi i el mantingui ben allunyat del nostre senderi.

Les favorites són una altra cosa, són prerrogativa del soldà, i aquí demano la vostra intercessió davant el bon Ahmed (llarga vida...). Beso la terra als vostres peus i us asseguro, pel que fa a la dama principal, que jo no faré més que escoltar i obeir. Ara bé, crec que hauríem de sotmetre el meu testimoni al Divan i, naturalment, a la gràcia del príncep guerrer de la fe, el nostre gran soldà (llarga vida...). Els capteniments, els actes i els mots de la primera odalisca són gravíssims, i fan perillar la concòrdia del nostre univers. No voldria pas examinar el bon Ahmed (llarga vida...), i de cap manera descobrir-li febleses, però goso afirmar que la nostra missió com a servidors passa per cenyir, en la mesura del que convingui, la seva infinita bondat. Em permeto recordar que, abans d'accedir al tron, va passar catorze anys a la gàbia daurada, divorciat de les maldats humanes. El bé i el mal són una parella fidel, no sempre fàcil de destriar, i temo que el nostre excels sobirà (llarga vida...), empès per l'afecte que dispensa a les favorites, podria acabar cedint a la temptació de la clemència. I quan la casa del soldà no pot ser justa, aleshores ja ho sabeu, cal ajusticiar.

La meva modesta posició és que hem d'ajudar el soldà (llarga vida...) a restablir l'equilibri regnant. Allò que és de l'amo està negat al seu servent, i ningú no pot destorbar l'ordre del serrall, que és el cor del nostre imperi. Per descomptat, sempre fa recança sentenciar una filla de l'harem: i les implicades en aquesta història són dames de forta bellesa, mestresses del saber, educades en la recitació, a més de la dansa i del cant. Però estareu amb mi que cal impartir càstigs, mal que ens pesi a tots. Jo no seria partidari de tancar els banys, ni de prohibir-ne l'accés a les concubines: ja heu vist que, en aquest cas, ens han fet un estimable servei. M'inclinaria menys encara per clausurar els cafès o les tavernes, com s'havia fet en temps antics, a instàncies dels imams o els mul·làs. Ens enfrontaríem a avalots inoportuns i, diguem-ho clar, a una rebaixa dràstica dels tributs.

Sospito que haurem de sacsejar l'harem de dalt a baix, fer net i començar de nou. No puc estar segur de quines falsedats i quines veritats van ser pronunciades, sota les voltes dels Txemberlites, però caldrà que assegurem l'escarment. Ens veurem forçats a convidar Hanna a fer les últimes pregàries, prendre la darrera tassa i abandonar aquest segle. Jo mateix hauré de convocar els bostancis, els jardiners de palau, amb els seus ferros roents, les seves dagues i els seus cordons de seda. Abans que res, ordenaran que els lloros, els lleons i els óssos del jardí siguin obligats a bramar, per ofegar així les lamentacions més estridents. Tot seguit, marcaran el front de la condemnada amb la marca dels mentiders. En acabat, els botxins fermaran el preciós coll de la víctima amb un llaç roig, i tibaran fins que Déu, i només Déu, es pugui apiadar de la seva ànima.

Haurem de desplegar el cerimonial d'estat, naturalment. La justícia haurà d'escampar l'exemple, amb generosa ostentació, entre el poble. La processó haurà d'ocupar l'esplanada pública, a la manera d'un bosc de tulipes. Geníssers, sipais i bostancis ompliran l'espai de barrets, turbants i plomes de colors. Compareixerà el bon Ahmed (llarga vida...), damunt un corser arriat de joies, el mantell verd i pells de guineu de Moscòvia; tothom inclinarà el cap en senyal de reverència. Al darrere, desfilareu vós i el gran muftí, custodiant els bàculs i els coixins amb la cafetera d'or i la cafetera d'argent. I a la cua, caminarà la meva humil figura de túnica groga, bandes d'argent i folre de marta. Els meus eunucs portadors exhibiran la testa de Hanna l'Hebrea. Penjaran el cap al punxó de la reixa de palau, i allà restarà fins al dia que els mateixos corbs ja no el vulguin.

Podeu arribar a disposar, segons el vostre savi criteri, que en la processó s'hi trobarà a faltar el cap sangonós d'un oficial destacat —el d'aquest vostre lleial servidor. Tal vegada, admeto, no vaig fer bé de confiar en un ximple per als serveis més fins. Amb Felis l'Effendi potser em vaig equivocar. No tinc capacitat ni rang per disputar tan alta deliberació, honorable visir del casal d'Osman, i si molt convé em sotmetré al vostre noble judici. Quan m'arribi l'hora de l'últim cafè, seré el vostre esclau i em limitaré a beure, escoltar i obeir.

Tot just indicaré, per si ho considereu adient, que pondereu la conveniència de la meva desaparició. Estic segur que comprendreu, amb la vostra admirable perspicàcia, que les incriminacions d'aquesta crònica poden esquitxar la punta de les vostres vestidures. I em doldria enormement que, de fer-se públic aquest meu testimoni, vós en patíssiu els efectes. Encara us considerarien responsable de la dissortada mort del petit Murad que, com sabeu, era la nineta dels ulls de Sa Majestat (llarga vida...). Seria de plànyer que, essent jo fora de la terra, algú pretengués treure aquest ofici dels arxius palatins. El vostre il·lustre nom, admirat Txorlulu Alí Paixà, se'n veuria injustament perjudicat. Goso aventurar que tal vegada seria més apte, per a vós i per al destí dels otomans, que m'oferíssiu el mocador blanc de l'oblit i de la magnanimitat.

I ara glòria i lloances a Ell, que seu al seu tron més enllà de les mudances del temps; Ell que tot ho canvia i que no canvia pas; Ell, model de tota perfecció. I gràcia i pau al seu missatger escollit, el Príncep dels apòstols, nostre amo Mahoma, a qui preguem per un auspiciós final. No hi ha ajuda més que en Déu i en el seu Profeta.

Aràbia feliç

Els cims d'Aràbia sabran escoltar, el cel sabrà escoltar i tu, estimat xeic, sabràs escoltar. Sereu la meva esperança i el meu respir, l'alè d'una veu castigada. Perquè verament ho crec, home sant, que tot comença amb Ell que tot ho dóna, i que tot acaba amb Ell que tot ho pren. Et prego, xeic Abdul, tu que ets el mestre i el germà, et prego que escoltis, i proclamis que tots serem salvats del foc i de la flama monstruosa. Verament et dic que la fera és al desert i que el mal brama per les valls. Et demano que escoltis i perdonis, que em perdonis a mi. Perquè jo sóc Mustafà al Baqar, fill de la tribu dels Benibalul, de la confederació dels Baquil, un trist mercader.

Verament et confesso que avui és un dia funest, perquè avui he rebut la nota que esperava, escrita amb mà trista i trèmula. M'ha arribat amb la caravana de la costa, i les seves paraules eren les que em mereixia. «Aquesta llàgrima vessada per culpa teva», deia la missiva, «no s'ha perdut. L'hauràs d'anar a trobar, amic, en l'arena del desert.» Això era tot i, essent ben poc, era molt. He entès de seguida el que volia dir, i he sabut el que havia de fer. No tinc altre remei que acudir a tu, bon xeic, i demanar l'ingrés al teu monestir. La meva vida no té un altre camí que el de la puresa, la contemplació i la llum. Ja ho vam parlar, fa un temps, en aquella primera visita, quan tu em vas demanar raons més fortes.

—¿Què hi vols trobar, a la confraria? —vas preguntar.

—Vull oblidar el dolor del món —van ser les meves paraules—. Vull sentir que res no hi ha fora de mi mateix, que Déu i jo som una sola cosa.

Vas reposar la mà a la meva esquena.

—Doncs vés a trobar el mal. Quan l'hagis vist, quan t'hagi sortit de dins, quan l'hagis tret del tot, torna i seràs a casa.

Em vas oferir un pergamí amb la màxima sufí. La cal·ligrafia era bella; dibuixava grans corbes i formes que componien el signe del lleó. Era el símbol del principi actiu, creador i director de totes les coses. Alhora, era la marca del teu ensenyament, la que el deixeble rep del mestre, la que expressa el deute pels coneixements i les vivències espirituals. Resseguint el cos, el llom, els ulls i el gest ferotge del lleó, es podia llegir el vers del gran fundador: «Res no hi ha llevat de Déu, i la meva ànima és emanació d'Ell.» Em vaig endur el pergamí i vaig viatjar amb ell, fins que el mal se'm va aparèixer.

El mal va esclatar en la follia d'una nit, i no va afectar més que dues persones. Ben poca cosa, dirien alguns. Jo podria haver enterrat la maldat per seguir el meu camí, com haurien fet tants altres mortals. Però sabia que la dolenteria havia vingut de mi, immensa, antiga, fruit de tota una vida. De sobte, em vaig sentir esgotat: el cos em molestava, la veu em sortia falsa, els arbres i la terra s'havien tornat estranys. Com si el temps ja no fos jove, i no engendrés minyons; com si el temps s'hagués cansat, i només engendrés vells. Volia renegar de la creació. Volia que morís el meu passat. Volia alçar els ulls al cel i cridar en aquell jorn que el sol s'apagués en l'horitzó perdut, aquell jorn que tot s'enfonsés per no alçar-se més, aquell jorn volia demanar a Déu per què m'havia dat la vida. ¿Per què me l'havia dat, si Ell pretenia fer-me-la malbé?

Després vaig emmudir, setanta dies i setanta nits. Fins

avui, que he rebut aquesta nota que et deia, la nota que esperava. Ara me'n vaig a collir la llàgrima vessada, per culpa meva, en l'arena del desert. I tot seguit, si m'ho permets, vinc cap a tu i cap a la pau del teu monestir. Cap a l'únic lloc on encara puc tenir vida, perquè és l'únic lloc on puc parlar amb Déu. Espero que tu, els cims i els cels d'Aràbia sabreu escoltar. Verament t'ho dic, benvolgut xeic, tu i la muntanya i la volta celestial sou l'última orella que tinc.

Tot va començar, fa cosa d'un any, al port de Moca. Jo encara no et coneixia, venerable xeic, i tu no tenies notícia de mi. El destí ens faria confluir, un poc més tard, i espero que ens torni a ajuntar ben aviat. Però en aquella hora jo era encara un marxant corrent, sense guia ni claror: amant dels viatges i de l'or, amb un punt d'afició a la mística i una pila de vicis. Com et deia, doncs, jo em trobava al port mundial del cafè, a la llarga cala on hi dansen els pals de mil falutxos, barcasses i zambuques. Hi havia naus d'arreu: sobretot egípcies, a les ordres del Gran Turc, però també de Gida, de Muscat, de Calicut i d'Ormuz. La platja era un formiguer, poblat de mariners i negociants amarats de suor, infants avalotats i bestiar adormit. Sota un sol de justícia, milers de quintars de gra esperaven a ser embarcats i desprenien una flaire torrada que acoloria els pulmons. Les embarcacions vomitaven gent, fusells, mosquets i fardells de drap. Em vaig acostar a un balandre que desembarcava esclaus.

Allà el vaig veure de seguida. Cridava l'atenció en la cordada de captius sudanesos. Era més baix que els altres i exhibia una pell de blancor insolent —tot i la brutícia que el vestia, com vesteix qualsevol viatger que no ha tocat terra en uns quants dies. Duia una túnica ampla, tinyosa des del coll fins als turmells, i no se l'havia tret malgrat els reguerots de suor que la solcaven. Es gratava els punys amb els dits, amb certa reserva, però mirava amb uns ulls grans i verds com la mar de Socotra. Tenia les orelles vidrioses, a punt de rompre's: i ho compensava amb els secrets d'una cicatriu, que li migpartia la cella i que devia amagar vivències robustes.

Jo necessitava un ajudant ben cepat per conduir els ases muntanya amunt, i no se m'escapava que a aquella criatura li faltava fusta de traginer. Alguna simpatia estranya em portava cap a ell, tot i saber que la seva fortalesa, camuflada rere la seva mirada, no era corporal. A més, ell no tenia nom. Vull dir que m'hi vaig acostar i li vaig preguntar qui era, d'on venia i quin ofici coneixia, però no vaig cobrar resposta. O més ben dit, vaig sentir la seva veu aflautada, però no vaig comprendre res. Em va semblar que s'expressava en turc i altres parles franques i, si és que posseïa rudiments d'àrab, no se'n va servir. El capatàs, negre com l'encens, coronat amb un barret ample, se'm va atansar.

—¿Què vols, mercader?

—¿Quant en demanes, per aquest jove? —vaig fer.

—Tres mil càbirs, senyor. Sap llegir i escriure, ha residit a la cort del Gran Turc, té habilitats musicals i...

—No vull cap virtuós, amic —el vaig interrompre—. Em cal un simple criat.

—¿Què em donaries, doncs?

—A tot estirar, això... mil càbirs —vaig aventurar.

—¿Mil càbirs? ¡Quin abús! ¡Amb això no cobreixes ni...!

Podríem haver regatejat tot el matí, en aquella platja. Aquell negre amb barret de palla no tenia cap pressa. Però la discussió es va estroncar en sec quan els nens van començar a córrer en totes direccions, xisclant com hienes; tot d'una, els burros es van alçar bramadors, i els marxants van afanyar-se a recollir el gènere. L'alarma provenia, vaig entendre, d'unes galeres omanites que despuntaven a l'horitzó de la mar. Pirates, altre cop. El capatàs va treure la daga corbada de la faixa, va tallar la corda i va empènyer el personatge sense nom cap a mi. Vaig llençar quatre monedes a la sorra, vaig estirar l'esclau, vaig rescatar els meus dos ases d'entre la gentada enfollida i vaig córrer a resguard.

Ja érem darrere les primeres cabanes, sacsejats per cops de colze i coces de burro, quan vam sentir les canonades. Els projectils xiulaven tot fregant i rebentant els pals de les embarcacions, i queien amb un retruny sord a les arenes de la platja. Un parell de bombes es van estimbar contra els murs d'adob de ran de costa, i van provocar una nova marea de gent cap a dins. El meu ajudant no va alçar ni una cella. Va tustar el llom de les bèsties i, enmig de l'estrèpit, les va aviar. De camí, vam veure els soldats de la guarnició, un grapat de fusellers esparracats, que davallaven cap a mar. Jo em tapava les orelles i, de tant en tant, protegia la càrrega dels animals amb les mans esteses. Una bola de pedra es va estavellar contra el balcó ornamentat d'una casa noble, llançant estelles i pedra de corall en totes direccions. Ja ens esmunyíem a la gran mesquita quan vam sentir les bombardes i els mosquets dels defensors que replicaven l'atac.

—No tornaré mai més a Moca —em vaig prometre a mi mateix.

Havia fet el jurament una dotzena de vegades. Detestava aquell port sufocant, barreja de races i sentors. Allà no hi regnaven ni els imams ni les sagrades escriptures, sinó el benefici: allà no hi havia codi d'honor, ni aires purs, ni pactes entre clans. Allà les amistats eren de betum negre, com els rostres dels llauradors i d'aquelles meuques que rondaven, sense vel, pel mercat. Allà l'autèntica pluja era la dels mosquits, no hi havia més rius que els de formigues blanques, i les melodies nocturnes eren les de gossos i gats que remenaven la brossa. I si de sobte descarregava aigua, al cap de no res sortia el sol i assecava els bassals en grans pans de sal, que irritaven la pell només de mirar-los. La meitat dels pobladors eren presos de febrades, i l'altra meitat es componia de nens que gemegaven i pidolaven a ramats. Moca era una maleïda rostidora de cafè.

Però hi havia lucre, i aquell era l'ídol. Jo no tenia més remei que acostar-m'hi, en temporada, si volia viure del mercadeig. Davallava amb les bèsties carregades de gra torrat, acudia a la subhasta, i amb el guany comprava teles, municions i sucre bengalí. Aparellava els ases i feia mitja volta, tan aviat com podia, amb l'esperança de no tornar a la platja infecta fins a l'any següent. Eren afers arriscats, els meus: les costes eren plenes de lladres i corsaris, i els camins plagats de bandolers. A més, creia fermament que jo, Mustafà al Baqar, no havia nascut per a la usura i l'enriquiment. Sempre havia presumit que tenia un gran do natural, una inclinació per la lírica i la contemplació, que la vida no m'havia afavorit.

—Hanna, l'Hebrea —va dir ell, en un àrab net i preciós.

El vaig repassar. Tenia el cabell curt, arran de crani com tots els esclaus, i una cara ampla i suau. Seia amb l'esquena contra un dels burros, com si ho hagués fet tota la vida, allà dins d'aquella mesquita atapeïda de refugiats. Aviat, les detonacions van sonar cada vegada més lluny, i la gent es va sentir tan arrecerada que van començar a riure i a conversar en veu alta. Li vaig fer un encadenat de preguntes en la parla del profeta. Només vaig rebre silenci i buidor: aquell nom de dona devia ser l'únic que sabia pronunciar en el nostre idioma. Després de burxar molt vaig aconseguir que repetís un i altre cop, com si jo fos dur d'orella, el nom de Moca —amb l'accent dels turcs o dels cristians forasters. El vaig deixar per inútil.

¿Qui era aquell home jove? L'únic que sabia jo era que l'havien desembarcat com a captiu, i que buscava el rastre d'una jueva a la ciutat més bruta d'Aràbia. No li vaig explicar que els jueus havien estat expulsats de Moca uns mesos enrere, perquè no m'hauria entès pas. I és que tampoc no li havia de rendir comptes a un estrany. Jo, Mustafà, el Traginer, fill dels Benibalul, era el seu amo, i ell era el meu esclau. No pagava la pena fer cap mostra d'amistat. Però m'intrigava la seva figura, ho confesso: m'havia sorprès des del primer moment. ¿Era un antic oficial de la porta sublim, que escapava de les represàlies del soldà? ¿Era un noble cristià, camuflat de criat? ¿O era un desgraciat, rebotit pels quatre racons del món? El seu aplom no tenia res de bàrbar o de cafre. Sota els seus parracs hi amagava un posat distingit. Més valia observar-lo de prop i anar-hi amb compte: ni els otomans ni els cristians eren ben rebuts al meu país, perquè tots hi havien vingut a saquejar. També eren rapinyaires els omanites i, de fet, tots els forasters. Més que veure el gra de cafè com un regal del cel, el veien com un botí. I si no atacaven més era perquè no podien.

El foc i els trons es van dissipar, i la gent va anar sortint de la mesquita. Vaig espavilar els ases i els vaig conduir cap als ravals de la vila. Ja fosquejava, així que ens vam internar al campament de la meva gent, la confederació Baquil, i vam trobar-hi un tendal per passar-hi la nit. Uns parents meus, cosins llunyans, van avenir-se a compartir el seu pa i la seva llet de camella. Em van oferir un raig de vi, i d'entrada jo m'hi vaig negar. Però vaig prendre la precaució de fer fora el foraster, que va anar a fer companyia a les bèsties. Li vaig indicar que s'ajagués a terra, amb els ases i els llangardaixos. Llavors vaig estudiar el campament, que s'estenia enllà fins a fondre's en les tenebres. Vaig veure els corralets de canya, plens de camells i d'esclaus etíops despullats. Em van arribar ràfegues de pols, prenyades de mosquits, barrejades en la flaire de les pipes d'opi: les bafarades d'excrements pujaven de les rases obertes, i els crits distants de les hienes s'aplegaven a les lamentacions, més properes, dels malalts enfebrats. Tot era pudor, palla i matolls d'espines. Quin fàstic de món, vaig pensar, i quina gent més allunyada del cel. Em vaig ficar a la tenda i vaig acceptar la bóta de vi.

Jo, Mustafà, de la tribu dels Benibalul, no sóc cap borratxo. Respecto les normes del llibre sagrat i condemno, jo també, la beguda prohibida. Però la immundícia de Moca m'hi arrossegava. Bé, allà m'hi arrossegava la brutor i a altres indrets eren altres coses, però allà era la immundícia. Vaig jeure i vaig empassar un bon glop, i un altre i un altre. Recordo que els meus parents m'informaven dels seus negocis: aquell venedor que els havia volgut estafar, l'altre que els havia enganyat amb les mesures i els pesos, la prostituta que els havia seduït. S'hi van passar una bona estona, recitant misèries. Vaig beure encara més. Juraria que em van dir —sí, jo diria que va ser aleshores— que uns bucs francesos s'acostaven pel nord, i que aviat fondejarien a Moca. Venien disposats a subornar les autoritats, a contractar agents entre els estrangers, i a apropiar-se de totes les partides de cafè. Potser va ser llavors que em vaig alçar i vaig prendre el fuet, no ho tinc gaire clar. Potser sí.

El cas és que a l'endemà, en llevar-me, em van fer saber que jo havia descarregat una dotzena de cops a les espatlles del meu criat. L'havia apallissat, li havia clavat un seguit de puntades a la boca i l'havia lligat a una estaca. No sabria dir com ho vaig fer; però verament et dic que, amb la primera claror, me l'havia trobat en un estat llastimós. Duia la túnica estripada, plena de sang resseca, i presentava un llavi partit. Estava nuat, certament, a una estaca. Vaig tallar la corda, massa curta, que li havia ennegrit els punys. El vaig ajudar a incorporar-se, li vaig allargar una vestidura nova, i vaig deixar que es canviés mentre jo recollia el fardam. Després li vaig acaronar la closca i el vaig fer pujar a llom d'un dels ases. Ja ho sé, m'estava comportant com si ell fos el senyor i jo el vassall. Als parents se'ls escapava el riure entre les seves dents fosques, però verament t'ho dic, la vergonya més gran era la meva. Vaig tibar les regnes i em vaig afegir, el cap cot, a la primera caravana que partia. M'esperava un llarg viatge pel migjorn de les terres d'Aràbia.

A mig matí ens vam aturar a l'anomenada cruïlla del savi, allà on s'hi estén l'enorme mercat del cafè i l'encens de la muntanya. Jo ja hi havia negociat el producte a l'anada, de manera que em vaig limitar a saludar els traginers coneguts i a presentar-los la meva nova adquisició. El meu acompanyant no deia res, però remenava el gra a totes les parades, l'olorava i en flairava les varietats. Semblava prou inquiet, deien els parents i amics, per ser un simple captiu. I era ben cert: els seus gestos pausats, l'estima que dispensava als millors fruits, la delicadesa que gastava en enfonsar els dits a les piles de gra, no eren cosa d'esclau. Es va entretenir, sobretot, als llocs de venda de plantes joves. En palpava les fulles, s'acostava a les flors rosades, i mirava de prop els granets blancs i vermells. Li van oferir de mastegar un fruit verge, però ell hi va refusar.

Jo no sóc cap ruc, benvolgut xeic. Perquè has de saber que, allà on hi ha poesia, allà la sé veure jo. Sota la crosta més vil, puc endevinar-hi una ànima investida de gràcia. I la finor d'aquell jove em va commoure, fins al punt que em va inundar un fort sentiment de generositat. Vaig prendre un esqueix dels més fins, plantat en un saquet ple de sorra, i el vaig comprar sense regatejar. El vaig allargar al jove, que no es va atrevir a agafar-lo. Vaig insistir-hi i ell, a la fi, el va sostenir amb més tendresa que una mare amb el seu nou nat. Va obrir uns ulls que no es pagaven ni amb set mil quintars de gra, i va besar la planta. Llavors va pronunciar un agraïment, o això em va semblar entendre, seguit de mitja reverència. El vaig redreçar.

—Verament has de saber —li vaig confiar— que jo porto el meu propi infern i paradís.

Ell va fer que sí amb el cap.

—Del mal surt la clemència, i qui no ha estat maltractat —el vaig mirar de fit a fit—, no veu la dolcesa del perdó. Vull que em perdonis.

Es va tornar a inclinar, no sé si en signe de reconeixement, o d'absolució, o de què. El vaig detenir amb un gest, i vaig provar de demanar-li el nom, la procedència i el llinatge familiar. Em va costar treure'n l'aigua clara, però amb les estranyes paraules que vaig recaptar, vaig resoldre fer-li un segon regal. Li vaig regalar un nom.

—Per mi, et diràs al-Filis ibn Jastin.

Acabava de néixer un nom, una persona, un nou company. Havia comparegut al-Filis, fill de Jastin, vingut de terres remotes. ¡Oh, mestre i xeic, poc m'afigurava el que acabava d'emergir, poc imaginava el que seria la meva vida des d'aquella hora! ¡Oh Déu, que cecs que podem ser! ¡Oh cims d'Aràbia, al-Filis s'acostava als vostres aires! Oh cant, ¿per què no omplies les valls de joves veus? ¡Oh cant del vespre, oh nit de cants! ¡Oh gent de la terra assedegada, vosaltres tampoc, tampoc no ho sospitàveu, que un astre havia arribat amb noves llums!

Verament et dic, estimat xeic, que s'inauguraven temps nous. Verament puc pregonar, per Mahoma que ens rescata dels inferns, que encara no ho sabíem, ni tu ni jo ni ningú. Verament, jo hauria d'haver cantat lloances al foraster, el que venia de lluny, i servir-li cafè i meló. Però no ho vaig fer. Jo arribava a la ciutat amb el meu servent: em barrejava en el formigueig de la màgica vila de Sanà, i l'únic que se m'acudia era que m'acompanyava un esclau misteriós. Un jove pàl·lid i suau, apallissat pel seu amo, i també compensat pel seu amo amb un nom i una planta de cafè. Al-Filis entrava, forçat a ser la meva ombra, en la més anciana ciutat del món, l'elegida de Noè per als fills del seu fill, la vila més imponent de l'Aràbia feliç. Verament jo sabia un poc de tot, però no entenia el més gros. Al-Filis entrava a Sanà, la forta, i ni jo ni ningú no ho advertia gaire.

La ciutat era a punt de tancar les portes. En l'hora foscant, les olors de pinxos rostits i de pans de comí eren molt fortes; el cant dels muetzins era més ploraner, i el frec de cossos humans més apressat. Ens vam obrir pas pel firal, les dues someres, el meu criat i jo. Per a mi, era com arribar a casa: alçava la vista i veia les finestres il·luminades per la tremolor de les bugies. Els vitralls d'alabastre formaven flors i estels de colors, entre nervadures de guix, des de les primeres plantes fins a les altures dels cinquens o sisens pisos. ¿Qui deia que els àrabs érem gent de terra plana i àrida, de sorrals errants i de tendals beduïns? A Sanà, tothom buscava el cel, i aquest anhel d'altura quasi irreverent era el que em feia sentir entre els meus. M'hi trobava a gust, sí, tan a gust que ignorava els fems que trepitjava, les escopinades verdes pertot i la fetor d'orins càlids que pujava de terra.

Quan vaig arribar a casa del meu cosí, ell ja s'havia retirat. Me'n vaig alegrar, en el fons: certament, la sang era la sang, però ja feia temps que per a mi la família i l'amistat no casaven del tot. Vaig deixar al-Filis i les bèsties a baix, prop del pou negre, on hi havia els estables. L'esclau em va indicar que passava ànsia per la seva planta de cafè. Vaig fer-li entendre que no havia d'amoïnar-se, que ja me n'ocuparia jo. Els vaig tancar amb una gran balda, doncs, vaig prendre l'esqueix i em vaig enfilar amb deler cap al pis dels convidats, dalt de tot. Des d'allà vaig passar al terrat, on vaig dipositar la planta a un lloc ben airejat. Llavors vaig parar una estora, vaig fer les oracions, vaig saludar les muntanyes veïnes, i vaig deixar que el llençol del firmament m'acompanyés tota la nit.

Em vaig llevar amb els càntics de l'albada, a temps per fer les pregàries i les ablucions. Després vaig baixar a buscar al-Filis i tots dos ens vam plantar davant l'alcova del meu cosí. Un esclau sudanès ens va convidar a passar; em vaig cenyir el turbant, vaig pentinar-me el mostatxo i vaig ajustar-me la daga corba a la faixa, ben visible. Llavors vaig entrar al divan i em vaig ajupir davant l'home principal de la família. Li vaig abraçar els genolls i tot seguit li vaig allargar la mà, que ell va prendre i va fer reposar damunt la seva cama.

—Sigues benvingut, Mustafà, que Déu et beneeixi —va saludar ell, tan inflat com sempre.

—I a tu, cosí —vaig fer, sense enretirar la mà—; que el profeta et guardi de tot mal.

El servent negre va entrar amb un fogó i una rostidora: va posar aigua al foc i després va desnuar un drap, d'on va extraure els millors grans. Es va posar a torrar el cafè, fins que va petar i va fumar un poc. Va retirar-lo i es va distraure a separar les pellofes, perquè deien que el vestiment del gra era el que feia més bon cafè. Va abocar les pellofes primer, doncs, a l'aigua que ja bullia. Tot seguit, va traslladar el gra a un morter, el va picar en bocins menuts, i també el va abocar al pot. El meu cosí va prendre'm la mà i hi va fer descansar el seu palmell al damunt.

—¿Com et va la vida, com et prova el camí sense companyia?

—Bé, cosí, la fe m'ajuda —sentia la suor del seu palmell—. ¿I a tu, el Senyor t'assisteix amb la teva generosa família?

El meu cosí exhibia una barba blanca i poblada. Tenia sis fills i vint-i-set néts. Era gras com una bóta, i pedant i decaigut com un camell. Va fer portar uns dàtils amb mantega de cabra, i només quan els va tenir a tocar va alliberar la meva mà. Va pescar tres fruits de cop, els va començar a mastegar i va deixar que els sucs li regalimessin barbes avall.

—Els fills i els néts són l'alegria de la creació —va sentenciar— ...i les filles i les nétes també. Per fortuna, no estic sol.

—Jo tampoc no estic sol —vaig alçar-me—. Tinc un grapat de parents, i un esclau...

—¿Compartiràs el meu cafè? —va interrompre ell, sense ni tan sols mirar el perfil d'al-Filis.

—Compartiré l'hospitalitat que bonament em vulguis oferir.

Per a ell, jo era l'ovella negra del clan, perquè no m'havia casat, i sobretot perquè temps enrere havia desafiat els seus plans. Jo no havia volgut esposar-me amb la seva filla: una donzella de qui, naturalment, no coneixia ni els ulls ni el somriure. Davant el meu refús, havia trobat un altre gendre, i els anys havien encalmat les aigües del litigi. Però encara em topava amb la seva mirada ressentida, que les meves paraules no feien més que encendre. Que jo comparés l'aliança que hauria pogut tancar amb la seva filla, amb la companyia d'aquell captiu desconegut que portava a la meva esquena, era una ofensa i un insult. Val a dir que res de tot allò no podia impedir, com corresponia, que jo fos acollit a casa seva.

El seu criat va afegir safrà, clau i cardamom al beuratge. El cosí en va demanar una tassa i, sense esma, la va empunyar amunt.

—En nom del Clement i el Misericordiós, d'aquell que tot ho sap.

Vaig alçar la meva xicra.

—A Déu lloem i glorifiquem.

D'acord amb la tradició, jo vaig fer el primer glop. La següent ronda la va començar ell, i després a la inversa, i així fins que ja ens havíem empassat una dotzena de tasses. Jo anava bevent sense atrevir-me a parlar, amb humilitat. I acudia a les paraules belles que combatien el desconsol del solitari. Em repetia dins el cor que vells, potentats i sacerdots sempre et declararien heretge —... si no eres un ase com ells. Jo sóc el que sóc, m'anava dient, sóc el que sóc, i no m'haig d'avergonyir de res. Jo no sóc com ells, com el meu cosí tibat, murmurava entre les dents, jo sóc especial. Però en el fons, em cremava la certesa que jo no era un bon musulmà, ni un bon àrab, ni un bon home de la terra, ni gaire res.

—Pots estar-te aquí —el meu cosí va escombrar amb la mà els coixins i els tapissos de la sala— ... tot el temps que et sigui menester.

Havia dit que m'estigués allà, i no pas que em sentís a casa. Havia dit tot el temps necessari, i no pas el temps que volgués. Aquell home era la pesta. Li vaig agrair l'oferiment, i era a punt de respondre que no pensava restar-hi gaires dies, quan ell va anunciar que marxava cap a l'aplec dels notables, al país Baquil. S'hi passaria unes quantes setmanes, va assegurar, perquè la terra estava encesa. Al voltant de Sanà hi havia tres prínceps rivals, tres nobles que s'havien proclamat dipositaris del profeta i regents de l'Aràbia feliç. Ell, doncs, havia de conferenciar amb la seva —la nostra— gent, reclutar combatents i inclinar-se per un dels tres rivals. Vaig fer veure que em sabia molt greu, llavors em vaig corregir dient que em semblava molt apropiat, i vaig acabar per mossegar-me la llengua. Però vaig respirar alleujat i vaig resoldre que em quedaria a Sanà una bona temporada.

La partida del cosí va representar, realment, una benaurança. Al casal hi van quedar dos fills del meu cosí i una pila de canalla, que feien molt de soroll però que no em recriminaven res. Jo tampoc no interferia en les seves vides, encara que per protocol tribal, jo havia passat a ser l'home principal de la família. Les dones anaven a la seva, com de costum, i me les ensopegava a les escales o prop de la cuina: però eren ombres silents, les encaputxades de sempre, poc amigues de la conversa. Tot i ser un parent, fins i tot de cert rang, jo no deixava de ser un estrany. Se sabia que jo havia renunciat a formar part d'aquell casal, i cap dama ni donzella no s'havia de descobrir davant meu. Vaig optar per fer pinya amb el criat i resoldre els meus afers, amb tota la parsimònia del món.

La pressa està renyida amb la pietat, tothom ho sap; i també està renyida amb els negocis. Com que no tenia urgència, vaig poder conduir els meus assumptes amb seny, i en un parell de setmanes vaig vendre el meu sucre bengalí i les meves teles a preus més que raonables. Les municions encara van tenir més èxit. En un país ple de bandositats i plets, hi havia autèntica set d'armament: i com que es va escaure que un dels prínceps guerrers s'havia proclamat al nord, un altre a migjorn i encara un altre a llevant, les tribus s'estaven armant fins a les dents. Era un bon moment, sí, i jo el vaig saber aprofitar. Vaig omplir un cofre de càbirs, i uns quants saquets, fins al punt que em va temptar la idea d'emprendre un viatge a la pedra sagrada de la Meca. Finalment, però, em va seduir més la possessió d'un fusell egipci i d'un corser fort i elegant. Era el que corresponia a un home de l'estirp dels Benibalul, pertanyent a l'orgullosa confederació Baquil. I totes dues coses, el foc i la muntura, em podrien salvar d'algun ensurt per les rutes del país.

Em vaig deixar créixer una barba grisa i espessa, i així vaig adquirir un aire respectable que no havia tingut mai; em vaig vestir un turbant nou, voluminós i atrevit, una daga de gemmes incrustades, una faixa de seda i un gec brodat, i em vaig calçar unes babutxes amb motius de filigrana. Només em faltava l'espasa del cap de clan, que em va semblar excessiva. El dia que em va veure al-Filis, abillat d'aquella manera, no va poder-se contenir.

—Amo —va exclamar—, ¿que us han fet paixà?

El jove havia après la parla amb una facilitat sorprenent, i ja era capaç de mantenir una conversa ordinària. Mentiria si dic que em va sorprendre: ja ho vaig flairar, aquell primer cop que l'havia vist a la platja de Moca, quan havia endevinat que era una ànima desperta i aguda. I si algun recel em provocava al-Filis, era el temor que el criat acabés sent més llest que el senyor. Rere el seu posat reservat, hi apreciava grans inquietuds. Ho vaig comprovar ben aviat, un divendres que vam assistir a la desfilada de gala cap a la pregària. S'esqueia que un dels prínceps en disputa havia irromput a la ciutat i, abans de retornar a les seves cinglere fortificades, volia fer una ostentació de poder. Els notables de la ciutat van ser convocats, i jo em vaig presentar muntat amb les vestimentes noves, el fusell i l'esclau —que subjectava les regnes del meu cavall. De retorn, vaig voler compartir aquell moment de glòria amb el meu servent.

—Impensable —vaig exclamar tot cofoi—. Amb el meu cosí a la ciutat, jo no hauria ocupat mai un lloc tan destacat.

—¿Impensable, o inútil? —va fer el captiu.

El vaig examinar amb atenció. D'entrada, vaig pensar que s'havia equivocat de paraula. Potser havia volgut dir inaudit o insòlit. No m'entrava al cap que aquell subaltern pogués menysprear l'aparició social més digna de la meva vida. Però ell caminava tranquil, les regnes del cavall a la mà, i no oferia cap signe d'error.

—¿Inútil? ¿Per què, inútil?

—Tant és, amo. Oblideu-ho.

—No, ara parla. ¿Què vols dir, inútil?

Va prémer els llavis i va continuar endavant. Semblava calmós, i jo m'enutjava per moments.

—És allò que diuen —va murmurar a la fi— que quan passa el poderós, la gent s'inclina endavant i es llufa per darrere.

—¡Això és un proverbi nostre, al-Filis! ¿D'on l'has tret?

—No ho sé ben bé —em va oferir aquells ulls que tot s'ho empassaven— ...tot el que he après aquí, ho he après del meu amo.

Vaig prendre les cordes i vaig frenar el corser.

—¿Vols dir que sóc un ximple? ¿Això és el que m'estàs dient?

—No, amo —va protestar amb veu aguda—. No és

això. Però vós mateix m'heu ensenyat que l'orgull d'avui, diguéssim... doncs que serà sepultat i premsat sota la pols del mercat.

—Ah.

Vam reemprendre la marxa, ell mut i jo pensatiu. No sabia si havia d'assotar l'esclau o si havia d'abraçar el company. M'intrigava i, ho reconec, m'agradava aquell personatge que era flonjo per fora i robust per dins. Però no l'acabava d'entendre. De fet, no entenia si el jove havia vingut per amargar-me l'existència o per desbrossar-me el camí dret. O per no res, vaig pensar: al capdavall, no era altra cosa que un pobre sotmès. Quan vam tornar al casal, el vaig deixar amb les feines pròpies de la seva casta i vaig enfilar-me escales amunt. Vaig arreplegar un bon munt de fulles de qat estimulant, les vaig prémer amb les mans i me les vaig entaforar entre la galta i els queixals. Em vaig repenjar a la barana del terrat, prop de la planta de cafè, i vaig matar les hores tot mastegant. Tal vegada, m'anava dient, tot era vanitat: i podia ser, per què no, podia ser que el meu orgull mal paït m'estigués conduint al ridícul. Al cap d'un temps, amb la bola ben sucosa i compacta, el cap inundat d'una visió renovada, el vaig cridar. Des del terrat, vaig ordenar-li que pugés i que em portés el meu sac de viatge. Va comparèixer de seguida.

—¿Coneixes la rondalla d'Abu Hassan? —li vaig preguntar.

Li vaig relatar la història d'aquell nuvi, d'un poble veí, que havia preparat amb gran cura la seva nit de noces. Al convit hi havia tota mena d'arrossos, sorbets, fruits secs, pistatxos de Pèrsia i anyell i camell rostit. Abu Hassan havia contemplat la núvia, segons el costum, amb set vestits diferents. Quan eren a punt de contraure matrimoni, envoltats dels familiars, els patricis i els jutges del poble, al nuvi se li va escapar una flatulència ben sonora. Tothom va fer-se l'orni però ell, vermell de vergonya, va fugir. I no va gosar tornar fins molt després. I vet aquí que al cap de disset anys, quan remuntava els penya-segats que porten al poble, va trobar una donzella i li va demanar què en sabia del passat de la seva gent. La noia li va dir que ben poca cosa, perquè ella era massa jove: tot just havia nascut l'any del gran pet d'Abu Hassan. L'home es va ofuscar tant, que mai més no va posar els peus a la contrada.

—Amb això vull dir, al-Filis, que el pitjor mal és el ridícul. Jo sóc Mustafà al-Baqar, dels Benibalul, de la poderosa confederació Baquil. Els meus avantpassats es remunten a la família del profeta. El meu nom és sagrat, i aquell que ofèn el meu nom es mereix que l'obrin en canal.

—Doncs feu-ho, amo meu —va exposar amb veu suau—. El meu nom no val res. Allà on vaig, em canvien el nom. El meu pare no m'acceptava tal com era, i em castigava amb els seus noms sagrats, no pas el d'ell sinó d'altres encara més elevats. No em fa res que em vegin com un rebel, un eunuc o un esclau. Diria que només sóc allò que busco.

Juraria que sota una espessa capa de docilitat, aquell criat gastava un aire impertinent. Però no em vaig alterar. Estava sedat pels efectes del qat, que encara em produïa salivera i una calma vigilant. Vaig escopir: un projectil verd i carregat es va estampar contra l'esqueix de cafè, va regalimar per les branques i es va dissoldre en la terra. El petit brot havia crescut força, envigorit pel rec constant, l'oreig i l'ombra que al-Filis li havia anat proveint. Ell es va remoure per dins, ho vaig apreciar en els seus llavis fins i premuts. I a mi el seu disgust, mal que em pesi dir-ho, m'embravia.

—¿Ah sí? ¿I què busques amb tant d'afany, doncs? ¿La planta filosofal? ¿Un fruit enigmàtic que no voldràs tastar mai?

Va estar-se una estona en silenci, mentre es mossegava el llavi i contemplava la planta que jo havia ultratjat. Tenia la resposta a la punta de la llengua, i no es dignava a deixar-la anar. Que n'era de presumptuós, vaig pensar, però que n'era de discret —i com em capturava el seu joc, gamarús de mi. A la fi va parlar.

—Diguéssim que si existeix el bon saber, i el bon amor —va dir, gairebé va cantar— jo els voldria descobrir.

—Tu no ets un home de carn i ossos —vaig engegar.

Li van pujar els colors a la cara, i va clavar la mirada a terra.

—És clar, un home. De carn i ossos. Guarnit de pèls i armes i honor. Si us plau, amo... —es va plànyer—, ¿és que vós sou així? ¿O sou fet d'una altra pasta, la dels poetes, la dels que admiren la creació, la dels que guarden una ànima desperta? ¿Potser no sabeu que al món hi ha plantes belles, homes de seny, dones atentes...?

—¿Dones? Les nostres dones són dignes, no són odalisques otomanes. Saben que no estan fetes per despertar la luxúria i la bogeria dels homes. Una dona no està feta per exhibir-la al carrer o als terrats.

Vaig bufar més d'una vegada i vaig escopir a terra. Llavors li vaig dir que obrís el meu sac de viatge i que m'allargués la bóta de vi.

—¿Vi? ¿És de debò el que voleu ara? —va arrugar el front.

—No em desobeeixis. ¡Més vi —vaig citar el poeta— ... i menys paraules!

Em va allargar el saquet, mansament. Vaig beure a galet. Li vaig ordenar que em contés la seva història, des de la més tendra infantesa fins al moment de trobar-me. Va arrencar, primer amb timidesa i després amb aires naturals. Les persecucions contra la seva secta cristiana; els horrors de la França i l'austeritat de Londres; el deslliurament personal, amb la mort del pare turmentat; el periple fins a Istanbul, l'ingrés al palau del soldà, les conxorxes que l'havien implicat... Tot es condensava en una existència curta, agitada, banyada per les aromes del món, i marcada per la virginitat i per la recerca del cafè més sublim —que encara no havia tastat. Si era cert el que narrava, i no veia per què no ho havia de ser, el personatge era de gran talla. Així i tot, alguna cosa em mancava. No encertava a entendre, a entendre de debò, les raons dels seus sacrificis i de les seves quimeres. Vaig omplir-me la gola amb un raig de vi. Era ranci i el gust s'aferrava.

—Se m'escapa algun misteri, al-Filis. Jo també corro darrere la puresa i la divinitat, però ho faig perquè veig la meva ombra plena de brutor. ¿Què t'hi empeny, a tu? ¿On és la teva falta?

—No ho sé. ¿Falta? Podem dir que va ser engendrada —va mirar la seva estimada planta— a la França de la meva infantesa. Ho podem dir així. No és ben bé una falta, com la maldat, l'avarícia, la fornicació, la beguda...

—Calla, desgraciat —l'escalfor del vi m'omplia el pit—. ¿Ja ho saps, el que deia Omar Kayyam? L'Alcorà és un llibre que es pot llegir només a glops, deia. El gran místic ho deia així.

—Jo no sóc ningú per renyar-vos —va fer—. Kayyam també deia que el qui castiga, sigui mortal o sigui Déu, és tan dolent com el qui comet el mal.

Em vaig quedar glaçat. La suor em regalimava barba avall i coll avall, el cor em cremava i la mà em tremolava.

—¿I què en saps tu, del gran Kayyam?

—Res, amo, res —va acotar el cap—. A Istanbul tothom el recita. Això és el que en sé.

—Vull saber qui ets —vaig alçar la veu—. Ho vull saber realment. ¿I aquesta tal Hanna, l'Hebrea? ¿Qui era aquesta?

Li van pujar els colors. Ell es gratava els punys i jo mastegava i mastegava.

—Era una bona amiga, l'amiga que em va orientar fins

aquí, fins a la terra de l'elixir. Esperava trobar la seva família a Moca, però...

—No trobaràs cap maleït elixir en tot Aràbia —vaig escopir, barreja de verd i roig, i vaig fer una rebufada—. Bé, potser sí. Potser sí, potser els monjos dervitxos...

—¿On? —va reclamar.

—Deixa-ho córrer —em vaig omplir la boca de vi—. Enlloc. No t'hi portaré pas. Si no fos que...

—¿Què? Digueu, ¿si no fos què?

Vaig empassar salivera.

—¿Tu creus que... tu penses...?

Jo mastegava, empassava i suava. Em trobava al davant del meu esclau. Aquella criatura era de la meva propietat, i no me'n sortia. No reunia el valor per fer-li una simple pregunta. En realitat, no sabia ben bé quina pregunta volia fer-li, no ho sabia amb certesa.

—¿Si penso què? —em va ajudar ell.

—Tu i jo —em vaig ennuegar, i vaig beure per aclarir la veu—. Amo i criat, senyor i servent.

—¿Sí? —va alçar les celles.

—¿Si tots dos, o sigui... si podríem tenir-nos, diguéssim, en règim d'amistat?

Al-Filis va deixar passar un silenci llarg, massa llarg, que no era un silenci de sotmès. Les orelles més esmolades que mai, el patiment antic de la cicatriu ben viu, l'enteniment d'aquells ulls insaciables: tot era en guàrdia. No entenc per què dimonis buscava l'elixir de la lucidesa, quan n'anava sobrat, de llums. I jo m'enfonsava en el meu rubor, avergonyit, forçat a empassar-me les paraules i la salivera.

—Amics... no ho sé —va murmurar—, diria que els amics, els hem de reconèixer tot caminant.

No em va plaure aquella resposta. Per algun motiu ocult, em va desagradar en el més pregon de l'ànima. Jo l'havia buscat, i ell m'havia allargat la mà de la manera més dolça però no, ho admeto, no em va complaure gens. Li vaig dir que marxés avall, a fer companyia a les bèsties. Em vaig quedar sol, ajagut al meu terrat, amb els núvols que s'enfosquien damunt meu. Vaig apurar el vi fins a la darrera gota, em vaig incorporar amb dificultat, i vaig baixar a buscar-lo. A la quadra hi havia el cavall i els ases, però ell no hi era. Vaig tornar amunt, ebri, pujant esglaons amb esforç, guardant un equilibri difícil i espiant a totes les cambres. Vaig veure la seva esquena a l'entrada de la cuina, i em va semblar que mirava cap dins, cap als fogons.

—¿Què estàs...? ¡Recony, Déu, pels meus avantpassats!

El cafre no mirava cap estri de cuina, no. No estudiava pas les menges del país. Estava repassant, amb ulls grossos com taronges, les dones de la casa. Les havia sorprès sense vel, enfeinades i arromangades. Elles eren d'esquena i no l'havien vist, però ell s'havia quedat plantat, badant les cabelleres lliures, les nuques despullades, el perfil de les orelles... Mai no hauria imaginat tanta desvergonya, i menys en un forani, un sotmès, un home que era de la meva propietat. El vaig enxampar pel coll de la túnica i el vaig arrossegar escales avall. El vaig dur fora de la casa i el vaig estovar de valent.

—¿Què hi feies, allà dins? —li vaig clavar una bofetada—. ¿Qui t'has pensat...? ¿Què pretens, eh? —li vaig marcar l'altra galta—. Espiant les dones, porc, desgraciat... ¡i d'aquella manera!

Ell deixava fer. El vaig empènyer contra la paret. El cap li va picar contra el guix: es va sentir un soroll sord. Vaig clavar-li puntades de peu als turmells fins que va perdre l'equilibri i va caure de quatre grapes. Aquell infeliç era tan odiós que ni tan sols es queixava. Li vaig descarregar coces al ventre, unes quantes, i va quedar estès a terra. Va alçar el braç, com per demanar una treva, i el seu gest em va treure de polleguera. Vaig collir una pedra i li vaig rebentar el nas. Les forces el van abandonar, i el vaig veure allà al carrer, arrebossat de pols i de sang, obert de braços i cames. Era una figura lamentable, aquell tros de ximple, aquell efeminat vingut de qui sap on. Vaig clavar-li una puntada forta entre les cames, després una altra i, cada cop més fluix, unes quantes més.

Va sortir canalla de la casa i de pertot, poblant el carrer de crits i corredisses. Petites coces van caure de totes bandes sobre el cos d'al-Filis. Un dels marrecs, juraria que un dels meus nebots, va botar de peus a la panxa del dissortat. Em vaig enretirar, vaig observar l'escena com si no tingués a veure amb mi i vaig sacsejar el cap. Llavors em vaig avançar, vaig escampar els nens i vaig estirar l'esclau inanimat cap dins. El vaig deixar caure entre les bèsties i el vaig encadenar a la paret. Després vaig pujar relliscant als esglaons i rebotint als murs, fins al meu jaç.

Aquell vespre no hi va haver pregàries ni contemplació dels astres. Vaig anar a jaure amb el cap ple d'ombres que voltaven, i crec que em vaig adormir de seguida. Recordo l'endemà, quan em vaig alçar sobresaltat. Tots els tambors de la ciutat redoblaven, els canons tronaven, i semblava que ho fessin a l'interior del meu cap. Vaig pensar que hi havia una ofensiva de les tribus contra la ciutat, però quan vaig sentir el muetzí hi vaig atinar. Ja érem a ramadà, i en un quart començava el primer jorn de dejuni. Vaig esquitxar-me la cara, vaig baixar a buscar olives i pa, i vaig córrer cap a l'estable. Havia de menjar alguna cosa abans de l'albada, i havia de compartir-ho amb al-Filis.

Encara era fosc. Entre la fortor dels fems i dels ases em va semblar flairar-lo. La seva respiració era segura, regular: devia fer temps que estava despert. Vaig provar de cridar-lo, però no vaig poder, perquè tenia la veu negada. Va ser ell, amb timbre cansat però segur, el que va parlar primer.

—Deslliga'm i compartiré les teves menges.

—Al-Filis, amic —li vaig desfer el cadenat—, jo no sé pas el que...

—¿Com ho dieu allò? Som ninots —va pronunciar sorrut—. Ninots, i una joguina del destí. Mengem, amo, abans que mori la nit.

La nit. Sort de la nit, vaig pensar. Gràcies a Déu que la fosca encobria la meva vergonya. ¡Oh nit, oh benaurades ombres, que no em deixàveu veure el fruit dels meus actes! ¡Nit de cants, oh cant de la foscúria, que amagaves la lletjor i deies la bellesa, oh cant, que ensenyaves que del vinagre mai no sortiria mel d'abella! ¡Oh nit, tu sabies que la tarongina no creixeria a l'atzavara de punxes! Ai, gent de les ales grans, ¿per què em costava tant volar? Gent del profeta, ¿per què m'allunyava jo del cel? Oh nit, oh cant del vespre, tu coneixies el vent que era mesquí. ¿Per què no m'ho deies, a mi, Mustafà al Baqar, dels Benibalul, dels Baquil? Nit de cants, oh nit d'Aràbia, tu pots ser fosca; però mai no has permès, nit de nits, que els cims siguin esclafats arran de terra. ¿És que ho havies de permetre en mi, oh cant del vespre, justament en mi?

Escolta'm ara, xeic del monestir elevat. Verament et parlo, mestre meu. Tu que invoques la muntanya, tu que clames a les altures del país: verament et crido, xeic Abdul. Tu saps que la serra mai no tremola de por, sinó que trontolla de fúria. I tu recordes com, aquell capvespre fresc, vaig arribar tremolant a la teva contrada. I no era pas de fúria, perquè jo no sóc com la serra. El ramadà havia passat, la ciutat i la plana havien passat, deu mesos havien passat des que havia descobert al-Filis entre la brutícia de Moca. Si evoques aquella tarda, sabràs que arribava cansat, acompanyat del meu esclau i les meves bèsties. Veníem de ponent i ens acostàvem a la puresa de llevant, més alta a cada jornada, més àrab a cada jornada, més blanca a cada jornada. Escalàvem per l'escletxa que talla l'espadat, i ens enfilàvem a la roca d'on penja el teu convent, impossible, inexpugnable. Verament et dic, estimat xeic, que quan vas obrir aquella porta menuda, em vas obrir el cor a l'esperança.

—Salutacions —et vaig dir, fent una inclinació.

—Salutacions meves, viatgers —vas respondre, els ulls ben oberts i la mà al pit.

—Salutacions meves, mestre, i que la pau sigui amb tu.

—Salutacions meves —vas continuar—, que la pau sigui amb vosaltres, i també la gràcia de Déu.

—Salutacions meves, que la pau sigui amb tu, i també la gràcia de Déu i... —vaig esbufegar— ... i la seva benedicció.

—Salutacions meves, que la pau sigui amb vosaltres, i la gràcia de Déu, i la seva benedicció, i la seva protecció.

Et vaig observar amb impaciència. Una túnica blanca et cobria el cos, des del coll fins als turmells. Tenies la cara neta, despullada de pèls. No tenies ni cabell, ni bigoti, ni celles, i per això semblaves un nadó vell. Pronunciaves els formulismes, sense cap pressa, i em miraves com si fos el primer home que acudia a la teva porta; com si la ronya de la meva barba, el meu gec estripat, la meva faixa plena de pols, haguessin davallat de la lluna. També estudiaves al-Filis, aquella criatura llunàtica de debò, amb el nas embenat i les galtes tan fines com les teves, les galtes d'un monjo dervitx. Sostenia un cossi amb la seva planta de cafè, i qualsevol que el veiés entendria que caldria passar per sobre el seu cadàver abans de furtar aquell arbust. Va ser ell qui va trencar el glaç, quan va pronunciar la màxima.

—Pensem amb el cor —va recitar.

Vas apuntar un somriure i, a la fi, vas convidar-nos amb la mà cap a dins. Cap al teu santuari sufí.

Els teus seguidors es van fer càrrec de les bèsties, ens van portar llet, olives i pa, i ens van acompanyar fins al dormitori comunal. Allà no hi havia ni senyors ni criats, ni amos ni esclaus, tots érem iguals als ulls de Déu, i havíem de menjar, conviure i dormir barrejats. Al-Filis va anar a deixar en bon lloc la seva planta, que encara era menuda: va desar els cofres i els fardells, i després va venir al meu costat. Em va agrair que l'hagués portat fins allà, on se sentia més proper del que perseguia. Jo li vaig dir que no tenia importància, que hi pensava anar igualment. Però tant ell com jo sabíem que no era cert. Havíem marxat de Sanà en tornar el meu cosí: i era veritat que jo tenia intenció d'arribar-me a les terres de l'encens. Ara bé, la marrada que havíem fet per arribar-nos al monestir, allò no era obligat. Ho havia decidit per compensar al-Filis, per mostrar-li el meu afecte i fer-me perdonar. De passada, m'afigurava, jo també en trauria calma i benaurança. Tant de bo, pensava jo. Aquella primera nit al monestir vaig dormir com una soca.

De matinada, ens vam unir als precs de la comunitat. Els cants eren greus i cadenciosos, i omplien la buidor del dejú. Després vam participar en l'àpat matinal i vam sortir a prendre l'aire. El monestir era en realitat una talaia, i estava ancorat en una roca que penjava en el buit. Si miraves amunt, només hi havia la volta celestial: si miraves avall, la cinglera queia en picat cap a les valls i els pobles estrets de la contrada. La boira era a punt de desfer-se en l'aspra muntanya, i anava descobrint una visió que no havia volgut canviar des de feia segles. La muntanya Nasmurada, el cim més sagrat d'Aràbia, s'anava destapant davant nostre. I més avall, allà on l'autoritat dels murs cedia a les terrasses conreades, la terra es tornava més femenina i prenia l'aspecte d'unes faldilles dolces, fèrtils i enfarinades. Allò era el jardí del cafè, la terra de les flors blanques. Només els cecs hi podien ignorar el traç d'Aquell que tot ho dibuixa. Vaig animar el meu esclau a baixar i olorar de prop les deveses.

La cara d'al-Filis era el viu retrat de la felicitat. Es va entendrir quan va veure la guarderia d'arbres joves, a tocar del convent, en petits horts custodiats per alzines —que els protegien d'un sol excessiu. S'hi va passar una bona estona, acaronant-ne les fulles menudes i olorant-ne les cries a ulls clucs, i va concloure amb un somriure que el seu esqueix ambulant era idèntic a aquells. Vam continuar avall, salvant abismes i fregant els precipicis, baixant les escales en roca viva, fins que vam arribar als vessants cultivats. Un cafetar volia terra humida i fonda, li vaig aclarir, així com un poc de frescor, un bon sol, aigua constant i aire de muntanya; però tot amb mesura. Era un cultiu delicat, vaig fer-li notar, que fins als dos anys necessitava pares i mares, com els infants. Després el podies deixar més lliure, tot i que li havies d'espantar les vaques, els cucs i els elefants.

—¿Elefants? —va estranyar-se.

—Bé, aquí dalt no n'ha vingut mai cap —li vaig fer l'ullet—, però si vingués t'asseguro que sortirien tots els monjos i els pagesos, armats de bastons, i el farien tornar a casa.

Vam riure de gust.

Els pobladors deien que la millor planta era la que s'assemblava a una persona. Per això calmaven la set de l'arbust amb canals i recs; el resguardaven dels vents que embogien; l'allunyaven de les glaçades, les sequeres i els aiguats; i el podaven a l'alçada d'un cos, encara que podia arribar als tres cossos. Plantaven els individus junts, però no gaire, que es barallaven; quan germinaven i exhibien aquella flor clara, no els tocaven, que es molestaven; i només al cap de nou mesos, després de les pluges, els sacsejaven amb gran delicadesa. Llavors queien els grans madurs, que s'assecaven estesos pertot, es pelaven i es desaven en sacs de palma i fibra d'àloe. Una planta tractada com tractaríem un bon amic podia complir, sense problemes, els quaranta anys. Sobretot si hi conversaves.

—¿Parlar? —va saltar ell—. ¿Els pagesos parlen amb els cafetars?

—¡Oh i tant! Alguns els reciten poemes i els conten rondalles, fins i tot.

—Hmmm... m'agrada la idea. ¿Per què no ho feu, amo? —va estudiar el cafetar—. Davant d'aquest mateix. Aquest sembla un arbust atent.

—Naturalment —em vaig girar cap a l'exemplar, un pèl corbat i esponerós—. Vejam, doncs... ¿Coneixes la història del captaire crèdul? Doncs escolta ara, planta meva, perquè vet aquí que hi havia, a la serena ciutat de Bagdad...

En acabat, al-Filis va assenyalar l'arbust.

—No n'estic segur, però diria que l'heu complagut. Mireu com agita les fulles.

—És que aquest creu en l'amistat —vaig acaronar el tronc—. Segur que viurà molts anys.

Al-Filis em dispensava els cinc sentits. Diria que, per una vegada, es deixava posseir del tot per la meva Aràbia i per mi mateix. Escoltava, mirava, es llepava els llavis i tocava les flors. I olorava, sobretot: amb el nas embenat ensumava les branques florides, ensumava la terra i ensumava la brisa. Estava de bon humor. Va tornar a ensumar amb una ganyota exagerada.

—Veig que també cal nodrir-los de fems —va fer—; com als millors amics.

Vam tornar amunt tot rient, contents de ser on érem i de remuntar els penya-segats sense suor ni ofec. En arribar al convent, no vaig haver d'ordenar res: el criat va anar tot sol a donar el farratge al bestiar. L'aire escampava olor de llenya cremada, i jo estava tan satisfet que em vaig permetre un glop de vi —bé, un parell de glops. Tot seguit et vaig anar a trobar, xeic Abdul, per agrair la teva hospitalitat. Eres davant del finestral, impertorbable, la vista clavada al cel. Un ropatge tosc et cobria el cos, però no pas els braços, que mostraves despullats i prims. Em vaig plantar al teu costat i vaig saludar-te amb una inclinació. No et vas bellugar. Vaig pronunciar paraules de cortesia, i no vas dir res. Vaig demanar permís per retirar-me, i tampoc no vas obrir boca. Quan ja marxava, vaig sentir la teva veu ronca i reposada.

—És del tot cert, fill dels Benibalul —vas dir— que hi ha monjos xisclaires, com hi ha faquirs que es travessen el cos amb sagetes i busquen Déu en el dolor. I també hi ha dervitxos ebris, que escapen del món amb la beguda.

—Xeic, us ben asseguro que...

—El teu alè parla per tu, Mustafà. No passis ànsia —vas alçar un dit—, no m'ha estat encomanat jutjar-te. El gran asceta Omar Kayyam, i tants d'altres, trobaven l'èxtasi en el vi. Però no pas en aquesta casa. Si et vols quedar, hauràs d'abraçar una vida frugal.

—No em feu partir, xeic, encara no.

—Doncs ja saps el que et correspon. I per començar —et vas tombar i vas desafiar-me els ulls—, podríeu assistir a la vetlla d'avui, tu i el teu acompanyant.

—¿Amb la congregació? —em vaig gratar la barba—. Nosaltres som forasters, no en sabem, de fer vetlla.

—Les nostres meditacions són obertes a tothom, no cal ser un gran dansaire ni un bon rapsode. Hi haurà mercaders com tu, i fins i tot algun esclau. Això sí, haureu d'estar desperts des de l'ocàs fins a l'albada.

—¿I com s'aconsegueix, això?

—Amb el millor cafè, naturalment.

Et vaig dedicar una reverència i vaig córrer cap a al-Filis. Era a fora, amb el seu arbret, que havia col·locat a l'hort dels religiosos. Li estava parlant amb afecte, i jo m'afigurava que li preguntava si d'ell, d'aquell arbust, n'obtindria l'elixir del Bon Saber. Va sentir les meves passes i es va tombar. Els dervitxos rodaires ens convidaven a una cerimònia, li vaig anunciar. Va arrugar el front. Hauríem de passar la nit en blanc, vaig afegir, i tastaríem el seu poderós beuratge. Es va mossegar el llavi.

—No ho tinc clar, encara no —va murmurar—, no sé si ha arribat l'hora.

Era un cas com un cabàs. Allò no era ni un criat ni un company, allò era un maldecap.

—Fes el que et sembli —li vaig aguantar l'expressió compungida—. No, no et penso apallissar, no pateixis. Però no vull cap desaire envers el xeic.

Abans de la posta de sol, ens vam presentar tots dos al pati central. Els devots s'estaven acabant de vestir i ens van deixar la indumentària, que ens vam posar a sobre la roba mentre ens n'explicaven el significat. Faldilla, brusa i armilla blanques com la mortalla —l'única vestimenta digna per presentar-se davant el creador—; barrets de pell, cilíndrics i alts, a la manera de les columnes fúnebres dels cementiris; i una capa de llana bruna, gruixuda i pesada, com la terra que un dia haurà de cobrir la nostra fossa. Et vam besar a la galta, xeic Abdul, un a un, i vam seure a terra en un gran cercle, que deixava una clariana al mig. Ja era fosca nit, així que vas fer callar tothom.

—Aquell que dorm mitja vida —vas proclamar— només viu l'altra mitja.

—Beneït sigui aquell que no dormirà —va replicar la concurrència.

Van portar una cassola de fang vermell, símbol de la vida i de la sang, i tu mateix vas omplir les tasses amb un cullerot. Els fidels vam anar passant el cafè cap a la dreta, a pas gairebé rítmic, mentre repetíem la professió de fe, «no hi ha altre déu que Déu, el Senyor, el clar i veritable». Monjos i gent corrent, des del mendicant fins al mandatari, ens sentíem agermanats en la màgia de la recitació, en l'escalfor de les tasses i en els fumerols fragants que s'escampaven cap als estels. Vam beure tots a cop d'oració, llevat d'al-Filis, que es limitava a olorar com un conill. En acabat, van sonar els flabiols, els llaüts i els timbals. La canya i la fusta ploraven per tornar a la terra, a la seva unió amb la creació divina. Els presents vam entonar les oracions i el nom de l'Altíssim, una vegada i una altra, i encara moltes més. Oh Déu, oh Déu, oh Déu...: els planys greus ressonaven al pati, s'alçaven cap al firmament i davallaven pels abismes, tot besant les roques i les valls de la nostra Aràbia feliç. Fins al pic més alt de la nostra Nasmurada eterna, van arribar els planys.

Una dotzena de dervitxos van sortir a la pista. Van prendre posicions, van torçar el cap amb humilitat, van estendre un braç cap al cel i un altre vers la terra. A poc a poc, van començar a voltar. Els acords i els udols, d'entrada molt pausats, es van animar: i els giradors van agafar empenta. Les capes voleiaven, les faldilles també, en perfecta harmonia. Aviat no vèiem persones, sinó que vèiem un conjunt de baldufes idèntiques, ballant com ho farien els astres. Era un trànsit cap a la ingravidesa, i si els dansaires haguessin emprès el vol allà mateix, ningú no se n'hauria estranyat. ¿Dormir? ¿Com podia dormir el que formava part de Déu, el que deixava de ser mundà, el que havia vençut el pas del temps?

Ja ho saps, estimat xeic, tu coneixes de sobres la cerimònia. Els rodadors tornaven a seure, més cafè i uns altres balladors. Tot seguit uns altres, més vells o més joves, més delicats o més enèrgics, més grassos o prims. Tothom girava, i el meu criat i jo no en vam ser excepció. Tu ens vas veure, o potser no, perquè allà els homes es confonien entre ells, es confonien amb les ombres de la nit i es confonien amb la creació. ¿Què t'haig d'explicar? Bé, et puc dir el que ja saps: que quan va despuntar el sol, una quietud beneïda ho recobria tot. Et vas alçar i vas donar la benvinguda al nou dia: a Déu el ponent i el llevant, vas pronunciar, a Déu els nostres cors. Vas abraçar l'aire i vas tancar els ulls.

—Despertem, ja és de dia. Obrim els braços. L'estimat és al nostre cor.

I vaig plorar. Les mans esteses, la capa als quatre vents, vaig ser pres d'una esgarrifança i d'una commoció que mai no havia sentit. De la meva misèria acabaves de bastir-ne un palau. El creador m'havia fet de fang, i no sabia per què m'havia fet: però per una nit, el fang s'havia unit a la terra i l'oratge. Jo, Mustafà al Baqar, dels Benibalul, del país dels Baquil, havia pogut entrar al casal de l'Altíssim. Ho havia fet gràcies a tu, i així t'ho vaig confessar. Et vaig suplicar de restar amb tu una temporada, i m'ho vas concedir. Llavors vaig anar cap a al-Filis, els braços oberts i els ulls encara aigualits.

—Sóc a casa, sóc a casa —li vaig dir—. Tot és joia, he nascut de nou. Al-Filis, ¿tu no sents una vida que reneix, dins teu?

—No ho sabria dir, amo —tenia els ulls inflats de son—; jo ja vaig tornar a néixer fa molts anys, a la França de la meva infantesa. I a cada platja que trepitjo, sóc una persona nova.

—Al-Filis, benvolgut... ¿que no has tocat el cel amb els dits?

—El cel —em va sostenir l'esguard, sense malícia—. Sí, és clar. El cel. Mon pare també el volia, el cel...

—¿El mateix?

—No, aquell no perdonava, el vostre sí. Aquell tronava, maleïa i condemnava. Aquest vostre canta i fa cantar.

—¿I doncs? Ja ho tens, amic —m'hi vaig acostar, l'hauria besat allà mateix—. ¿Que no encalçaves la saviesa? ¿Que no volies la plenitud? ¿No era això, el que cercaves?

—Ai, amo meu —va prendre distàncies— ...em temo que no sóc prou assenyat per viure sense dubtar.

Es va fer un silenci, i em vaig encongir d'espatlles.

—Senyor, senyor —vaig sospirar—, quin adorable ximplet. Bé, dubta tant com vulguis, no te n'estiguis. Encara no entenc com algú va imaginar que et vendria a bon preu. En tens ben poc, d'esclau.

—És que jo no sóc un esclau —va afirmar, amb un aplom sorprenent.

—¿Com dius?

—Vós sou el primer i únic home que m'ha comprat. Jo vaig pagar el meu passatge. El que va passar és que el capatàs em va encadenar a mitja travessa, i em va convertir en captiu. Però no pas en esclau.

Em vaig gratar la barba. Allò ho mudava tot. O no canviava res. M'ho havia de rumiar.

—És curiós —vaig fer—. Bé, sigui com sigui ens quedarem aquí unes quantes setmanes.

—Entesos. Com dirien els turcs, escolto i obeeixo.

La temporada que vam estar amb tu, estimat xeic, va ser feliç. Vam assistir a un parell de cerimònies més, meravelloses com la primera. De vegades em descobria a mi mateix giravoltant pels camins, a un pas dels precipicis. Verament t'ho dic, jo volava pels camins, solcava per damunt les escales de roca, m'enlairava al pati del santuari... Era un espectre venturós, i no em calia ni qat ni vi ni cap droga. Només tu i el teu cafè. Vaig entendre, gràcies a la teva infinita bondat, que el vi era cosa de dones, embriagador, seductor i lluny del seny; i que el cafè era la tisana dels homes, forta i sòbria. Però... ¿i al-Filis? Doncs ja ho vas veure, va complir les seves obligacions i no ens va donar cap disgust. No tenia fusta de místic, la seva passió arrencava d'un altre lloc. Sota la seva cara d'àngel, sota aquella finor que podia arribar a ser de marbre, hi covaven unes inquietuds immenses i un punt incrèdules. Va aprofitar per aprendre a llegir i reproduir les nostres escriptures. Va continuar regant i conversant amb la seva planta. I et va interpel·lar tant com va voler. Juraria que li consenties, o fins i tot t'abellia, el seu atreviment.

—Així, ¿dieu que el propagador del cafè va ser un àrab? —feia ell.

—Sí —responies—. Un savi de Moca que va viure fa segles. Com que s'adormia en les pregàries nocturnes, va demanar l'ajut del profeta. Aquest se li va aparèixer en somnis, i li va confiar el secret del cafè. El savi va tastar el beuratge, i va proclamar que era la beguda dels amics de Déu. Es va convertir en el més desvetllat i pietós dels homes, i en l'inspirador dels dervitxos.

—Però vejam —burxava ell—, ¿no va ser el gran Fundador, el primer dels ascetes?

—No pas dels d'Aràbia —a tu, xeic, se t'escapava un somriure—. Per Déu, foraster, ¡preguntes més que un recaptador de tributs!

—És que no ho veig clar —insistia el criat—. A veure. Alguns escrits ben doctes asseguren que les confraries sufís ja existien, molt abans de l'arribada del cafè. I que el gra va venir cap aquí des d'Abissínia.

—Fos com fos —vas continuar, amb una paciència colossal—, el cas és que el Misericordiós ens en va fer ofrena, i avui els nostres monestirs deuen la seva sort a la fortor d'aquesta planta sagrada.

—Juraria —hi tornava ell, incansable— que el secret de la planta no és la seva fortor. Com més em miro els cafetars, i el món en general, jo diria que la clau es troba en el cos i en l'aroma.

—Doncs que l'Altíssim t'ajudi, fill, a trobar el teu cos i les teves aromes.

Entre oracions, passejades i converses, un bon dia va arribar l'hora de la partença. Jo havia d'anar cap a llevant a adquirir encens, si no volia quedar-me amb les mans buides. Va ser aleshores que et vaig venir a demanar l'ingrés a la germandat. Faria els darrers negocis i tornaria al teu monestir, a oblidar el dolor del món i a dissoldre'm en la contemplació de Déu. No em vas respondre ni sí ni no. Em vas posar la mà a l'esquena i em vas indicar que havia de trobar i expulsar tot el mal que encara duia a dins. I em vas regalar un preciós pergamí amb la màxima sufí. Vaig baixar al pati, on el meu servent lligava els cofres a l'esquena dels ases. Li vaig explicar la meva conversa amb tu, i vaig demanar-li si ell també voldria ingressar en la confraria.

—¿Jo, amo? Jo sóc un simple servent —va dir mentre nuava els paquets—. Jo compleixo el que m'ordenen.

—No t'estic ordenant res —li vaig enretirar les mans de les cordes—; t'ho estic proposant. ¿Què hi dius?

—No sabria què dir. O potser diria que la felicitat no és una estació final, sinó una manera de viatjar. Això és el que diria.

—Doncs viatjarem. Et portaré fins a la millor llavor, fins a l'elixir que empaites, i et demanaré altre cop de venir aquí. T'ho demanaré fins que tu mateix ho vulguis.

Va tornar als seus ases i als seus embalums. Jo encara no havia entès, estimat xeic, el que m'empenyia cap a al-Filis. No admetia que el volia amb mi, i que quan jo volia una cosa, la volia per sempre. No havia entès el meu amic, criat i company. No sabia encara que ell era ben divers de mi, i que volia el que jo no li podia donar. I que allò que li donava, sobretot quan era per sempre, ell no ho volia pas. ¡Oh nit de cants, nit de vetlla i nit de dansa! Havia après amb tu, vespre de vespres, a estimar el cel. Però no sabia encara, oh cant d'Aràbia, no sabia com reconèixer les emocions i les alegries d'un mortal. Muntanya Nasmurada, ¡no t'amaguis als núvols! ¡Oh xeic de la veritat nocturna, xeic de l'atalaia elevada, més que mai reclamo el teu consol!

Verament hauríem de fruir, perquè tots podem morir demà —si és que hi ha un demà. Verament et dic, xeic admirat, que hauríem de treure el xai rostit per a l'amic, quan l'amic és encara entre nosaltres. Verament confesso, dic i proclamo que hauríem de viure en l'alegria: perquè Déu, quan va engendrar el món, no va demanar el nostre parer, va demanar la nostra joia. I verament em planyo jo, Mustafà al Baqar, verament em planyo per no haver viscut el temps que el destí m'ha ofert. Verament et dic, bon xeic Abdul, que quan vam partir del teu convent la fatalitat estava escrita. Vam davallar fins al desert, i des d'allà vaig voler una presó per al meu al-Filis. Li hauria d'haver obsequiat grans ales, i no pas un cadenat. Si volia un amic, si no volia l'esclau, verament anava errat.

Tu coneixes, estimat xeic, els erms, les dunes i el rocam que envolten l'antiga vila de Saba. M'hi vaig encaminar amb dos ases, el cavall, un fusell, els cofres i el meu criat. Els vaig arrossegar al buit, d'on no es pot escapar ni el vent. Els vaig dur fins on moren els cims i només hi ha la planura interminable, on l'únic que pot fer l'assedegat és avançar, dia i nit, fins a trobar l'oasi. Vaig racionar l'aigua i el pa: també vaig provar que al-Filis abandonés la seva planta, però no me'n vaig sortir. L'home no se'n volia desfer, i era capaç de suportar una dura abstinència per mantenir amb vida aquell brot. Vam arribar a les envistes de Saba una tarda calorosa, vestits de pols i cansament. Un poble mig enderrocat, una dotzena de gossos escanyolits i quatre runes velles ens van donar la benvinguda. Ens vam aturar per abastar tanta tristor.

—Així és com es dissipa la glòria d'aquest món —vaig pontificar.

—I tant... —va murmurar al-Filis, aferrat a la seva planta, mentre s'empassava aquella desolació—. ¿O sigui que la mítica Saba...?

—És això. No gaire més que una rondalla de les que es canten.

—¿I com pot ser? —es va passar la mà pel front.

Li vaig explicar que l'Alcorà, a la sura trenta-i-quatre, relatava com la primera terra de Saba era bella i feliç. El Senyor hi havia dibuixat rutes d'encens, camins de caravanes i un gran torrent —la llera que encara passava, ara seca del tot, vora nostre. Els antics van edificar-hi una ciutat, van tancar les aigües amb un dic monumental, i van fer que el desert fos el rebost d'Aràbia. Els reis i les reines hi van bastir un imperi. Però els sabeus van ser presos de la idolatria i la cobdícia. Déu va rebentar el dic, un aiguat va negar els palaus i els mercats, i els jardins van esdevenir erms. El poder de Saba va ser esclafat, deia el llibre sagrat. Només van quedar drets alguns pilars del vell temple, com a testimoni de la ira divina.

Al-Filis va deixar la planta a terra. Es va esmunyir entre dues columnes i, malgrat el cansament, no va resistir la temptació d'enfilar-se amb l'esquena contra la pedra. Me'l vaig mirar. La imatge era bellíssima, perquè el seu perfil es retallava en el fulgor del sol caient, i al seu voltant l'arena s'amorosia de daurats i d'ombres rosades. Era una d'aquelles visions que et fan dir «no vull que res mori, no vull que res mudi». Però les coses van mudar, i ben de seguida.

De sobte, vaig sentir uns espetecs a la meva esquena i em vaig girar.

—¿Qui són? —va cridar el servent.

—No ho sé, però no fan cap bona fila.

Abans que poguéssim arribar a les nostres muntures, una dotzena de beduïns es van precipitar a sobre nostre amb els seus camells. El meu acompanyant va córrer a abraçar el seu esqueix estimat, i jo vaig plantar-me a tocar dels cofres. Els nòmades eren, tal com em temia, gent de les dunes, sense llei ni vergonya. Els vaig anunciar que érem persones de pau, i que no volíem pas destorbar la seva contrada. Els vaig recordar a crits els codis d'Aràbia. Però eren homes de poca paraula i d'honor buit. Ens van prendre les bèsties, les armes i les arques. Fins i tot n'hi va haver un que es va acostar dalt del camell a al-Filis. Quan va veure que el jove s'aferrava a la planta va desembeinar la simitarra. La sang era a punt de brollar damunt l'arena, ho vaig veure ben clar, i aleshores vaig fer un gest que ni jo mateix m'explico.

Amb un parell de gambades, em vaig situar entre l'assaltant i la víctima. Vaig obrir els braços de bat a bat, deixant el meu pit al descobert. Si volia ferir el meu amic, si volia prendre-li l'arbret, hauria de trepitjar abans el meu cadàver. El bandit no s'ho esperava, diria jo, perquè es va quedar clavat. La punxa de l'arma li tremolava i em fregava les barbes. No era una estampa de gran bellesa, però crec que aquell moment jo també l'hauria volgut aturar, crec que sí, amb tota la força i la tibantor que contenia. Jo protegia el meu amic amb el cos: jo li demostrava amb fets allò que amb paraules no li havia pogut expressar. Jo el salvava i em redimia dels meus mals. A la fi, la veu del capitost va tronar entre les runes, i la imatge es va desfer. Teníem més valor vius que morts, va dir la veu, i aquella espasa va tornar a la seva funda. Aleshores una part de l'escamot es va endur el botí, i els restants ens van lligar amb una corda i ens van arrossegar pel desert.

Va començar una navegació penosa, per una mar de sorra i plena de dies llargs: dies de set, de sal, de sol, de deliri i de crostes a la pell. Els homes que ens havien capturat eren de boca petita i de braços llargs. No hi havia raons que els estovessin la clemència, i la mà se'ls escapava cap al fuet tot sovint. Però entre al-Filis i jo va brotar una conjunció molt especial. Compartíem atencions cap a la planta, com si es tractés d'un fill comú. Estalviàvem la nostra aigua, desafiàvem les burles dels bandolers i fèiem de la supervivència d'aquell brot una missió sagrada. «En sortirà el més noble dels elixirs, ja ho veuràs», confiava jo al meu company. Ell s'anava emmagrint, igual que jo, i malgrat tot l'espurna de la vida era més lluent que mai. En la penúria ens apropàvem, no hi havia dubte. Tots dos érem presos, la nostra condició ens unia, i descobríem —bé, ho descobria jo— que la misèria pot amagar grans riqueses.

Una nit jèiem sota la més formosa de les flassades que mai s'han fet, la capa del cel estelat. Estàvem esgotats i el mareig de la set era la nostra droga. Vaig confessar al meu company que encara duia la bóta de vi, lligada amb corretges sota l'aixella.

—Podríem compartir-la —vaig proposar.

—No, amo —encara usava la deferència de l'esclau, tot i que ho feia amb dolçor—. No sé si és el que més ens convé.

Vaig forçar un somriure.

—¿Saps? Jo també vaig perdre la mare de molt jove —li vaig dir—; i mai no he deixat d'enyorar les seves abraçades. Tendres i fermes, les seves abraçades. Eren més bones que una pregària, al-Filis. Allunyaven tots els perills. ¿Tu no trobes a faltar...?

—No us ho sabria dir, no sé si la recordo ben bé a ella —va fer una pausa— ...o només la darrera imatge d'ella.

—¿Era forta?

—Vaig sentir a dir que sí, que hauria lliurat el seu cos, el seu cos robust i ple de fortalesa, per un fill. De fet, d'alguna manera és el que va acabar fent. Mon pare deia que era pietosa, però tal com ho deia..., bé, potser era més mare que devota. La religió era cosa del pare, crec.

—I tu... —vaig tibar la corda que ens unia, i el frec em va ferir el puny encetat—. ¿Tu faries un sacrifici semblant? ¿T'imagines lliurar el teu cos per algú?

—Em costa d'imaginar, amo —es va regirar—. No sóc senyor de la meva pell, m'hi sento estrany, no l'entenc ni jo mateix. ¿Com voleu que m'afiguri un glavi que m'obre les entranyes? —va llepar-se els llavis ressecs i, com si parlés amb els estels, va afegir—: les festes de la carn no són per a mi. Jo encara sóc verge.

Ai, venerat xeic. Al-Filis no hauria d'haver pronunciat aquells mots. Em van remoure les cremors de dins i, en la canícula del desert, em van disparar un calfred des dels dits del peu fins al clatell. Verament us ho dic, aquelles paraules seves em van trasbalsar més que tots els malfactors d'Aràbia, que tots els robatoris i penalitats. Fins a l'hora aquella, jo havia vist una ànima bessona, un esperit sensible i delicat. Les seves faccions em commovien, de la mateixa manera que em commouen els vostres càntics o que em commou la fabulosa muntanya Nasmurada. Però a partir d'aleshores, el pitjor home que portem a dins, el que en mala hora s'oblida de la seva santa mare, se'm va despertar. Jo li mirava les mans, i les volia agafar; li veia el coll, i el volia acaronar; li endevinava les cames i els turmells, i els volia mossegar; i aquella pell estranya, aquella pell llisa que no era del tot seva, jo la volia per a mi. Volia ser el primer, volia estrenar-lo. Volia encetar aquella flor caiguda de les altures.

Sense la vigilància dels beduïns rudes i malcarats, no estic segur si hauria respost a les normes de la decència. Potser hauria pogut respectar la quietud del vespre, potser no. El cas és que no vaig poder dormir, perquè desitjava que l'alè pausat d'al-Filis m'entrés a cau d'orella, i que els seus braços, en lloc de ser estesos a la sorra, descansessin al meu pit. A l'endemà em vaig alçar adolorit, amb el cap premsat, i vaig recitar les oracions. Quan vam reemprendre la marxa en silenci, jo estava extenuat. Però no em matava l'aire tòrrid, no, ni els focs de la gola, ni l'ardor a la cara: em matava el pensament que el viatge s'acabaria, i que algun dia aquella primor de cos ja no seria amb mi.

Encara vam viure unes quantes jornades de travessa, cada cop més dures, i les meves inclinacions contràries a natura se'm van assentar al cos. L'ànsia d'aquella nit no es va esvair, més aviat se'm va repartir pels ossos i va esdevenir companya de viatge, a la qual em vaig conformar com em vaig habituar a l'escorta dels bandits i dels seus camells. Només una tarda, per un instant, quan vam arribar a la cresta d'una roca, i a l'altra banda se'ns va obrir la vall del Hadramut, vaig ser capaç d'arraconar els temors. Un riu de verdor es perdia en la distància, i aquella terra, la terra dels dàtils i de l'encens, em va retornar per una estona la calma. Aquella riera, vaig pensar, era un poc com jo, Mustafà al Baqar: transcorria per comarques àrides, alimentava la vida i, en acabat, es fonia altre cop enmig de l'erm. Sense abocar a cap mar, sense destí, sense orientació.

Ens van portar fins a la vila de Xibam, que jo havia visitat una colla de vegades i que sempre m'havia elevat els ànims. Aquella ciutat de muralles, edificada en un petit quadrat de terra, cenyia una massa botida de cases altíssimes, de set o vuit pisos. Era com un manyoc d'espàrrecs que, de trencar-se en algun punt, s'hauria escampat per terra. Altra vegada, allò era l'Aràbia feliç, el miracle del desert. El poble que volia esgarrapar el cel, i que creixia en bona avinença per respirar els vents més purs. Al-Filis va contemplar la visió granítica, amb la seva enormitat d'ulls: no va abaixar la vista fins que vam endinsar-nos al laberint de carrerons, atapeïts i ombrívols, que serpentejaven als peus dels gratacels de fang. Vam arribar a una porta estreta, els nòmades la van obrir i ens van empènyer cap dins. Llavors ens van clavar una puntada de peu, vam rodolar escales avall i vam anar a parar a un celler fosc. Vam sentir el forrellat de la porta que es tancava amb estrèpit.

Els segrestadors degueren anar a buscar l'enllaç que jo els havia indicat, un cosí meu que venia dagues al mercat. S'ho devien prendre amb paciència, o devien negociar el rescat a consciència, perquè van començar a passar les hores i ningú no venia a buscar-nos. Al soterrani hi feia una calor infernal, érem a les fosques i jo no m'atrevia ni a parlar amb el meu company. Mentre ell s'esforçava a trobar, i després a recompondre la seva planta, jo vaig ficar la mà sota la túnica i vaig deslligar la bóta de vi. Ho hem de celebrar, vaig dir, malgrat que no hi havia gran cosa a festejar, o encara no. Vaig alçar la bóta, la vaig estrènyer amb els dits i vaig notar el líquid que em rajava entre les dents. Sí, xeic, ho reconec, vaig tornar a caure en la beguda. I no sé del cert si en sentia gaire fretura: més aviat diria que, perdut, sense saber com havia d'obrar, allò era l'únic que tenia a mà. Amb el meu al-Filis allà a la vora, necessitava tenir les mans i la boca ocupades. La panxa se'm va encendre com l'olla que bull.

—Amo, ¿voleu dir que el vi...? —va insinuar ell.

Vaig deixar la cantimplora a terra. Jo no tenia veu, i vaig haver d'acudir a la veu del poeta. Entre les ombres, no era ben bé jo el que parlava. Parlava algú amb més força i coratge.

—Sortiré d'aquest món i del teu amor —vaig pronunciar—, sempre viu al meu pit, i ningú no en veurà el fragor. Entre la tristor i jo mateix, jo t'he estimat, i mai no et deixaré, mentre hi hagi eternitat.

—¿Us trobeu bé? —va demanar al-Filis.

—És el bard qui parla, amic, no pas jo —em vaig eixugar el front—. I l'altre... ¿saps què deia, l'altre? —vaig esbufegar—. Deia... T'estimo amb un amor que cap ciència no sabria dir, i la més gran ciència —vaig empassar— diu que entrar en aquest amor, és renunciar a entendre'l. Renunciar a entendre'l, diu. Renunciar.

Vaig beure a galet.

—El vi us està pujant al cap —va alertar ell—. No sé si...

—Calla. El profeta ho va deixar escrit —vaig aixecar el dit tremolós—: el borratxo és aquell que no pot distingir entre cel i terra, o entre home i dona. ¿Creus que em passa això, a mi? ¿Creus que he perdut el seny?

No va respondre, i me'l vaig imaginar en la fosca. Els ulls esbatanats, verds com la mar de Socotra. Les orelles a punt de trencar-se i les vivències amagades rere la cicatriu. Es devia gratar els punys sense pausa. Finalment, va parlar.

—Vull marxar, amo. Em vull endur el meu arbust i tornar a casa, o endinsar-me per la banda d'Àfrica, a les parts d'Abissínia.

—Molt bé —vaig fer un sanglot—. Jo t'hi acompanyaré. Viatjarem junts.

—No pot ser, em temo que no pot ser. No, amo meu, hauria d'anar-hi tot sol.

—¡Ha! ¡Tot sol! —vaig cridar—. ¿Tu, l'esclau? ¿Tu, que em deus el nom i em deus la vida? Et creus que ja en tens prou, creus que ja ho has vist tot, ¿oi? Doncs no, al-Filis —em vaig acostar a ell i li vaig engrapar una màniga—, tu no has vist res. ¡Res!

—Per l'amor de... —va provar de deseixir-se.

Li vaig sacsejar la túnica amb les dues mans.

—El que has sentit i has vist no és res, ¿em sents? No res. ¡Ni elixir, ni saviesa, ni amor! Ni una punyetera gota de cafè, no has tastat. I si no has tastat, no has vist. Tu... tu... maleït siguis...

Ai, xeic. Ai, cims d'Aràbia. Ai, Déu meu. Em vaig abraonar al seu damunt, el vaig tombar a terra i vaig seure al seu ventre. Els punys se'm disparaven, el colpejava al cap i als braços, li girava la cara amb la mà. Oh nit. Li vaig atrapar el coll amb els dits i vaig començar a estrènyer, cada cop més fort. Ell s'arquejava sota meu. Oh nit de cants. De sobte, els dits em van cedir, i ell es va empassar tot l'aire que va poder. Oh gent de les ales grans... jo em vaig acostar a la seva cara, molt a poc a poc, i després al seu alè i després al seu respirar feixuc. Ai, muntanya Nasmurada. Ell estava tibat. Vaig estampar els meus llavis contra els d'ell, i el vaig empresonar sota el meu cos. Ell es resistia, però no, no del tot, diria que s'hi trobava, vull dir un poc més del compte. Ai, llibre sagrat, li vaig estripar la túnica. Més del compte, vull dir. Oh gent del profeta, la meva mà... La meva mà el va grapejar, va violentar la seva pell, es va internar en la seva pell més privada. Ai, flor assaltada. Vaig avançar la vergonya del meu membre, la més gran i inflada de les vergonyes. Ai, xeic venerat.

Llavors vaig fer un esgarip. Vaig botar enrere i vaig caure assegut contra la paret del celler. La salivera em queia sense control per les barbes, la mandíbula em tremolava i el cap tot sol, oh xeic Abdul, em rodava a banda i banda.

—No, no, no... No pot ser.

Era culpa d'al-Filis. Tot era culpa d'aquella criatura. M'havia atrapat, m'havia embaucat, m'havia perdut, m'havia portat a la beguda. Era allò i només allò, el meu desastre. Oh, cant de la nit, s'hi trobava més del compte. Jo havia perdut el seny, havia perdut la frontera entre cel i terra, entre home i dona. Maleïda fortuna, maleït intrús cristià, maleïda carn. Però no, oh Déu el Clement i el Compassiu, no era ell, era jo. Maleït jo, maleït Mustafà al Baqar, miserable mercader, abusador i borratxo. Però no, el mal era la planta aquella. Oh gent de l'encens i dels dàtils i del cafè, aquell arbret que havia fet venir al-Filis, aquell tros de vegetal que omplia el país de forasters, aquell ídol de follia i enveja. Vaig remenar per terra i vaig trobar, a les palpentes, l'esqueix odiós. El vaig aixecar ben amunt i el vaig estavellar a terra. Vaig saltar-hi al damunt, em vaig posar de quatre grapes i el vaig esclafar, desmembrar, esmicolar, el vaig rebentar del tot. Oh trista nit, nit de Moca i de Sanà i de Saba i de Xibam, nit del Iemen de l'Aràbia. Ell alenava i udolava a terra. Oh xeic bondadós, savi de l'atalaia més ferma i elevada. Oh pena.

Oh cant del vespre, tot es va esdevenir en una nit. La follia va esclatar en una nit, i no va afectar més que dues persones. Oh gent de la terra assedegada, ben poca cosa, diríeu, una sola nit i dues persones. Però la dolenteria havia vingut de mi, immensa, antiga. Oh vent, oh ocell missatger, digues que no: ni que l'ahir tornés a l'avui, ni que el sol despuntés a ponent, digues que això no hauria d'haver passat. Ni que el món es desfés en flames, ni que els núvols fessin ploure dards. Digues ara que el cos no m'hauria de molestar, que la veu no m'hauria de sortir falsa, que els arbres i la terra no se m'haurien de tornar estranys. Que el temps hauria de ser sempre jove, i engendrar minyons; que el temps no s'hauria de cansar mai. Digues que jo no hauria de renegar de la creació. Oh nit, digues i canta i proclama als vents que no, que jo no hauria de demanar a Déu per què m'ha dat la vida. Fes-ho, fes-ho tot d'una, ara que no puc deixar de preguntar a Déu per què. ¿Per què, per què em va donar la vida, si en una nit me l'havia d'espatllar? ¿Per què, estimat xeic?

Verament comprenc, mestre i germà, que tot arriba a la seva fi. Les criatures del món finiran, i abans els homes finiran, i encara abans els somnis dels homes finiran. Verament ho entenc, jo he trobat el meu final. Jo era com l'oasi de Xibam, sense rumb, sense abocar a cap mar, verament sense destí. Avui ja no és així, i les meves aigües ja s'han desfet en l'arena del desert. Avui que he rebut la nota del meu al-Filis, delicat i silent i absent.

Però tornem a la presó d'aquell dia, on va néixer el meu final. Tornem a aquella nit en què el diable se'm va aparèixer, a aquella hora en què el diable era jo. Tornem a les ombres de la cel·la, a la devastació i el silenci que em separaven del meu amic, allà mateix, a tocar. Tornem al moment i al lloc on tot es va acabar, i on jo no me'n sabia avenir. Tots dos sèiem en la fosca, i la planta esmicolada ja feia una estona que jeia escampada entre els dos.

—¿Què vols dir, que te'n vas? ¿Què vols dir?

Ell xuclava pel nas. No plorava; xuclava.

—¿Què vols dir? —vaig insistir—. No pots marxar, ¿no ho veus? Faré el que tu vulguis, aniré on tu diguis, em posaré de genolls davant teu... Seré... —vaig mossegar-me el llavi— seré... seré el teu esclau.

Jo sabia prou bé que el mal no té camí de tornada. També sabia que el vici és un error en la recerca de la felicitat. I molt més, sabia. Que jo no mereixia el perdó, i que el perdó, si arribava, era més per a l'enemic que per a l'amic. Que no em consolava el perdó, perquè qui és perdonat també és abandonat. Sabia que era millor la rancúnia, l'odi, el fàstic, la mania, el que fos, mentre no fos el perdó aquell que es concedeix i que s'extingeix per sempre més. Tot això sabia, i altres coses. Però el forrellat, que no entenia de culpes ni dilemes, va sonar amb estrèpit. Va penetrar un feix de llum, i a cavall de la claror va davallar el meu cosí, el venedor de dagues. Anava acompanyat d'uns amics i d'un somriure ben ample. Quan em va veure, va mudar el gest.

—Mustafà, ¡per les barbes del profeta! —em va collir de terra—. ¿Què t'han fet? ¿T'han escopit de l'infern?

—Més o menys, cosí. Més o menys.

Ens va incorporar a tots dos, i ens va guiar fins a casa seva. Allà ens vam banyar, per separat, i ens vam vestir amb roba nova. Després ens vam ensopegar amb un tiberi impressionant, preparat per la dona del meu cosí. No vam tocar ni les viandes, ni les figues, ni pràcticament res. Les nostres panxes eren encara massa primes, i els nostres ànims no cal dir-ho. El cosí va provar de donar conversa.

—¿Què vols fer, Mustafà? Pots estar-te aquí tant com vulguis, et puc deixar alguns estalvis, el que tu diguis.

—Gràcies, fill dels Benibalul. Però dependrà també del que faci el meu company.

Vaig mirar al-Filis de cua d'ull. Estava xuclat fins als ossos, però encara portava un àngel a la cara. Va clavar l'esguard a terra. Va trigar a respondre, i quan ho va fer no em va mirar.

—Suposo... que cadascú haurà de fer el seu camí —va prémer els llavis—. I el meu camí, si Déu vol, em portarà a Abissínia.

—¡Ah, Abissínia! —va exclamar el cosí—. Abissínia... És ben cert, si fem cas dels antics, que hi havia un temps quan les aigües del mar Roig es van obrir —realment, l'home tenia ganes de conversa—. I diuen que hi havia un gran gual de sorra, i els d'una banda i l'altra érem germans. Però avui, allò és un regne prohibit, i ple de discòrdies...

—¿No tindries pas —el vaig interrompre— un estrip de pergamí? ¿I una ploma?

—Sí, és clar —va dir, confós, i es va aixecar.

Em vaig treure, xeic Abdul, l'escrit sufí que m'havíeu donat al vostre monestir. S'hi veia el signe del lleó, i les corbes de la cal·ligrafia que expressaven la màxima del Fundador: «res no hi ha llevat de Déu, i la meva ànima és emanació d'Ell». El vaig deixar a la meva falda. Notava que al-Filis ho guaitava, però jo no l'encarava. Després, quan el meu cosí va arribar amb el bocí de pergamí, vaig prendre la ploma i vaig dibuixar-hi una frase. Diria que mai no havia escrit un vers amb tanta tristor.

«Aquesta llàgrima vessada per culpa teva» —vaig fer traços febles— «no s'ha perdut. L'hauràs d'anar a trobar, amic, en l'arena del desert.»

En acabat, vaig lliurar els dos escrits a al-Filis, la màxima sufí i el pergamí nou. Ell em va oferir els seus últims ulls, la seva ofrena final de verd marí. Li vaig pregar que s'endugués els versos i que, quan arribés a mar, llegís amb atenció les dues missives. Si decidia tornar enrere, vaig dir amb un sospir, volia que m'anunciés el seu retorn amb les paraules del Fundador. Jo l'esperaria amb el cor obert. I si trobava algun fust omanita, si s'hi embarcava i partia, si resolia marxar cap al jardí del cafè, cap a la terra primera de Negreria, li demanava que m'enviés el segon escrit. El de la llàgrima, el meu. Jo ho rebria i entendria prou el que havia de fer. L'únic que li demanava, potser el darrer que li suplicava, era que em fes arribar un dels dos escrits. Només allò. Ell va assentir, a poc a poc, i es va desar els pergamins. Després va pujar a dormir i ja no el vaig veure més, perquè no es va esperar a l'albada. Es va fer fonedís en la tenebra, i quan em vaig llevar, no vaig poder fer altra cosa que emmudir. Setanta dies i setanta nits, vaig emmudir.

Avui sé que no tornarà, perquè justament avui he rebut el segon dels versos. Oh xeic, ara tinc a les mans aquesta nota que et deia, la nota que esperava. I me'n vaig a collir la llàgrima vessada, per culpa meva, en l'arena del desert. Després, si m'ho permet la vida i m'ho permets tu, vindré cap a la pau del teu monestir. Espero que tu, els cims i els cels d'Aràbia sabreu escoltar. Verament t'ho dic, tu i la muntanya i la volta celestial sou l'última orella que tinc. Oh cant del vespre, és ben sabut que tot arriba a la seva fi, i que les criatures del món finiran. Oh nit de cants.

Però tu, ocell alat, no esperis la teva fi. Vés a batre els vents, i no aterris fins al cim de Nasmurada, el més bell dels indrets regats per Déu. Parla a la muntanya, no siguis tímid, parla-li certeses d'amic. Digues que el meu cor ja no estima la vida, que la força de l'ahir m'ha abandonat. Escampa les vergonyes de la gent, la gent que no sap el que ha perdut. Crida ben fort, que et sentin des de la vila de Sanà fins a les arenes de Moca, des de les runes de Saba fins a les palmes de Xibam. Després canta mil lloances a l'Altíssim, al profeta i al xeic estimat. Digues que m'esperin, que vaig cap a ells, que ja m'he tret el mal de les entranyes. I, en acabat, amb el refilar més dolç, xiula ben suau. Confia la veritat, ocell de les ales grans, allà a les altures. Digues que ni Déu, ni el Llibre, ni el més venerat dels xeics, no em tornaran el viure.

Del vinagre no en sortirà la mel; del card no en brotarà la tarongina; la platja no besarà mai el cim; i jo, Mustafà al Baqar, fill dels Benibalul, del país dels Baquil, jo, un trist mercader, no seré mai un sant. Ni que fregui el cel amb les mans, no ho seré mai, perquè jo sempre enyoraré el meu amic gentil. Oh nit, oh cant, oh cel, oh res de res i oh vergonya.

Déu, ¿qui m'ajudarà? ¿Qui escoltarà els meus secrets d'home esguerrat? ¿On descansaré? Oh, cims de l'Aràbia feliç, ¿on podré trobar un cor tan jove? ¿On ets, al-Filis, on ets?

Abissínia

Vet aquí els temps que, sense avisar gaire, s'havien capgirat. Jo ja no era la bella i jove Magdala, jo era l'anciana Magdala. La terra, aquella Abissínia que s'inclinava al Senyor, aquella pàtria que derrotava els hostils i feia empassar pols als malvats, havia esdevingut una cova de bandits. Vet aquí que el reialme ja no allargava les mans al Creador, i que ningú ja no rebia el país amb honors, i vet aquí que els potentats del món ja no ens admiraven. Vet aquí que jo me'n reia, de la meva gent, com se'n reia Déu i com se'n reien els estranys. ¡Que lluny que érem de l'antiga glòria, i que poc que cantàvem lloances a Gòndar, la nostra capital, la que havia despertat llegendes arreu! Vet aquí que jo era vella, que el país era un desgavell i que la nostra ciutat deixava passar les hienes i la febre fins al seu mateix cor. I també els noms, els noms havien minvat, perquè el nom de Magdala ja no badava les boques ni feia trontollar les muntanyes. Vet aquí que tot s'havia girat del dret a l'inrevés.

I fou en aquells temps, quan la burla i l'escarni campaven a la seva, que em vaig trobar aquell pobre trinxeraire dins d'una gàbia. S'hi assemblava tant, al meu príncep Teuoflos... La pell del nouvingut no era fosca com la del meu fill dissortat, no, era blanca, d'un rosat llardós, del color dels vagabunds. Anava estripat i, a més, es trobava entre barrots, o sigui que no tenia res de noble. Però tenia la mateixa mirada incansable i destapada que el meu nen perdut, una mirada de les que creixien, segur, amb el pas dels anys. Tot era fràgil i sensible en el seu capteniment; les orelles afinades, els llavis discrets, aquell posat de no haver fet mal a ningú, la finor del rostre i la compostura suau. Malgrat això, era fort i resolut, perquè havia arribat fins a la terra alta, procedent de vés a saber on, amb mig món en el gest i aquell trenc a la cella, marca d'un naufragi antic. Vaig voler cridar, vaig voler desmuntar i córrer a abraçar-lo, però no ho vaig fer. Em vaig omplir el pit d'aire prim.

I en aquella hora es va esdevenir que el Negus, el nostre rei de reis, va fer aturar la gran comitiva. El poll engabiat i dues dotzenes més de captius, a les seves caixes de canya, van començar a tremolar. No es van bellugar, perquè quan el Negus s'atura, els ocells i els vents i els peixos i les aigües d'Abissínia també s'han d'aturar. Tota la nostra comitiva es va aturar: dotze cops mil soldats, vestits amb les togues blanques, descalços, les creus al coll, acompanyats de mules, dones i infants, tots es van aturar. Els soldats no es van bellugar, ja que el temor a l'emperador és cosa de tothom, i a més se sentien ben pagats. Tornaven de la guerra amb les cintes roges i els testicles dels enemics morts a les llances.

I va desmuntar el gran Iostos, el Negus Negasti, el rei de reis, el Lleó d'Abissínia, noranta-setè emperador de la línia salomònida, el senyor de senyors, aquell que regna per damunt dels homes i les bèsties del camp i els peixos de les aigües i les aus de l'aire. Tot aquell devessall d'honors va desmuntar de cop, i la unitat es va estendre entre els presents, perquè en una cosa major estàvem tots d'acord: aquell monarca era un tros d'ase, i quan somreia feia una cara de gat mesquer que no infonia respecte ni a les formigues. Era un impostor, jo ho tenia ben present, perquè jo era la seva tia àvia i sabia que havia escanyat, amb els seus dits de ratapinyada, dos dels meus fills. Però tothom callava, i jo callava, perquè ell era el Negus i perquè era un adorador de la sang. El gran Iostos va desmuntar.

I es va acostar a les gàbies dels presoners, els va ensumar i va mostrar les seves dents grogues. Es va llevar la pesada corona, i va ordenar que li portessin dotze infeliços, cosa que la seva guàrdia va fer a discreció. El meu foll no era entre els dissortats. Per fortuna, atès que en aquella hora tothom ja sabia què passaria. Llavors van lligar els captius i els van fer agenollar davant el Negus, obligant-los a aguantar-li la mirada. Naturalment, cap dels desventurats no va voler aixecar els ulls, ja que desafiar el rei de reis era un sacrilegi. Els van haver de redreçar els caps pels cabells, els van travessar el coll amb unes dagues fines i aleshores sí, aleshores van obrir els ulls de bat a bat —i la boca, i el nas. Entre la comitiva, alguns soldats van riure, ben al contrari de les víctimes, que no van riure ni plorar ni cridar ni res, perquè encara respiraven però havien perdut la veu. El senyor de senyors va mostrar les seves dents grogues, i va afuar la seva cara premsada, amb els ulls foscos que li lluïen sota una espessa visera de celles.

I a tot això el sobirà, amb les pròpies mans ossudes i escardalenques, va començar a arrencar ulls. Va fer saltar les boles blanques i relliscoses dels infeliços, una per una. Va bordar als seus sicaris que sostinguessin aquells maleïts, que no podia fer bé la seva feina. La seva feina, va dir. Va llançar a terra la seva capa de vellut negre, amb un delicat viuet d'argent: va procurar-se un punyal esmolat i es va posar a tallar les orelles, tot seguit els nassos, tot seguit els llavis i, en plena eufòria, va fer estirar els homes a terra, amb les cames obertes, i va disposar dels seus atributs. Va exhibir els trofeus, l'un rere l'altre, i es va guanyar aclamacions ben sentides. A continuació va venir la destral, és clar, que va fer volar pels aires mans i peus, fins que el noranta-setè emperador de la línia salomònida va reclamar fusells per rebentar del tot els condemnats. Així ho va fer, amb una dotzena de trons ressonants, fins que van ser difunts i ben difunts.

Quan fins i tot els més cretins d'entre els cretins desitjaven, de tot cor, que el Negus enllestís, quan la gran comitiva ja estava impacient per ingressar a casa, va començar una segona ronda. Una nova fornada de presoners van ser retirats de les gàbies, i a mi em va fer un salt el cor, perquè entre ells s'hi comptava el pobre trinxeraire de rostre pàl·lid. No ho sabria explicar, jo no el coneixia de res, però era meu, com ho havia estat el petit Teuoflos. Van fer agenollar els presos, doncs, i els van subjectar ben fort. Jo veia en aquell home la cara del meu fill, el darrer, el que tot ho mirava i tot ho volia entendre. Van traspassar els colls amb punyals: un, dos, tres, quatre... La sang regava el camí, i corria cap a les portes de Gòndar, la ciutat dels volcans, la dels dos rius, la de les nits fresques, la dels antics poetes i cantaires i escoles i artistes. El coll més fi de tots, blanc com la llet, era a punt de ser foradat.

—Atureu-vos —vaig dir.

El gran Iostos es va tombar de cop, els ulls enrogits i les mans xopes de sang. Em va veure i va arronsar les celles abundants.

—Magdala —va dir—. ¿Què us agafa, ara?

—Deixeu anar l'home blanc, Negus. El vull per a mi.

—¿Aquest ratolí? —va dir.

És sabut que dir ratolí a algú és el pitjor que se li pot dir. És una injúria més grossa que insultar la seva mare, un mal més gros que la mort. I estic segura que el rei de reis estava sorprès: de fet, més que enutjat o enrabiat, estava sorprès. Mai no s'hauria imaginat que algú el desafiés per rescatar un ratolí. I crec que no sabia com obrar, perquè ell era el lleó, i jo només era una pantera vella, que sortia en defensa d'un miserable rosegador. D'acord, jo era la Itegue, la reina mare. Havia estat esposa de rei, mare de reis, tia àvia de rei i potser algun dia seria àvia de rei. Les corones havien anat canviant de cap, i jo em mantenia a la sella del meu cavall; havia viatjat jornades i jornades amb les tropes, sense rondinar mai, i ara tornava a Gòndar amb una esquena de setanta anys, però de setanta anys ben drets. El gran Iostos no sabia com posar-s'hi, però jo sí que ho sabia.

—Senyor, ignorava que un ratolí us pogués robar tanta atenció —vaig dir.

I aleshores ell va mirar-me amb totes les seves forces. Primer em va estudiar, després em va odiar, després em va tornar a estudiar, i a la fi va mostrar les dents de gat mesquer i es va burlar de mi. Va consentir que jo, la Itegue, m'emportés aquella bestiola estranya, sempre que acatés les tradicions. O sigui, sempre que pagués el rescat que el sobirà estipulava a canvi del captiu. I el preu que va marcar va ser el d'un cavall, el meu cavall. Això va despertar les rialles de la comitiva, és clar, i jo vaig decidir que, posats a riure, volia riure més que ningú. Vaig baixar de la muntura, sense cap ajuda, em vaig ajustar el vel i em vaig besar la creu del coll. Aleshores em vaig acostar al poll engabiat tot pensant que, si s'assemblava al meu Teuoflos, seria prou viu i llest per salvar la pell. El gran Iostos encara em mirava. Jo mirava el pres.

—¿Qui ets, home blanc? —vaig dir.

—Filas —va dir ell, o alguna cosa que s'hi acostava força.

—¿I com has arribat fins aquí? —vaig dir—. Tu saps que als cristians de Roma us està prohibida l'entrada, ¿oi? Que des que van venir aquells jesuïtes, ja no em volem més; ho saps, ¿oi? Digues, ¿com has pogut arribar fins aquí?

—No ho sabria dir, senyora —va dir.

Devia fer uns quants mesos que rondava pel país, perquè havia après el nostre idioma, tot i que conservava un deix àrab.

—Però deus saber que aquí t'hi jugues el coll, ¿oi que sí? Això sí que ho saps, ¿oi? —vaig fer.

—Sí —va dir ell, més amb la verdor dels ulls que amb la blancor de veu.

—Doncs escolta'm bé, Filas. ¿Com es diu aquella bèstia que acabo de desmuntar, allò negre i amb quatre potes?

—Allò... allò, bé, jo diria que allò és un cavall —va dir.

—Molt bé. Ho fas molt bé, Filas. I aquesta criatura d'aquí, que s'acaba de treure la corona, ¿com se'n diu? —vaig dir-li jo.

Es va encongir i va trémer, com un ratolí de debò.

—Deu ser algú, deu ser... No ho sé, gran dama, no ho sé.

Em vaig girar cap a l'emperador, aquell que subjecta totes les ànimes de la terra, i li vaig dir veieu, el foraster coneix millor un cavall que no pas el Negus en persona, i per alguna raó deu ser així. Us podeu quedar l'animal, majestat, us podeu guardar aquesta bèstia més celebrada que un rei de reis. I ara, si em doneu llicència, vaig afegir, tinc un tresor per descobrir. Em vaig acostar al pres i li vaig allargar la mà, i ja no li vaig preguntar gaire res, perquè a nosaltres l'etiqueta ens obliga a observar el repòs del nouvingut, sigui noble o sigui vagabund.

I vaig fer amb ell el que ens va ensenyar Nostre Senyor, el que marquen les escriptures. Vaig esdevenir la més humil de les serventes: em vaig descalçar, li vaig espolsar les vestidures i el vaig acompanyar a peu fins a la ciutat. Darrere meu va venir la meva guàrdia personal, una colla d'estripats fidels. El vaig allotjar a palau, li vaig obrir les portes del bany i li vaig fer portar oli i vi perquè s'ungís les ferides. Li vaig oferir cafè, però ell, que no era un home corrent, el va declinar. I jo vaig ser feliç, jo Magdala la Vella, amb aquell home que encarnava el meu Teuoflos. I a la nit, mentre sentia les hienes que devoraven els cossos mutilats dels presoners, m'escalfava la certesa que aquell meu nebot i nét i emperador devia estar capficat, sense treva, en la millor manera d'enviar als inferns una anciana estúpida i un pobre ratolí guillat.

Vet aquí que Filas es va convertir en el meu protegit. El mal era que jo, com a protectora, tenia les meves mancances. És clar que ningú no hauria gosat eliminar-me en públic, arriscant l'excomunió de l'Església i el descontent universal. Al capdavall jo, Magdala la Vella, era la Itegue de l'imperi. Alguns fins i tot deien que jo tenia la sang dels immortals. Però jo sabia com eren de pesants uns ossos de setanta anys, ensumava el que es coïa a les casernes, i sabia que qualsevol racó tenebrós podia convertir-se en la meva tomba. Entenia que el meu marit i els meus fills ja no regnaven en aquest món, i que el meu únic nét, el jove Dauid, era reclòs a moltes jornades de Gòndar. Tot i així, volia ser insolent i encobrir un ratolí.

Un bon dia, vaig sortir al mercat amb Filas i amb la meva escorta. Les pluges ja ens havien visitat, i una poderosa fragància davallava de les estribacions de la ciutat. El meu hoste caminava airós, envigorit pel descans i, sobretot, o això deien els sacerdots, per la paraula de Crist. Jo era una devota del verb sagrat però, per si de cas, havia reforçat les cures sagramentals amb aigua de flors, vapors de sàndal i d'ambre. El resultat havia estat prodigiós: el meu acompanyant trescava amb pas gràcil, les orelles de vidre ben parades, i un coloret a les galtes que el rejovenia. Jo muntava el cavall nou, i deixava que Filas, a peu, em sostingués l'ombrel·la de seda morada. Així em vaig barrejar entre la multitud del mercat, com quan tenia vint anys, com quan el món se'm dibuixava a les galtes, i no pas a les arrugues del rostre.

I quan ja hi vam ser, allà al rovell de l'ou, vaig haver de renyar el meu Filas, que es distreia pertot i em despentinava amb l'ombrel·la de seda morada. No entenc quina fal·lera tenia, amb el fruit del cafè, perquè va ser a les parades de gra torrat on es va entretenir més, i vinga a remenar i a ensumar sense endur-se'n res. El vaig renyar amb afecte, com qui renya un nen i es disposa a riure-li les gràcies. I li vaig recordar que érem al firal per trobar-li una bona creu, un talismà d'argent treballat que ell es pogués penjar al coll i que espantés tots els mals esperits. Va fer que sí, obedient, i ens vam atansar als herbolaris, on jo havia d'arreplegar unes arrels ben particulars. Ell em va demanar què eren les arrels, i per a quin ús les volia, però no vaig respondre. Era ben tafaner, aquell jove. Era pastat al meu Teuoflos. I poc després, quan ens vam endinsar al barri dels falaixa, ell hi va tornar. Tot, ho volia saber.

—Perquè vejam, ¿qui són aquests falaixa, en realitat? —va fer ell.

—Artesans de primera. Treballen la pedra, la tela, els metalls i les gemmes com no ho sabrien fer els àngels.

—Es diu que són bruixots —va assenyalar.

—Ah, l'enveja... —vaig dir jo—. Els falaixa són els fills de Salomó, els de debò, i els seus oficis els apropen a palau. Per a la gentussa, fan feines del dimoni, perquè no treballen la terra ni pasturen el bestiar. Però per a la corona, són intocables, i el favor reial engendra tota mena d'odis. No t'estranyi que algun dia t'acusin també a tu de bruixot.

—Així... ¿són jueus? ¿Jueus negres? —va dir.

—Sí, crec que vosaltres els anomeneu així. Jueus.

I ens vam acostar a la cabana d'un falaixa, un orfebre que per fora semblava habitar un món de fang i palla, però que per dins exposava un tresor de penjolls, braçalets i diademes. Em va saludar amb una reverència completa, fins a besar la pols de les meves sandàlies, i després es va incorporar per oferir-nos la finor dels seus treballs. Tot un mur era ple de creus etíops, les de travesser doble i puntes trifòlies. Grosses, menudes, esgrafiades, amb incrustacions, de bronze, d'or, d'ivori... Jo m'inclinava per una peça molt elaborada, però Filas es va decidir per una de tres dits de llarg, més aviat planera. Li hauria complagut més al seu pare, va fer-me saber.

—Doncs jo pensava que us agradaven els ornaments carregats, als d'obediència romana... —vaig dir.

—No ben bé —va respondre—; el meu pare deia pestes de Roma. Ell pertanyia a una congregació que...

Es va sentir un gran rebombori al carrer i el joier, un home de certa edat, va comprendre de seguida el que passava. La gentalla assaltava el barri falaixa, com solia passar sempre que hi havia desavinences generals. Va donar la creu a Filas i l'hi va estrènyer entre les mans. No ens va voler cobrar res. Només ens va suplicar que marxéssim, i que li permetéssim tancar la botiga. Vam sortir a fora, on les corredisses van ser a punt de fer-me caure: el meu acompanyant em va apuntalar i va ajudar-me a muntar. La meva guàrdia d'esparracats va obrir pas entre la gernació, i gràcies a les seves llances ens vam poder allunyar de la multitud bramadora que s'acostava, amb torxes i pedres, des del capdamunt del barri. Filas pretenia cobrir-me amb l'ombrel·la i jo l'esperonava, tot resguardant-lo amb el cavall. Vam deixar enrere els rocs que voleiaven i els espetecs de les flames. Al cap de poc ja ingressàvem al recinte imperial, i sentíem les portalades que es tancaven a la nostra esquena.

Allà dins, aviat va rebentar un altre termiter. Els genets de toga blanca emergien amb els seus corsers famèlics, galopant en tots sentits. Els sacerdots es vestien les casulles, es retocaven els turbants i esgrimien grans crucifixos: els seus ajudants provaven d'escombrar l'aire amb els pots d'encens, escampant fum pertot. Semblava talment que les tropes treballessin a les ordres del caos. Fins que va comparèixer al trot el rei de reis i, amb un parell d'estocades a bèsties i persones, va imposar la seva autoritat. Els cavallers van formar, els homes de fe es van arrenglerar, i el gran Iostos va exhibir el seu somriure de gat mesquer. Era clar que no volia passar per feble, ni per forassenyat. Cruel sí, cretí també, però no pas tan suïcida com per privar-se de l'ordre i l'autoritat. Aleshores l'emperador va parlar, i la cridòria va mudar-se en obediència.

—¡Escolteu, escolteu! —va cridar—. ¡Qui no escolti és enemic del Senyor i de la Mare de Déu! ¡Escolteu, escolteu! ¡Qui no escolti és enemic de la Santa Església, dels nostres pactes i de les nostres tradicions!

Els religiosos van començar a agitar l'encens amb més empenta. El gran Iostos, mig emboirat entre vapors, va desafiar les tropes amb els seus ulls regats de sang.

—¡Escolteu, escolteu! ¡Qui no escolti és enemic del Negus d'Abissínia! ¡Guerrers, tots cap al barri falaixa, en aquesta hora mateixa! ¡Qui no escolti i qui no vingui, que caigui mort aquí als meus peus!

I a continuació es va sentir una forta aclamació, seguida d'una estampida desbocada cap a la ciutat. Vam quedar-nos plantats, mirant l'espectacle. Filas no es movia: la creueta premsada en un puny, l'ombrel·la a l'altra mà, badava els ulls sense parpellejar. Va marxar l'últim cavall, i vaig haver de picar-li el colze: s'havia quedat allà clavat, ben enfarinat de pols. Es va deixondir i va seguir-me a les estances règies. Però no ens vam acomodar al meu palau, com solíem fer: vaig aprofitar que no hi havia el monarca per dur-lo al saló del tron, que era més fresc i que ell encara no coneixia. Vam seure a l'estrada dels visitants, allà on els peus, en els bons temps, s'enfonsaven en una catifa gruixuda; allà mateix on tot just hi restaven unes miserables barbes de fil.

—Abans —vaig dir jo—, venia sovint a descansar-hi, aquí. Els Negus sempre estaven en campanya, movent els exèrcits per la terra. Però aquest Iostos no surt gaire, i quan ho fa s'emporta tothom. Té por de perdre el tron, molta por.

El tron era davant nostre, un divan cobert de draps esfilagarsats, de vells brodats d'or i argent que les cuixes majestàtiques havien aplanat. Un cortinatge entreobert deixava el setial a la vista; era el teló de vellut porpra que es tancava del tot quan l'emperador menjava, o anava de ventre, o satisfeia altres urgències de la carn. Hauria convingut reparar-lo, o si més no apedaçar-ne els forats que permetien espiar la privacitat del sobirà, però, novament, la corona ja no era el que havia estat. Ni l'harem, no era ni una pàl·lida ombra del que havia estat. El senyor de senyors només tenia dues esposes, de sang blavíssima, d'arques ben buides i de fesomia gèlida. S'havia vist forçat a procurar-se més d'una femella, diguem de préstec, per dissipar els seus fogots. Una nit suplicava a un mercader armeni, l'altra a un mahometà, l'endemà a un magnat grec... i sovint als falaixa, també. Tal vegada era per això que defensava les comunitats menors a capa i espasa. Certament, aquell tron s'havia capgirat.

—¿Em permeteu una pregunta, Itegue? —va dir Filas.

—Endavant —vaig dir jo.

—¿Podria haver regnat, el vostre fill Teuoflos?

Vaig distraure els ulls en l'embigat del sostre. Les clapes d'humitat s'estaven menjant la pintura, i es cruspien els querubins alats que durant tants anys havien custodiat la sala des de les altures. ¿Què li podia confiar, a aquell home? ¿Tota la veritat? ¿Era el moment d'obrir-li el cor, de fer-li entendre la tristesa d'una mare? ¿Li havia d'explicar com dos dels meus fills havien regnat, i a tots dos els havien mort, perquè havien pujat com homes salvatges? ¿Que els vents que escombraven la terra, vents de virilitat ferotge, també els havien escombrat a ells? ¿Havia de confessar la meva solitud, en aquell món de brutalitat masculina? Jo no havia tingut filles, i mai no havia pogut sostenir llargues converses sobre la bellesa dels rius, els boscos florits o la bona gent. No havia pogut conrear les lletres ni les melodies antigues amb una donzella de la meva sang. El tercer dels meus fills, doncs, el petit Teuoflos, havia estat un àngel desitjat. Fins que me l'havien pres.

—Encara era un nen quan va partir —vaig dir.

—¿Se'n va anar a fer estudis? —va dir ell.

—No, mai no va arribar al monestir.

—¿I penseu que el van capturar? —va arrugar el front—. Quan pujava cap aquí, des de la costa, vaig veure unes llargues caravanes de nens castrats. Se'ls enduien als harems del Gran Turc. ¿Creieu que...?

—Jo ja no sé el que crec.

—No ho sé —va fer Filas—; potser heu de pensar que encara és amb vida, i content de ser allà, a la ciutat més refinada del món. Si jo fos el vostre fill, us diria que tots els somnis de l'esperit han de pagar un preu molt alt.

—Somnis, somnis... —vaig dir— la meva vida és un encadenat de fantasies, a canvi d'homes esborrats. ¿No et sembla un preu massa alt?

I no vam parlar més, perquè en aquell instant vam sentir la cavalleria que tornava al pati d'armes, sense entonar càntics triomfals ni lloances als sants. Vaig mirar pel finestral i vaig esbossar un somriure: entraven amb el cap cot, els estendards arrossegats per terra, no pas derrotats, però tampoc victoriosos. Vaig oferir el braç al meu acompanyant, tot dient-li que havíem de sortir d'allà i retirar-nos a les nostres estances. Així ho vam fer, sospitant que en passava alguna de grossa. Perquè la cavalleria havia esclafat el tumult del poble baix però, tal com vam saber de seguida, vint revoltes més havien esquitxat el país, com per contagi, i vessaven cap a Gòndar. Al gran Iostos se li havia gelat l'expressió de gat mesquer, sobretot en sentir que al seu cosí Dauid, el fill del meu primer fill, el meu nét apartat, l'havien posat al capdavant de l'alçament. I els nobles i els bisbes, que sempre van allà on resideix la fortuna, s'estaven passant a la rebel·lió, tot esgrimint el dogma de la Trinitat única i indivisa.

I fou així com, durant uns dies, vam ser ostatges d'un Negus rabiós, encerclat a la seva fortalesa, disposat a salvar el ceptre i la pell a costa de qui fos. La ciutat era insegura, i fins i tot el recinte reial era perillós: a qualsevol hora podien fer saltar pels aires els nostres panys, irrompre a la nostra torratxa granítica i disposar de les nostres ànimes. Teníem l'emperador a poques passes, hi podíem parlar des dels finestrals, però jo no gosava. Jo, Magdala la Vella, la Itegue, podia caure víctima de la seva fúria en l'hora menys esperada. I encara pitjor: podia viure l'horror de veure Filas assassinat. No, no suportaria un altre cadàver tendre. Potser per això em vaig tancar, i vaig tenir llargues converses amb ell, perquè el volia veure ben viu. Vam parlar de Crist i de la Mare de Déu, de poemaris antics, dels otomans i dels àrabs que ell havia conegut, de les propietats de la llavor del mesc i d'aquella planta que el tenia tan captivat, la que engendra el gra de cafè.

—Estàs tan marcat per la religió, que t'has hagut de fabricar la teva pròpia fe —vaig dir-li.

—Diria que us burleu de mi —va respondre.

—De cap manera, Filas, jo també he viscut d'il·lusions. I mira allà baix: ¿què hi veus?

Un escamot de llancers rebels havia trencat les defenses, i la guàrdia del rei els estava repel·lint. Dues dotzenes d'homes es refregaven per terra, damunt la seva sang, i els que encara es mantenien en peu lluitaven amb grunys i gesticulacions. Filas va sospirar i la pell fina de les galtes se li va envermellir. Tot ell es va fer enrere.

—No hi veig res de bo. No ho sé, la bestialitat, suposo.

—Sí, però, ¿amb quina intenció? —vaig burxar-lo.

—No us ho sabria dir. ¿La glòria? ¿La victòria? El botí, potser...

—O el poder, fill meu. Busquen com bojos el poder, i no han entès que el que omple l'esperit humà, allò que l'omple de debò, és el sentit. El sentit ho il·lumina tot, siguis ric o pobre, fort o feble. Els que lluiten sense sentit sempre seran perdedors.

I vaig treure el cap, com per comprovar el meu judici. La incursió havia acabat amb l'extermini dels assaltants, que jeien tots sense vida al pati d'armes. Els defensors s'ocupaven, perduda l'esma, de trossejar els cossos dels vençuts, i d'enfilar-se a les muralles per recuperar-ne el govern. ¿Calia altra imatge que aquella, per entendre el que era vital i el que no? El sentit a l'existència és el millor dels tresors, millor que l'or i l'argent, més dolç que la mel, més alegre que el vi, més lluent que el sol i més plaent que la carn. El sentit dóna joia al cor, llum als ulls i pressa als peus; és una llança poderosa, un escut per al pit i un casc per al cap. Certament, allò que amunteguen els insensats, en fortuna i vida i sapiència, sempre ho acaben recollint els sensats.

I potser va ser aleshores, més enllà de les discòrdies que imperaven pertot, a resguard dels crits i els cops d'espasa, quan Filas i jo vam començar a ser un de sol. Ell estava immòbil al meu davant, i m'entenia. Jo també l'entenia, i en el cel dels seus ulls hi veia les paraules que no sortien de la seva boca. Ell no havia arribat a la nostra terra oblidada gràcies a unes cames de ferro, o a una pell de bronze, o a una mirada ferotge. El que realment li havia permès salvar els estrets, les tempestes i les barreres de corall, per aterrar a les costes d'Àfrica, el que l'havia fet sobreviure, blanc i cristià, en un país aguerrit, el que l'havia preservat dels lleons, les hienes i els lleopards, tot pujant a les altures d'Abissínia, sense estimbar-se al fons dels abismes, el que li havia donat força per tot allò, i encara més, no era pas el seu múscul. Ni la riquesa, ni la fama, ni el poder.

—Fixa-t'hi —li vaig dir jo—: tu véns de l'altra extremitat del món, tot sol, a costa de penalitats i perills, per trobar una planta com n'hi podria haver milers a casa teva. I els homes que veus aquí, ducs i bisbes i reis, no han pogut reunir forces per anar a Jerusalem, que és el que haurien de fer abans de morir. ¿Qui és més fort, més savi, més ric?

—Potser sí —va dir—. Però oblideu que jo encara no he trobat el que busco.

—No, no ho he oblidat. Cada cop que et miro als ulls me'n recordo.

Es va fer un silenci entre tots dos, trencat pels brams i els timbals que se sentien a fora. Vaig esbufegar i vaig recordar, també, que era una dona vella, que les arrugues de la meva cara no retindrien aquell home, com tampoc no ho faria el meu caminar lent ni la meva pell gruixuda. I tant que ho sabia, que ell marxaria quan el temps fos madur, i que passaria, com el meu benvolgut Teuoflos, a habitar un palau ple d'espectres.

—Passaràs a ser el meu cambrer —li vaig anunciar—, i adoptaràs el títol que et pertoca. A partir d'ara, tothom s'haurà d'adreçar a tu com Ato Filas, servidor distingit de Magdala, la Vella.

I va ser justament llavors que es van deixar sentir aquells udols, aquells laments lúgubres. Filas —perdó, Ato Filas—, va córrer cap al finestral, però jo vaig restar plantada al meu lloc. Van sonar els timbals, amb ferma parsimònia, i vaig recuperar el somriure d'orella a orella, perquè m'afigurava que vivíem una matinada venturosa. Poc després van trucar uns soldats de la guàrdia i jo vaig anar a obrir, mentre el meu flamant cambrer s'encongia en un racó i s'encomanava a l'Altíssim. Van entrar els llancers, doncs, els ulls inflats de tant plorar i les galtes dessagnades de tant gratar, i van anunciarme el que jo sospitava. El Negus Negasti, Iostos el gran, el rei de reis, el Lleó d'Abissínia, noranta-setè senyor de senyors de la línia salomònida, aquell tros d'ase, havia expirat.

Algú li havia procurat verí, i el seu cos verd i morat jeia als peus del tron imperial. El rictus de gat mesquer se li havia glaçat per sempre més.

Vet aquí que jo, Magdala la Vella, em vaig convertir en àvia de rei: la corona passava al jove Dauid, i una pau fràgil es restituïa al país. Vet aquí que, segons la tradició, em pertocava recobrar tots els privilegis i l'ascendent d'una venerable Itegue. Però Dauid, el Jove, no era un nét decent, com tampoc el seu pare no havia estat decent, ni el seu oncle, ni el seu cosí, ni tan sols el seu avi i espòs meu. Aquella era la meva maledicció: l'única branca del meu arbre que havia valgut la pena, l'únic home bo d'entre tots ells, l'adorable Teuoflos, s'havia esvaït abans d'hora. La resta s'havien esforçat a capgirar el reialme i a amargar-me la vida, abandonant-se al desgovern i la brega, a la crueltat i la infàmia. La mala sang imperava, la sang dolça s'esbravava.

I no vaig haver d'esperar gaire a confirmar els meus pitjors temors. El dia de la coronació, a la ciutat santa d'Axum, ja ho vaig veure ben clar. La casa reial desplegava tota la seva pompa per impressionar el poble baix, com sempre, i usava la fastuositat per amagar les febleses. N'havia vist unes quantes, jo, de processons com aquella. El meu nét desfilava en aquell cavall que havia estat meu, perquè no s'havia dignat a tornar-me'l. Avançava cap a la catedral, precedit d'una colla de trompes, oboès i flabiols, i sota un pal·li de tafetà púrpura. L'havien enfundat en un hàbit de brocat, emmidonat fins als genolls, empresonat per una armilla carmesí i un cadenat gruixut amb l'espasa: del coll li penjava una creu de dos pams. Semblava mentida, jo havia portat en braços aquell ninet que ara suava com un garrí: aquell noi ja no era altra cosa que una pila de greixos disfressats, allà muntat al meu pobre cavall. Darrere seu, els bombos marcaven el pas al bisbe i als prelats de la terra, al portador de la corona i a les rengleres dels nobles fidels —que en una sola nit s'havien multiplicat com les estrelles.

De seguida, vaig comprendre que aquell mandat seria tan nefast com els anteriors, perquè Dauid, el Jove, no va fer res per recuperar les dignitats perdudes. El vespre mateix de la coronació, va convidar els patricis de la terra al banquet de costum, a l'esplanada que hi ha davant la basílica. Quan tothom va seure a les rotllanes, van aparèixer els bous, al bell mig de les clarianes, i els carnissers van començar a servir. Quan dic que van servir vull dir que ho van fer a la manera rústega, amb el bestiar ben viu. Jo ho havia vist mil vegades, i mil vegades m'havia repugnat: feien caure l'animal a terra, el tenallaven entre dotzenes de mans, i li encetaven la cuixa. Mentre la bèstia xisclava, llescaven els filets. Després cobrien la ferida amb fang i cuiro, repartien la carn crua als comensals i tornaven a encetar per una altra banda.

—¿Per què —va dir Filas— ... per què no el maten d'una vegada?

Ell no va acceptar la carn sangonosa dels bous. Juraria que, en aquella ocasió, ni tan sols no va poder apreciar la fragància del cafè que, pausadament, es preparava en un extrem de l'esplanada. Jo en vaig prendre un petit bocí, de vianda. Era un ús molt antic, vaig explicar, que tenia arrels rituals. Arrencava d'una lectura estranya de les escriptures, que prohibien el camell, el conill i el porc, la majoria d'aus, i els insectes amb closca. De la mateixa manera, els llibres sagrats no admetien la carn ni morta ni mal tallada, i vet aquí l'espectacle. Però els brams es van allargar molta estona, i no hi havia llibre que ajudés a passar el suplici.

I va ser després de les menges que els prohoms, els llavis plens de sang i les mans relliscoses, passats els rots i les escopinades, van recordar que hi havia un altre gènere de carn. Una mica més enllà, un baró es va estirar a terra, i va arrossegar la dona que seia al seu costat —no pas la seva esposa. Els dos homes que tenien a banda i banda van alçar les seves túniques, plenes de taques, i les van unir en una cortina per ocultar la bretxa. Tot seguit, vam escoltar uns grunys i un respirar feixuc, i ningú no es va torbar. Bé, ho va fer Filas, que va envermellir del tot. Quan la parella va enllestir, es va incorporar, i els veïns van beure a la salut dels fornicadors. Llavors vam veure a l'altre extrem una pantalla de vestidures en un altre forat, i un altre més a prop, i encara un altre. Aviat la nit va ser dominada per una gran simfonia carnal.

—Això, Itegue... em temo que me'n vaig —va dir Filas.

—Tu ets el meu domèstic —vaig recordar-li—, i has d'esperar la ronda del cafè perfumat.

—No puc, no puc —va fer, i es va aixecar.

—¿Et molesten els sons de l'amor, potser? ¿Més que els crits de la mort?

—No ho sé, Magdala, és que no puc més —va murmurar, ofuscat.

—Entesos, t'acompanyo. Dóna'm el teu braç.

Quan vam marxar de bracet, algú va tenir l'ocurrència de parar un drap per cobrir el buit que havíem deixat. Tothom va riure la gràcia. Ja ens acostàvem al campament reial i encara se sentien les riotes. A mi tant me feia, jo agafava el braç que volia agafar. I Ato Filas arrossegava els peus, capficat en el seu món. Al nostre voltant s'hi endevinaven les ombres de centenars i milers de tendes: i entre les ombres, les esteles i els obeliscos dels meus avantpassats. Certament, els homes d'avui no mereixien el passat que tenien. Vam arribar al nostre tendal i ens hi vam acomodar, al damunt d'una catifa que en l'època dels meus avis havia estat peluda. Vaig encendre una espelma i vaig veure que les paraules es barallaven per sortir-li de la boca.

—El mal... ¿com us ho diria? —va prémer fort els llavis—. El mal i la crueltat m'espanten, és clar. O no, no ho sabria dir, no em fan por, més aviat em disgusten... Passa que, passa que...

—Passa que tota la vida t'han acompanyat, ¿oi? —li vaig agafar el colze—. Són vells coneguts teus, i ja no et fan esgarrifar. I al cap i a la fi, és gràcies als malvats que podem apreciar els bons. És això, ¿oi?

Es va gratar els punys.

—Diria que és més. No ho sé, és més que això. Seria com si... com si diguéssim...

—Que no suportes la corrupció de l'ideal. Pots aguantar el bàrbar, sempre que no et toqui allò que per tu és intocable, sempre que no ofengui els teus somnis. El teu amor últim, el teu cafè consagrat...

—Potser sí —li van pujar els colors—. Però hi ha una altra cosa. ¿Us penseu que sóc tan delicat?

—I tant que ho ets. Més i tot —li vaig sostenir la mirada.

Encara arribava algun enrenou bestial del festí. Li admirava els ulls, del verd fecund que envaeix la terra després de les pluges. Ell arrugava el front i feia esforços per expressar-se. ¡Déu, com s'assemblava a Teuoflos! Aquelles orelles d'alabastre, a punt de rompre's, aquell rostre sense pèls i sense brutor... I aquell trenc solitari a la cella, capaç d'amagar un sac de misteris. Ai, si el meu fill petit fos ell, ai si l'esguard del meu infant estimat no hagués fugit, i el tingués allà al davant, com tenia el de Filas...

—La meva mare... —va arrencar, i de seguida va emmudir.

—Digues, la teva mare, digues. ¿Com era, com la recordes?

—Crec que era forta —va dir—. Em ronda la memòria d'una dona robusta, feinera, que sempre em protegia. Però aquell record, Itegue, aquell record és llunyà com les estrelles del firmament. Em costa.

—Endavant, saps més del que dius —li vaig picar el braç.

—Diria que el darrer dia, quan la van matar —va acotar el cap—. No ho sé, Magdala, no sé si ho recordo o si m'ho va dir el meu pare.

—Tant és. Tu parla.

—Crec que va ser ella la que ens va fer marxar. A buscar llard, una lliura de greix, una comanda sense importància. Ella sabia que el país estava encès, i el meu pare i jo vam deixar-la sola.

—¿Vols dir que sabia que els soldats passarien per casa vostra?

—No tinc manera de saber-ho, Itegue, és difícil... Però tinc molt present el seu amor, sacrificat, mut, vigorós.

—D'una mare capaç de donar la vida, ¿oi?

I aleshores Ato Filas va fer un gest ben estrany. Em va clavar els ulls i va aixecar el braç, a poc a poc. Amb els dits estesos, em va fregar la cara de dalt a baix. Sense tocar-me, gairebé: a penes vaig notar la finor i el caliu de les puntes dels seus dits. Va enretirar la mà i va deixar passar un silenci abans de parlar.

—Quan vam tornar a casa —es va mossegar el llavi—, només hi havia el seu cap, en un bassal de sang. Del cos no en quedava ni rastre.

—¿Se'l van emportar?

—No ho sé, no ho puc saber —va dir—. El meu pare em va acostar la mare... el que en quedava, vull dir; semblava adormida. Li vaig fer un petó, dos, tres, uns quants petons. La meva mare sempre m'explicava aquell conte de la princesa adormida... la princesa que tornava a la vida gràcies als petons d'un príncep. Uns quants petons, li vaig fer, fins que el pare me'n va privar. Uns quants petons.

Va mossegar-se el llavi altre cop, i va xuclar pel nas. No va plorar, només va xuclar.

—Tranquil, fill, no cal que continuïs, si no vols.

—És que no és això.

—¿Què és, doncs?

Va ensumar l'aire a ple pulmó. Barrejat amb el xivarri de la bacanal, arribava la fragància del cafè especiat.

—La meva mare, vull dir la seva cara... —va gratar-se els punys— quan li vaig fer els petons... no ho sé, fa molts anys, però... no ho he oblidat, aquestes coses no s'obliden... Feia olor, la meva mare feia olor. Jo aleshores no ho sabia, era una criatura, no coneixia aquella olor, però després... una olor com no n'hi ha cap altra.

—De sang.

—No, Itegue, de cafè. T'ho juro, feia olor de cafè.

Vet aquí que no m'ho esperava, i que de sobte jo era la seva mare escapçada, retornada al món dels vius. Vaig esbufegar, em vaig passar els dits pels llavis, i me'ls vaig ensumar. ¿Què buscava de debò, aquell jove? ¿El rastre de la seva mare, la veritat de l'ahir, un perfum enigmàtic que expliqués els seus neguits? ¿O bé tot plegat, per arribar a la terra promesa de la seva pròpia persona, i descobrir qui era per dins? Li vaig dedicar un silenci de mare, li vaig passar la mà pel clatell i li vaig acompanyar el cap fins que es va ajeure. Li vaig acaronar les faccions, i vaig apagar l'espelma.

—Bona nit, Teuoflos —vaig dir.

Vet aquí que me l'havia fet meu. Que l'hi havia arribat a entendre seria molt dir, perquè ningú en el seu bon judici no pot assegurar que comprèn un foll; si més no, un foll que travessa mig món empès per la sentor del cap amputat de la seva mare. Per no parlar dels enigmes sense resoldre. ¿Què hi feia el rastre del cafè en una dona decapitada? Segons deia ell mateix, en la seva infantesa aquell beuratge era molt car i escàs, a la França. ¿Com havia arribat a beure'l una simple pagesa? I si Filas mai no havia vist una tassa de cafè fins arribar al seu exili, ja a soles amb el seu pare, ¿com s'explicava el misteri? Però vet aquí que, d'ençà de la conversa d'aquell vespre, jo portava Ato Filas a dins i ell, imagino, em portava a mi. Perquè l'únic que no em resultava gens enigmàtic, gens ni mica, era la naturalesa dels llaços que uneixen mares i fills.

I aviat es va esdevenir que jo, Magdala, la Vella, vaig decidir que elevaria el meu protegit al principal estament del reialme. Potser era un simple joc; potser era una venjança contra els brots lamentables que havien nascut de la meva soca. El cas és que vaig participar al Negus que jo pretenia convertir Ato Filas en un duc, un ras d'Abissínia. Dauid, el Jove, va remoure el seu sac de greixos, va advertir que no esperés cap remuneració de la corona, i em va despatxar als prelats de l'Església. Que ho resolguessin aquelles cotorres, va dictaminar, tot desitjant que l'afer es quedés entrampat entre els lligalls d'algun tractat conciliar. Però jo m'ho vaig prendre a pit, i vaig aconseguir que els teòlegs més entesos es reunissin, al monestir de Debre Libanos, i em concedissin audiència. Filas m'hi va acompanyar, no pas desbordant d'entusiasme, tot sigui dit, sinó més aviat resignat.

O sigui que ens vam plantar al santuari de Debre Libanos. Ens van haver d'hissar dins d'una cistella, amb un sistema de cordes i corrioles, per salvar els penya-segats que envoltaven el monestir. Un cop a dalt, ignoro si la rebuda que ens van dispensar va ser l'habitual, pròpia d'un lloc tan sant. El fet és que la comunitat sencera, amb l'abat al capdavant, es trobaven d'esquena a nosaltres, jugant a les apostes. L'objecte de tanta distracció era un monjo infeliç, lligat a una estaca, que suportava a les espatlles una condemna de cinquanta fuetades. Mitja comunitat havia apostat que no se'n sortiria, l'altra mitja que sí; i aquests segons, cada cop més esperançats, cantaven en veu alta els darrers cops de fuet. Va sobreviure, a dures penes, i els guanyadors van córrer a apropiar-se d'un botí de gerres, creus i cadenats d'argent. Jo vaig reconèixer l'abat, que es distingia per un anell voluminós al dit, i m'hi vaig adreçar.

—¿Abba Wolde? —vaig dir.

—Mmmm —va grunyir.

L'abat pertanyia al bàndol perdedor, no hi havia cap dubte.

—¿Què ha fet, el monjo?

—¿El monjo? ¿Quin monjo? —va fulminar un parell de frares que s'havien procurat uns braçalets preciosos.

—El que heu castigat, Abba. El desgraciat aquest que jeu a terra.

—¡Ah! Sí, sí, és clar. El molt ruc ha gosat dir que la Santíssima Trinitat es componia de nou figures. Ni una ni dues ni tres, no: ni més ni menys que nou figures, ¡nou! Un burrot de cap a peus... un burrot amb sort, pel que sembla.

Li vaig fer saber que jo era la Itegue de l'imperi, i que m'havia desplaçat fins allà per una qüestió d'estat. Una junta de doctors de la fe havia de sancionar el pas d'Ato Filas a l'alta noblesa. Li vaig presentar el meu amic, i l'abat va tornar a grunyir. Vaig afegir que havíem deixat l'escorta i els cavalls al poble de baix, com marcava la tradició. Ell va espiar els darrers béns que els monjos barataven, i a la fi ens va dedicar una inspecció distant, tot cargolant-se els pèls de la barba. Més que rebre uns magnats de l'imperi, semblava que contemplés, mig condormit, dos escarabats que s'havien ficat al seu llit.

—Déu vos guard —va dir Filas.

—Mmmm —va respondre-li l'Abba, i es va girar cap a mi—: aquest home és blanc. ¿No ho veieu, que és blanc?

—Doncs ara que m'hi fixo —vaig dir jo— potser sí, que és un pèl descolorit. Però no recordo que la llei de la terra, o les escriptures, en diguin res, d'això.

—Des que vam fer fora els jesuïtes —va continuar—, cap blanc no...

—Diria que sóc tan contrari als jesuïtes com vós —va sentenciar Filas.

—Mmmm —l'abat va jugar amb les seves barbes—. Podeu retirar-vos, ja us cridaré.

I sense més ni més, va ordenar un dels frares que ens acompanyés fins a la caseta dels convidats. Vam passar pel centre del recinte, on hi havia l'únic edifici de pedra, que era l'església. Tenia una planta circular, amb un deambulatori cobert de palla: com de costum, el mur que ocultava l'interior, i que protegia les relíquies de sants i de reis, era cobert de frescos vius amb imatges de la història sagrada. Sota els porxos, un grup de monjos es vestien el cinyell, el caperó i l'escapulari de dotze creus, l'uniforme habitual per a les cerimònies: i recollien timbals i triangles musicals, ombrel·les i altres guarniments necessaris. Més endavant, ens vam perdre per camins de pols, entre les barraques de fang i els hortets privatius dels religiosos. I a un extrem, a poques passes del penya-segat, vam trobar la cabana on ens havíem d'allotjar. Era més àmplia que els altres habitacles, però igual de pobra. L'únic que trencava l'austeritat era la riquesa d'olors del bestiar que ocupava el cobert. Allà ens vam haver d'instal·lar tots dos, l'aspirant a duc d'Abissínia i la Itegue de l'imperi.

Era clar que la pressa mundana no formava part dels vots monàstics. Així que vam matar els dies amb controvèrsies. I en allò ell fregava l'ardor, sense abraçar-lo mai. No combregava amb cap confessió, però totes les creences l'inquietaven; igual que no practicava l'amor, però la idea de l'amor el temptava; i no tastava els beuratges forts, però els ensumava amb fruïció. La seva natura d'explorador incansable afavoria els meus propòsits, naturalment. Les disputes doctrinàries omplien el tedi de la nostra estada, i sobretot, l'equipaven a ell per l'examen que hauria d'afrontar davant els mestres de l'Església. Jo només m'havia d'esforçar que la seva fam de coneixements no derivés cap a la impertinència del tafaner. L'aprenentatge, en canvi, era el seu punt fort: xuclava idees a la manera d'una terra seca, clivellada per la sequera. Aviat em desbordaria del tot. Com va succeir un vespre, a la nostra cabana, envoltats de bestiar.

—¿De debò que la vostra Bíblia té vuitanta-un llibres? ¿Els d'Ènoc, Baruc i Esdràs també? ¿I què diuen?

—Tant és, fill... ¿Què vols que digui, un tros de Bíblia? Que si el poble elegit, que si la fúria de Déu... i vinga a degollar idòlatres i sodomites: això diuen. Tu sàpigues només que aquests llibres hi són, i ja aniràs prou ben servit. Els sacerdots no en recomanen la lectura; els savis són ells, i detesten els intrusos. No ho oblidis, Filas.

Un bou va bramular al fons de l'estança, i un parell de vedells el van correspondre.

I anàvem avançant d'aquella manera, ell posant-hi la gana i jo les engrunes per calmar-lo. Vaig ensenyar-li com seguir una oració solemne, com besar la creu, com assistir a l'Epifania; quina carn era neta i quina impura; com respectar l'etiqueta i els tractaments entre clergues i barons; i com observar el dejuni, el sàbat o la circumcisió. És a dir, les coses que al capdavall comptaven. Només vaig entrar en teologia, a la força, quan vam abordar l'espinós afer que havia migpartit el nostre reialme. Vam discutir sobre la naturalesa del Crist, aquell enutjós litigi que havia deixat un rastre de morts, excomunions i regicidis al llarg dels anys. Jo em vaig armar de resignació cristiana i ell es va revifar. I el bou que ens feia companyia va deixar anar una flatulència ben sonora.

—Mira —vaig dir—, la Trinitat és un sol poder etern amb tres cares. Tres en un, i un en tres: si mires les nostres pintures, veuràs tres homes idèntics amb barba. Allò és la Trinitat.

Un altre pet boví, més fort. Les fetors de la cambra gairebé es podien mastegar.

—Diria que fins aquí ho veig clar. ¿Què més?

Vaig esbufegar, crec que assaltada per la mandra. Vejam, vaig continuar: la querella es basava en el Crist. Hi havia una colla que es proclamava unionista, i mantenia que la naturalesa del fill de Déu era una sola, alhora humana i divina, i punt. Però n'hi havia uns altres que no s'ho empassaven, replicant que si Crist no havia estat mai del tot humà, no podia haver patit a la creu ni podia haver mort de debò. Aquests eren els uncionistes, i esgrimien que el Messies havia estat home fins a ser ungit per Déu. I encara n'hi havia uns tercers, uns sonats que reclamaven els tres naixements del Crist: en l'eternitat, en el ventre de Maria i en la resurrecció. Bé, tot plegat era una olla de grills, i l'únic que Filas havia de tenir en compte era que al monestir manaven els primers, els unionistes. I saber que s'havien enfrontat a Iostos, el Gran, tot apostant pel meu nét Dauid. Allò ens era favorable, en principi.

Vaig fer una pausa i el bou va expulsar, en una tronada llarga, alguna cosa més que gasos. L'animal va quedar ben descansat.

—És impressionant tot això... ¡i al sostre de l'Àfrica! —va dir Ato Filas.

—És més aviat lamentable —vaig fer—. He vist molta destrucció, arran d'aquestes ximpleries.

—Sí, teniu raó —es va enrojolar—. Però si em permeteu, hi ha una cosa que se m'escapa.

—Digues —vaig fer.

—D'això, Itegue, a veure... —va prémer els llavis—. Entenc que Jesús havia de ser home, si havia de patir a la creu com un mortal. ¿Però si era home, com podia redimir la creació a través del martiri? ¿Amb quins poders? ¿En quin moment va ser ungit: en la mort, en el baptisme, en la llavor de Maria? La idea dels tres naixements no és cap bestiesa...

—Dimonis, fill —vaig exclamar—, ¡per l'arcàngel caigut! ¡Ets pitjor que ells! Més polemista i més descregut que els mateixos frares...

I vam parlar dels astres, i de civilitzacions antigues, i de moltes qüestions. També vam conversar del beuratge del cafè, de les seves propietats i de l'ús que se'n feia al nostre reialme. Ato Filas començava a sospitar que la seva recerca era errada: havia viatjat fins al bressol de la planta, allà on creia que el cafè s'ingeria en la seva autèntica puresa, allà on l'havíem paït durant segles..., i es trobava amb aquell desori de país. La nostra terra, deia, era fascinant, però també era la més cruel, la més desavinguda, la més dura de les que havia conegut —i n'havia conegut ja unes quantes. Havia anat tan lluny com havia pogut, i no havia trobat l'elixir de la saviesa.

Ell m'havia dit, al començament, que volia buscar el naixement del cafè. Després havia vingut un segon cop i m'ho havia recordat. Havia vingut un tercer cop, i un altre, i un altre. Jo l'havia cobert de títols i privilegis, quan títols i privilegis, deia, només l'allunyaven del seu ideal, no l'hi acostaven pas. No tenia cap sentit que ell omplís el forat del meu fill desaparegut, ni que aspirés al rang de duc d'Abissínia. No havia ensumat ni un sol esqueix, no s'havia acostat a cap jardí d'arbustos que inspiressin el coneixement, o l'amor franc, o la visió clara. Potser s'acostava el moment de plegar. Tot allò ho va anunciar, com si cantés, en una veu blanca i gentil. I jo vaig optar per ser molt clara, mal que em pesés.

—És que nosaltres —vaig dir— no hem conreat mai la teva planta.

—¿Com? —va dir ell—; esteu parlant de l'espècie més selecta, ¿oi?

—No, fill, parlo de totes les varietats. Fa segles que bevem el cafè, i que el traginem cap als regnes mahometans. Però jo mateixa no sé quin aspecte té la planta. La prenem de la terra de Cafa, passat el gran riu i els boscos salvatges, a la Negreria profunda.

—¿La preneu? ¿O sigui que practiqueu el pillatge?

—Sí, molt sovint. Els naturals d'allà són pastors silvestres, i no viuen pendents del cafè. El veuen créixer arreu: per a ells és com l'aigua del riu o l'escorça dels arbres. Així que anem i prenem el que podem.

Ato Filas no es cansava de mirar-me, d'interrogar-me amb els ulls, d'obrir els llavis per parlar, i de tornar a tancar-los sense dir paraula. Girava les seves mans fines, i de cop les deixava caure.

—D'això... vejam... ¿he d'entendre que la teva gent, que els abissinis, no són els pares del cafè?

—Ni pares ni mares —vaig dir—. Diuen que tot va començar fa molts anys, un dia que el Negus es passejava per les contrades paganes de Cafa. Allò era en l'època que l'imperi era un imperi de debò, que arribava als confins del món. Expliquen que el rei de reis va veure un pastor, a la nit, ballant amb les seves cabres. I quan va interessar-se per tan estranya conducta, el pastor el va portar fins a un arbust. Era semblant al llorer, i tenia fruits comparables als del gessamí. Des d'aleshores, no hem deixat de prendre la planta màgica, que fa les nits llargues i excita els homes.

—Això explica molt d'aquest país —va sospirar.

I va ser aleshores que es va girar, va emmudir i va fer veure que dormia. Jo sabia que no entrava al món dels somnis, sinó que pensava, pensava i decidia la seva partida. Jo també em vaig girar i vaig prendre una decisió. Faria d'ell un noble, costés el que costés. Guanyaria aquella juguesca contra el país i contra el passat, i la dignitat que no havia obtingut amb cap dels meus fills o néts, la que Teuoflos no m'havia pogut obsequiar, l'arrencaria gràcies a aquell estranger. I tornaria a ser la poderosa Magdala, la que fabricava prínceps admirats i afavorits pel Creador, la que no havia tingut el reialme distingit que es mereixia. I després, només després el deixaria marxar, quan m'hagués venjat.

I vet aquí que les coses es van precipitar, perquè l'endemà ens van convocar a capítol. Era l'hora que havíem esperat, però vam haver d'arrencar a poc a poc, a la manera dels protocols eclesiàstics. Jo em vaig vestir la túnica i la toca de cotó blau cel, amb el plomall groc rere l'orella. També em vaig armar de totes les joies, des de l'agulla d'ambre fins al braçalet d'estels, des dels anells als dits dels peus fins al gran crucifix penjat del coll. Filas em va esperar pacient mentre jo em guarnia, sense fer res: ell en tenia prou amb la claror del seu esguard, de la seva faç i de la seva roba ampla. Bé, val a dir que va tenir el mirament de penjar-se la creu menuda, la que li hava regalat aquell orfebre falaixa de Gòndar. Ens vam encaminar cap al cobert de l'Abba Wolde. A mig camí es va aturar en sec.

—D'això... no ho veig clar, Itegue, no té cap sentit —va dir.

—Avui no es tracta de tu, fill, es tracta de mi —vaig dir-li.

Em va mirar de cara. Diria que estudiava els anys del meu rostre: els records marcats a cada arruga, el gruix de la meva pell fosca, la jovenesa antiga que s'amagava a les ninetes dels meus ulls.

—Magdala, em temo que jo no sóc aquell Teuoflos que vau perdre —va declarar.

—Potser no, Filas. Però aviat em visitarà la mort, i vindrà com un lladre. No vull que arribi sense —vaig tocar-me els collarets— ...diguéssim... sense complir un caprici.

Ets vella i presumida, podia haver replicat ell: vella, capriciosa i presumida. Però no ho va dir, perquè ell no deia, ni pensava, coses d'aquelles. Ell era dolç.

—Us sentiu decebuda, ¿no és cert? —em va dir—. No heu pogut fer els homes bons que hauríeu volgut.

—Jo sóc la vergonya, fill. El sol m'ha oblidat, i sóc el refús de la terra. El Senyor m'ha llevat la gràcia, i tot el que és sant em passa de llarg. Moriré en un país on les vídues ploren, les verges es vesteixen de dol, les joves es lamenten i les ancianes gemeguen. Jo sóc la vergonya dels homes d'Abissínia, i si Teuoflos fos aquí amb mi... Però no hi és, només hi ets tu. Vull que t'alcis amb mi i que ploris amb mi, que ploris i riguis amb mi, abans que tot s'ensorri i caigui a peces.

Em va estirar del braç.

—Anem —va sospirar—. Que el cel ens empari.

I vam entrar a l'aixopluc de l'abat. Allà hi havia tres mestres de la llei: l'Abba Wolde, el prior d'un altre monestir, i el primat de la basílica d'Axum. Tots tres ortodoxos de cap a peus, tots tres amb els seus turbants, els seus escapularis i les seves barbes crescudes. Tots tres asseguts amb les cames encreuades, dalt d'un llit d'espart, i els rosaris entre els dits. Tots tres unionistes fins al moll dels ossos, el viu retrat de la Santíssima Trinitat, tres homes barbuts. Vaig fer una reverència i vaig introduir Ato Filas i ell, com si no hagués fet altra cosa a la vida, va adreçar una pregària a l'Altíssim. Va mostrar els palmells nets de les mans, es va tombar cap a llevant i va posar els ulls en blanc. Va encreuar els dits de la mà dreta, es va fer el senyal de la creu i va inclinar-se a la Mare de Déu. Llavors es va girar cap a ponent i va fer un cop de cap a la santa Creu. A la fi es va encarar als teòlegs i va dedicar tres reverències a la Trinitat.

—Església i Imperi —va proclamar— són dues cares del mateix llibre. Són Abissínia.

—Mmmm —va grunyir l'abat—. Digues, foraster, ¿què hi fas a la nostra terra?

—Bé, diria que provo de trobar la veritat —va dir Filas.

—¿Per això vols ser duc?

—No, no, de cap manera. Jo no ho vull, eminències. Correspon a vosaltres interpretar si Déu ho vol.

Va intervenir el prior, el de rang més baix però el dels ulls més vius. L'Esperit sant, potser.

—¿Saps què diuen a Roma? Que fa molts anys, el papa va reclamar dues mil verges etíops per convertir-les en monges. Els nostres ancestrals les hi van enviar, però diuen que l'Esperit Sant va prenyar les donzelles a mig camí, i Roma les va repudiar. Van tornar, i elles van engendrar la raça dels cristians d'Abissínia, suposadament renegats i abandonats per l'Església. Doncs bé: ¿coneixes la història? ¿Què hi tens a dir?

—No ho sé... Ni Roma ni les donzelles etíops no em treuen la son.

Ho estava brodant, ho reconec. M'havia imaginat que l'hauria de conduir, pegant-li coces als turmells, fent-lo callar o fent-li signes amb les mans. No és que em fessin por les qüestions canòniques, que li entraven com un anell al dit. Però em sorprenia el seu aplom i la seva traça en assumptes més mundans, davant els esquers que aquells tres llops li oferien, plens de verí. Responia sense trair les seves conviccions, esquivant la malícia i demostrant alhora una fina destresa. Era la imatge viva de Teuoflos, amb uns quants anys al damunt. Hauria fet un Negus excel·lent. Quan van començar les preguntes escripturals, aleshores es va esplaiar. I va brillar molt millor que no pas jo mateixa, abissínia de sang, Itegue del reialme, esposa i mare i àvia de reis.

—Ara respon una cosa —va dir el primat—. ¿D'on diries que ve l'ànima humana? ¿És eterna, és ungida per Déu, o entra amb la llavor del pare al ventre matern?

—No ho sabria dir, eminència. Si els savis de la fe, en segles de controvèrsia, no han pogut resoldre el misteri, no seré jo qui ho faci. Jo no sóc ningú per entendre els camins del Senyor.

Els tres jerarques van marejar el pobre Filas amb inquisicions: que si la naturalesa del Crist, que si el martiri del Messies, que si el gust del pa i del vi que eren el cos i la sang del Redemptor... I ell se'n va sortir amb elegància. Llavors van lliscar cap al terreny de les pugnes dinàstiques, que al capdavall era el terreny decisiu. L'Abba Wolde va atacar.

—¿Aproves les idees herètiques dels uncionistes?

—Em temo que no les entenc del tot —va dir ell—, i per tant no les puc aprovar.

—Però no et vas oposar al regnat de Iostos el Gran, ¿oi? ¿No vas alçar ni un dit en contra del sacríleg?

—Us puc afirmar que l'emperador va estar a punt d'ajusticiar-me, i que si no hagués estat per la Itegue, jo...

—¿Però no el vas combatre? —va burxar el prior.

—Em temo que no sóc home de grans combats, eminències.

—Aquesta —va pontificar el primat— és la pitjor carta de presentació per a algú que vol ser cavaller d'Abissínia.

Em vaig veure obligada a intervenir, perquè els tres murris l'havien enxampat. A més, ja no aguantava més la comèdia. Em vaig incorporar.

—Amb llicència, pares sants —vaig fer—. Em veig forçada a revelar-vos un secret, que el bon Ato Filas és massa modest per usar en el seu favor.

—Espero que la vostra gosadia —va dir el soca de l'abat—, obstruint els procediments de l'Església i de Déu, estigui ben raonada.

—Ho està —vaig engegar—. Gràcies al que us explicaré, sabreu que el meu nét Dauid és ara al tron; i que gràcies a Filas i a mi, els unionistes teniu els favors de palau; i que gràcies a Filas i a mi, vosaltres esteu asseguts avui aquí.

—¿Mmmm? —van fer els tres amb suficiència.

—Mireu, el dia que van esclatar les revoltes contra Iostos, Ato Filas i jo vam anar a adquirir una creu. La que du penjada al coll, ¿la veieu? Doncs bé, poc abans, i tinc testimonis d'això, vam passar pels medicinaires a comprar unes arrels.

—Mmmm... —van amollar tots tres amb aires poc espirituals.

—Doncs al cap d'uns quants dies, vam fer bullir les arrels i les vam fer dissoldre a les sopes del Negus impostor. La cocció va resultar letal. El rei il·legítim va caure fulminat. Nosaltres dos l'havíem enverinat.

Notava al clatell els ulls esbatarats de Filas. Pobre, no s'ho hauria esperat mai. Però l'ensurt no li faria cap mal. Un bany de crua realitat, molt de tant en tant, no li faria nosa. Ja m'estava bé, que em veiés com una vella conspiradora, capaç de matar Iostos per coronar el nét. Només hauria de procurar que mai no sospités que, en bona part, ho havia fet per protegir-lo a ell. Sobretot, havia d'evitar aquella sospita, i la millor manera era fer-lo còmplice del regicidi. De passada, elevava la seva consideració als ulls d'aquell tribunal, aquella tríada de pa sucat amb oli.

Perquè al meu davant, els tres jutges badaven amb la boca dels rucs. La salivera els queia entre els pèls de les barbes. A l'hora de la veritat, ni Trinitats, ni natures del Crist, ni escriptures ni romanços. Magdala la Vella, la Itegue, l'anciana que ningú ja no escoltava, s'havia imposat amb un cop de gràcia ben terrenal. I aquells tres cretins, que de sobte comprenien que tot m'ho devien a mi, i que amb mi no s'hi jugava, doncs vinga, a passar per l'adreçador tots tres. Ja n'hi havia prou, de tanta ximpleria. Ni un dictamen, no calia; les tres cares de mussol que tenia al davant eren el millor dictamen. I vaig entendre que Filas ja era ras d'Abissínia. Ras Filas, el duc. Allò era música celestial a les meves orelles. Estava en paus amb mi mateixa, amb la terra i amb Teuoflos. Què dimonis, sí senyor: ras Filas. Vet aquí ras Filas.

I vet aquí que vam tornar a Gòndar, i que va arribar el dia de la seva partença. Jo vaig disposar un àpat a l'altura d'un dignatari, dels que es feien abans, per als millors comiats i els millors funerals. Dels que es feien per als notables que valia la pena retenir, però que el destí s'emportava. El meu criat vell i els meus escortes es van convertir, per un dia, en cambrers de luxe: els vaig vestir de blanc, els vaig trenar els cabells i els vaig instruir. Vaig cridar unes donzelles del rei perquè acomplissin la cerimònia del cafè. Encara que ras Filas no en begués ni una gota, volia oferir-li el més refinat dels rituals. Vaig inundar l'estança de perfum de mesc, amargós i penetrant. I ell va arribar envoltat de llum, amb la capa de vellut morat, la túnica immaculada de viuet negre, i fins i tot unes trenes molt menudes al cabell escàs. Ningú no hauria dit que, temps enrere, aquell noble havia estat un ratolí engabiat.

—Salut, Itegue —va dir, i va fer-me una reverència fins a besar la pols de les meves sandàlies.

I jo vaig veure aleshores, millor que mai, als meus peus, la seva saviesa. Des del primer dia, el bon Filas m'havia captivat de cor i m'havia meravellat de cap. Era plaent en la gràcia, subtil en la veu, discret en els llavis, atent i calmós: la viva imatge del meu Teuoflos. Filas no cercava ni la riquesa ni la glòria, sinó el coneixement. Per això la llum del seu ànim era tan forta, i tot ell era una torxa en la foscor. I encara que estés a punt de marxar, sens dubte per no tornar mai més, encara que sortís del meu món, jo no desesperava, perquè sabia que en conservaria el rastre. Vam seure a les catifes, a banda i banda de la taula, i ens vam observar. Alguna cosa el rosegava per dins, ho vaig veure de seguida.

—Portes ànsia, Filas. ¿Què et passa?

—Bé, Magdala —va dir—, unes quantes coses, em passen. Sóc a punt de marxar, i m'enduc moltes preguntes.

—Doncs no marxis, fill.

Però ell estava en plena cabòria, i no atenia les rareses de mare.

—Hi ha una cosa... —va envermellir—, però jo no sé si... Vós, vós, sou una dama, i vull dir que... bé, és sobre les dones, diguéssim. Diria que aquesta terra és dels homes, o fins i tot sembla esguerrada pels homes. Els reis, els nobles, els monjos...

Vaig afegir que tenia raó, els homes havien fet malbé la

terra d'Abissínia. I que ell, Filas, fos el primer a haver-m'ho admès, el distingia en gran mesura. Ell era diferent. Així que vaig decidir narrar-li una història que corria entre les dones del reialme, i que mai no havia sentit cap orella de mascle. Vaig esperar que marxessin els servents que portaven la llenya. Les minyones de palau van encendre la fusta en un pot de terrissa gros, i van remenar per fer una bona pila de brases roents. Després hi van afegir encens, que ens va envoltar d'una fragància densa i fumada.

—Vet aquí una vegada —vaig dir— una noia que passava per home, i que es destacava a la guerra. El seu ardor i els seus mèrits van fer que el Negus la nomenés coronel dels seus exèrcits, i que la casés amb una princesa imperial.

Els ulls de Filas eren llacs d'aigua dolça. S'hi podia navegar, en aquella mirada. Darrere d'ell, les donzelles rentaven els grans de cafè, els treien la closca i els eixugaven, un a un. Vaig continuar.

—Quan van passar un parell d'anys sense fills, la princesa es va queixar al seu pare, el Negus d'Abissínia. I ja que altres barons havien vist el fals coronel fent coses estranyes, com ara orinar ajupit, el rei de reis va ordenar que tots els seus oficials es trobessin als banys, despullats de dalt a baix.

—¿I...? ¿Què va fer, ella?

—Va implorar la Mare de Déu que l'ajudés. Que li fes un favor de dona a dona, podríem dir. I vet aquí que la Verge va escoltar el seu plany, i li va obsequiar una verga d'home, feta de fusta, però que semblava de debò.

—Un membre d'home —va dir ell.

La cerimònia seguia el seu curs, darrere nostre. Les fadrines del cafè havien cobert el pot de terrissa amb una planxa de ferro, plena de forats, hi havien posat els grans i l'aroma torrada havia inundat l'estança. Van començar a remenar amb un pal, tot administrant els espetecs. Filas no mirava els passos de la cerimònia: per una vegada, aquelles flaires tan estimables no el destorbaven. Volia saber el final de la rondalla.

—La coronela va passar l'examen, i el Negus va castigar els delators del seu, diguem-ne, gendre. La dona guerrera va agrair a la Verge la seva intercessió, i es va disposar a tornar-li el membre de fusta. Però Nostra Senyora no el va acceptar, amb tota la raó, perquè no el necessitava per a res. I va ser així com la dona va esdevenir un gran príncep i, amb els anys, el més memorable dels emperadors d'Abissínia. I aquell gran cèsar, malgrat arribar a la mort sense descendència, va refer la glòria del país. Va ser el més just, el més entès i el més valent dels governants que es recorden.

El cafè s'havia vestit del color de la terra mullada. I en companyia dels talls de canyella, del cardamom i de les mateixes fulles del cafetar, s'havia ensenyorit de l'aire. Les donzelles ens van acostar la graella: vam ensumar de prop la flaire, i vam mostrar el nostre vistiplau. Llavors elles van donar-nos a obrir alguns grans que encara no estaven encetats. Ho vam fer. Ja estava tot llest per anar cap al morter.

—¿Què vol dir? —va demanar ras Filas, intrigat.

—Pelar el gra és com desvirgar —vaig dir-li—; remenar amb el pal és deixar que l'atribut viril faci la seva feina; i quan el gra s'enceta i s'obre, estem assistint a un part. Per això les noies reciten, en veu baixa, la invocació de costum: «...cafè meu, obre't per portar vida, guarda'm de l'existència erma».

—No, Itegue, no, estava parlant del vostre conte.

—Veig que l'obsessió del cafè encara et permet altres pensaments. Enhorabona... —vaig somriure—. Doncs la història ens diu el mateix que el cafè, ens parla d'allò que les dones sabem prou bé. Diu que no podem rostir el nostre gra al mercat, perquè hem de resguardar els nostres secrets de l'home estrany. Mira, amic, jo he estat esposa de rei, mare de rei i àvia de rei. Però sóc una dona, i com a tal haig de disfressar totes les meves obres. Si vull incidir en els afers del reialme, i si vull reparar els desastres dels bàrbars que m'envolten, ho haig de fer d'amagat. Aquesta és la lliçó.

Filas va prémer els llavis. Estava clar que no aprovava alguns actes meus. Que jo hagués enverinat el darrer Negus no li semblava bé. I també hi havia alguna disconformitat superior que el segava per dins, alguna cosa més que li feia pujar els colors a les galtes i que ressaltava la seva cicatriu antiga. Ell amagava els seus secrets, i quan van portar les safates de menjar, va respirar alleugerit. Es va centrar en els grans pans fermentats, aquell ingerà grisenc que havia après a estimar; va fixar-se en la mantega rància i el pollastre estofat; va ensumar els bols de mel de civada i els ous bullits i la llengua especiada, i tantes altres menges que els servents deixaven a taula. Es va rentar les mans a la gibrella d'aram, i va anar parant les viandes damunt del pa, en petits grapats.

—No sé què pensar, Magdala. ¿Per què m'heu relatat tot això? —va dir.

—Tu m'has demanat sobre les dones del país. I jo t'he parlat com no havia parlat mai a cap home, ni tan sols al dissortat Teuoflos.

Va retallar amb els dits una peça d'ingerà, carregada de moltó amb pebre. Se la va ficar a la boca, va mastegar una estona, i de seguida se li va encendre el rostre. Pobre Filas, vaig pensar, era tot un duc, però no s'habituaria mai a la fortor del nostre menjar. Li vaig atansar una tassa plena de cervesa: ell la va refusar i va buscar l'aigua amb desesperació. No li va passar l'ofec, així que jo li vaig acostar el plat de nata agrejada. Aleshores sí: va empassar-se'n una pilota cremosa i, a poc a poc, va retornar a la seva condició natural. I mentre les noies encara picaven el morter a ritme acompassat, a la seva esquena, ell va fer salivera i va parlar.

—No trobo les paraules, Itegue —va omplir-se el pit

com va poder—. El cas és que... he estat fent preguntes, diguem-ho així... primer als monjos del monestir, i després aquí, a palau... I no sé com dir-t'ho, però...

—Endavant, Filas. Un ras d'Abissínia no hauria de dubtar tant.

—La qüestió és que jo em considero una persona decent, i no voldria sembla un tafaner, però...

—Tu no ets cap tafaner, ni tampoc una persona decent —vaig afirmar—. De persones decents n'hi ha moltes, són aquelles que saben dir que no a l'hora que toca. Tu ets més que això, tu tens la fusta de l'heroi, perquè tu saps dir que sí a destemps, quan el seny et forçaria a retirar-te.

—Gràcies —va vacil·lar—, m'ho prenc com un compliment, però no estic segur de merèixer els teus elogis.

—Parla, home, parla d'una vegada.

—Es tracta de Teuoflos.

I va ser aleshores, quan Filas va arrugar el front, que vaig veure venir allò que estava escrit. Tard o d'hora havíem d'arribar a aquell punt, i era sorprenent que no hi haguéssim arribat abans. Es va fer un silenci llarg. La cassola ja bullia: les minyones hi havien abocat les fulles rostides, el polsim de cafè trinxat, la canyella i les herbes aromàtiques. Ja hi estaven afegint el gingebre, i els efluvis, dolços i fumats, s'enfilaven per les pedres de granit negre, on es barrejaven amb l'estela del mesc. Filas no havia sospitat res fins al darrer dia, i just quan partia, volia parlar-ne. O potser no, vaig pensar, potser feia temps que el seu cap especulava, i no havia gosat dir ni una paraula fins al moment de marxar. De fet, el seu esguard era tan obert com observador, i la seva bondat no estava mancada, de cap manera, d'una forta intel·ligència.

—Parla d'una vegada, fill —vaig dir jo—. Ara ja has arrencat, i com diem aquí, la saliva, un cop escopida, no pot ser engolida de nou.

Prou feina tenia ell a mastegar el farcellet de pa i carn de bou, perquè a mesura que empassava, la gola se li incendiava. Va tancar els ulls i va obrir els llavis. Va agitar els dits davant de la boca, mentre expulsava l'alè amb força. Es va veure obligat a apagar els focs amb una altra pilota de nata agrejada. Jo vaig posar-hi paciència. Al darrere, les noies abocaven el beuratge en un pot de ferro, i tot seguit el tornaven a la cassola. Ho feien amb cura i amb rigor, una vegada i una altra, com manava la veritable tradició. Aquella cerimònia de comiat, ho havia d'admetre, tenia el seu aire tendre. Un enigma de pes penjava entre ell i jo, i els procediments solemnes del cafè s'anaven acomplint. Alhora, però, el meu convidat es trobava pres d'unes foguerades gens edificants. I em vaig permetre un somriure d'amiga, en honor d'aquella adorable criatura, amb el cor tan ben posat, però amb la pell tan fina i la gorja tan prima.

—Et trobaré a faltar tots els dies de la meva vida —li vaig confessar—. Et buscaré pels racons del meu casal, i només tindré una solitud ben ampla. El meu palau serà investit d'una pols grisa, suspesa en els feixos de llum, oberta a tots els vents.

—Jo també t'enyoraré —va dir amb la seva veu escanyada.

—Sàpigues que els nostres camins sempre seran germans, perquè les nostres ànimes ho han estat. Vull que ho sàpigues. I ara parla d'una maleïda vegada.

—És que... —es va aclarir la gola—. He fet preguntes sobre Teuoflos, i... Primer, Itegue, pensava que ningú no en volia sentir a parlar. Tothom defugia l'assumpte. Com si els parents de la casa reial, o els monjos... Com si ocultessin les seves culpes, ¿saps?

—Ho són, de culpables. I molt.

—Sí, Magdala, sí. Però no ho sé, no sabria dir fins a quin punt... vull dir que no tinc clar si...

Ens van oferir una ronda de cafè. Vam mirar-nos amb

atenció i, sense deixar de mirar-nos, vam alçar les tasses. Vaig pronunciar la fórmula: «cafè», vaig implorar, «que siguem amics per sempre més. Per sempre més», vaig recalcar. Jo vaig beure d'un sol glop i ell va olorar l'aroma. Les donzelles ens van retirar les tasses.

—Au, no siguis pesat —vaig dir.

—Diguem que... juraria que ningú no va ser culpable de la desaparició de Teuoflos, perquè... Déu, costa de creure, però és que ho penso de debò. No sabeu la quantitat de preguntes que he arribat a fer... Itegue estimada —va respirar a fons—. Jo crec que Teuoflos no va existir mai. No vau tenir mai aquest fill somniat.

No vaig respondre. Vaig demanar la segona tanda, i les donzelles ens la van servir. «Cafè, regala'ns pau», vaig pregar. «Cafè, fes créixer els nens i dóna'ns bona fortuna», vaig pronunciar. Ell m'estudiava a mi i jo l'estudiava a ell. Jo vaig xarrupar el beuratge i ell no. Encara ens amidàvem.

—Així —vaig dir fluixet—, et sents enganyat.

—No ho sé gaire, no m'atreviria a dir que l'engany sigui meu. Jo diria que és vostre.

—Filas, Teuoflos... —vaig passejar els dits pel collar, i vaig palpar la meva creu—. ¿On és la diferència? Ara sé que he estimat, i tant me fa d'on ha vingut l'amor.

—Però Itegue, si us plau... ¿I abans? ¿Abans que jo aparegués? ¿Quant de temps fa que dura, aquesta ficció?

El vaig castigar amb els ulls.

—Escolta, fill —vaig fer—. ¿Tu has mirat aquesta terra? ¿Tu has pujat a la torre més alta, i has espiat el que passa? ¿Que no has vist la sang, la maldat, la hipocresia pertot? ¿On és l'Abissínia d'abans, la Gòndar que jo hauria volgut? Dius que invento fantasmes, tu que estàs a punt de marxar: doncs bé, a mi l'únic que m'aguanta i m'allunya dels mals són els fantasmes.

Va venir la tercera i última ronda. Vam alçar les tasses, jo amb determinació i ell sense gaire esma. Vaig proclamar la fórmula amb veu alta i clara. «Cafè», vaig cridar, «dóna'ns pluja i verdor; cafè, guarda'ns de tot mal, i cafè, fes-nos obsequi d'un venturós viatge per la vida.» Llavors vaig invocar els genis, els que ens deslliuren de les fatalitats, i vaig deixar que l'escalfor del beuratge s'escampés pel meu ventre. Em vaig remullar els llavis amb el gust de la beguda. Filas em va dedicar uns ulls aigualits.

—No ho sé, Magdala. Sento aflicció per vós. Tota una vida marcada per una persona que no existeix...

—¿I tu què, amic? —vaig fer que s'emportessin les tasses—. Tu m'hauries de comprendre millor que ningú. Saps molt bé que el cor es plany del que no ha vist. I sovint, també es plany del que no existeix. ¿No ho entens, això?

Ell es va gratar els punys. Jo li vaig posar les mans al damunt dels dits, per aturar el seu gest infantil. No, no pretenia escanyar el nen que duia a dins, de cap manera: aquell nen em commovia. Però ell estava a punt de marxar, i jo havia de despertar l'adult, era la meva obligació. Així que li vaig alçar el cap, i el vaig forçar a mirar-me de cara. Arribàvem al món, li vaig dir: ens hi allotjàvem, i després en partíem. Però el que s'allotjava al nostre cor, allò no partiria mai. El que perseguíem, el que ens donava sentit, allò no partia mai. Fos cert, fos fals, fos present o fos absent; ni morint, no partia. I d'allò, d'allò que no partia, d'allò en dèiem amor.

—Potser sí —va endolcir el gest.

I va ser llavors que em vaig acostar a ell, i li vaig tocar la creu menuda que portava al coll. Aquell, li vaig recordar, era el salconduit que havia de portar-lo fins als confins de l'imperi. Ell em va mirar a mi, no pas l'objecte. Va prémer els llavis fins, i va assentir. Vaig sostenir la creu.

—Pren aquest signe —vaig dir—: que em puguis recordar i, si has de trobar el que vols, que aquesta creu sigui el meu presagi. Recorda que el món és dels inquiets: el poderós té una trona per perdre, però els necessitats tenen tot un somni a guanyar. Vés en pau, ras Filas.

—Adéu, Itegue, sabeu que heu guanyat un fill.

El vaig abraçar, i li vaig dir a cau d'orella que fugís. «Fuig, fuig», li vaig dir, «ara mateix.» Però jo no el deixava anar, l'estrenyia cada cop més fort. Ell va haver de fer-se enrere, arrencar-me els braços, i posar distància entre tots dos. Aleshores em va besar el front. I em va acaronar el rostre d'aquella manera, amb els dits ran de pell, de dalt a baix. Jo estava tibada: l'únic que notava viu era la meva galta, on encara hi vivia el frec suau dels seus dits. La resta del meu cos era fred, fred i quiet. I ell va girar cua. I llavors ja era a la porta, a punt d'anar-se'n, però jo encara vaig parlar.

—Tu tampoc no ets un home real, Filas, no ben bé. Tu no ets el que assegures ser.

—¿No? ¿I qui sóc, doncs? ¿Teuoflos?

—No. Tu ets molt millor.

Negreria

Ell era un foraster, i havia de saludar com saluden els forasters. «Bon dia», m'havia de dir, «venia de la mort, però t'he trobat i torno a ser viu.» Però no ho va fer, no, perquè ell no sabia res de res. I perquè el pobre jeia estabornit als peus de l'acàcia foradada. Per això no em va saludar com cal, perquè dormia la son del cansament, allà sota l'arbre antic. I estic segur que l'hauria trobat despert i tampoc no ho hauria fet bé, perquè ja es veia que no en tenia ni idea, de les coses principals.

Vaig arrossegar-lo lluny de l'acàcia, perquè tothom sap com és de perillosa. Ell no ho sabia, que l'acàcia era així, perquè ell coneixia ben poques rondalles del món. Jo sí que ho sabia. Per tant, el vaig estirar pels peus i el vaig deixar més avall. ¿Com se li havia acudit arrecerar-se a l'arbre foradat? No es podia entendre, aquella imprudència. Aquell arbre és el que serveix al serpent, al monstre devorador i immortal, per enfilar-se cap als estels. Fins i tot el nen més petit entén que, quan el serpent surt del riu cada nit, es fica dins de l'arbre i puja amunt, amunt, per anar a cruspir-se els estels del firmament. No és un bon arbre, doncs, aquella acàcia perillosa. Més val no acostar-s'hi. O sigui que vaig treure l'estranger d'allà i vaig pensar que em portaria molta feina, aquell home tan insensat.

Li vaig fer el senyal de la pau, que és un gest, aquest sí,

que tothom comprèn. Vaig llançar el bastó als seus peus, vaig besar-li la mà i vaig veure com obria els ulls. ¡Quins ulls, caram, quins ulls més grans que tenia, i com li havien fugit els colors! Crec que el serpent havia xuclat aquells ulls, i només hi havia deixat el blau despullat del cel, com passa amb el gran llac, que no té altre color que el del cel. Doncs això: jo li vaig oferir un manyoc d'herba arrencada, que és el que s'ha de fer sempre, i ell no va dir res, només em va mirar amb els seus ulls d'ocell. Així que li vaig allargar el pa de banana, i la carabassa plena de llet. Llavors sí, llavors es va revifar, es va redreçar una mica i em va dir no sé què. I va menjar amb molta gana, per fer-me veure que no era cap esperit maligne, d'aquells que no mengen ni beuen ni dormen mai.

—Això és casa teva —li vaig dir ben clar.

Amb les meves paraules, li ho deia ben clar. Que no em feia cap por, i que no em semblava cap ànima malvada. Aquestes coses es diuen així. Però ell va continuar menjant, com si res. Per això vaig tornar a parlar, perquè jo temia que no m'acabava d'entendre. Jo sabia prou, li vaig explicar, que ell era un flamenc solitari, disfressat de persona. Qualsevol podia endevinar que havia caigut del cel i que l'havien disfressat d'home. La gent del llibre l'havien tingut al seu país, i l'havien disfressat d'home del llibre, allò era una veritat de les grosses. Duia una túnica blanca, però no se la podia treure: si se la treia, se li veia massa la pell rosada i les cames dèbils, i potser alguna ploma de flamenc, que és el que era. Així que portava una creu al coll, com si fos un més dels que creuen en el llibre. Però no era com els altres homes del llibre, que són hienes: ell era inofensiu. Ell era el fill del vent, un flamenc solitari.

La gent del llibre està feta d'una altra pasta, això és un fet. Una vegada el meu pare va anar a aquell lloc, allà on viuen la gent del llibre. Va anar a aquell lloc des d'aquí, la nostra terra de Cafa, i allà el van prendre i el van lligar. El van lligar i el van portar a la cabana de les cagarades, la cabana on va estar lligat i tancat, on omplia el terra de cagarades i també de pixats. Van tenir-lo molt de temps, allà engabiat. Per sort, ell és una guineu, i es va escapar de la gent del llibre, que són hienes. Quan aquella gent, les hienes, se'l van voler menjar, ell va dir que d'acord, però amb una condició. Els va dir que volia veure si era cert que podien empassar-se una gran bola de greix i betum, i ells, les hienes, van dir que sí. Llavors ho van fer i el meu pare, la guineu, els va llançar una torxa ardent a la boca. La gent del llibre es van encendre, un a un, i van cremar fins a la mort. Aleshores el meu pare va tornar amb la nostra gent, i encara avui viu feliç a la terra de Cafa, entre rius, valls i muntanyes. Per sort, es va salvar de la casa de les cagarades.

Són males ànimes, la gent del llibre. Es creuen molt llestos. Fa molt temps, quan nosaltres érem guineus de debò, ells eren hienes de debò. Nosaltres guardàvem dos llibres, en un cobert que vigilàvem nit i dia, i gràcies als llibres sabíem què passaria l'endemà. Un vespre, els sentinelles es van adormir, i les hienes van entrar, es van emportar els llibres i van marxar. Com que els dos llibres pesaven molt, se'n van deixar un pel camí, i aquest se'l va menjar una de les nostres vaques. Ara, quan volem endevinar el futur, hem d'obrir una vaca i llegir-li les entranyes, perquè de llibre ja no en tenim cap. I a les hienes, que ara són gent, no els cal escorxar cap vaca, perquè ells tenen el llibre que es van endur. Per això es creuen molt llestos, i porten creus al coll, com si les creus els convertissin en bones persones.

Ara les hienes encara ens roben, se'ns emporten i ens maten, però és clar, no ens poden prendre el llibre, perquè ja no el tenim. Ara el tenen ells, per això s'anomenen la gent del llibre. Ara s'enduen la nostra gent i també la planta de la llum, que els fa tornar bojos. No la saben usar ni menjar ni coure bé, no distingeixen les millors de les pitjors, no tenen ni una llei per servir-se'n, i tot i així les cullen a cabassos. Per fortuna, quan n'agafen massa, les muntanyes ens ajuden, perquè les muntanyes també són esperits de la nostra terra de Cafa. I és així que, quan la gent del llibre passen el congost, carregats de plantes de la llum, les muntanyes amigues els atrapen i els parteixen en trossos, els mosseguen i els esclafen. És per això que mai no buiden el país de plantes, i sempre en tenim en abundància.

—Tu no t'amoïnis —vaig assegurar al foraster—; de seguida he vist que no eres com ells, que tu no eres un d'ells.

No podia ser un home del llibre, encara que portés la creu i la vestimenta blanca, perquè estava clar que no era cap hiena, sinó un flamenc solitari. ¿Que com ho sabia? Bé, ¿és que tal vegada podia ser un home del llibre, si obria tant els ulls? No, no podia ser-ho. ¿Que podia ser una hiena, amb aquella pell tan descolorida? No, no podia ser-ho. Ell era blanc com la llet, o més aviat tirant a rosadet, i no pas negre com la nostra argila. Ell venia de lluny; de tan lluny, que havia vingut volant pel cel; i encara duia el color del cel als ulls, és clar. Ell era el fill del vent, i jo li vaig explicar la seva història, per si començava a recordar les coses principals.

—Tu ets el fill del vent —vaig anunciar, i vaig bufar molt fort quan li pronunciava les paraules, perquè així ell podia entendre el que li deia, encara que no entengués les meves paraules. Ell va fer una cara estranya.

El fill del vent, vaig bufar; el fill del vent. Vaig acompanyar el que li deia amb gestos, de manera que res no se li podia escapar. Li vaig dir que, temps enrere, ell era un petit flamenc solitari, que estava jugant a peu dret quan va passar el vent i el va fer caure. Es va estimbar de cap contra una pedra, i allò explicava el trenc que duia a la cella, record d'aquella caiguda. Llavors el vent, que era el seu pare, va tornar a passar, i el va empènyer cap al cel. Ell va volar i va viatjar de cova en cova, on dormia i només sortia per menjar cucs.

Però un bon dia se'n va cansar, de tant menjar cucs, i de les empentes de son pare: llavors es va disfressar de persona. Però li quedava el blau dels ulls i aquelles orelles fines, llargues i punxegudes, que abans eren les ales que desplegava per volar. La seva història era aquella, no pas cap altra, i la portava escrita al cos.

—¿Com et dius? —vaig demanar-li—. Allà d'on véns, ¿com et diuen? Fill del vent... —vaig insistir—, ¿com ho dius, tu, això? A mi em diuen Tonjo: Tonjo, em diuen. ¿I a tu?

—Feli Dafo —va sospirar, o alguna cosa així.

—D'acord.

Poc importa el seu nom, perquè ell era qui era, i no recordava gairebé res. Ell era un foraster, un estranger de debò, com no n'havia vist mai al meu país. I els estrangers, ja se sap, no tenen ni sexe, ni edat, ni parentiu, ni clan. ¿Com podia tenir un nom, un nom amb cara i ulls? ¿Un nom com tinc jo, que tothom coneix, que quan és cridat per algú també crida tota una vida? Jo sóc Tonjo, i amb això ja està tot dit: sóc un pastor de la terra de Cafa, que passejo el meu ramat de cabres. La meva família és coneguda, i pertany a la nació dels Gamo, dels que abans eren guineus. Jo he vist dotze estacions de pluges, una cada any, i això vol dir que aviat tindré els meus tatuatges. Em faran incisions a les galtes, em pintaran el cos: ja no aniré nu de cap a peus, perquè em dibuixaran un morro al nas, i el meu penis portarà una funda de pell. Jo passaré el meu ritual d'iniciació, esdevindré un home, formaré un casal i alçaré una llança. Però a ell... ¿A ell de què li servia un nom, si no podia recordar ni qui era?

El nom de Feli Dafo era tan inútil, o tan útil, com qualsevol altre nom. Per això vaig decidir que usaria aquelles dues paraules, i em vaig ocupar de fer-li-ho saber. Ell no va mostrar-se content, però tampoc descontent. Em va mirar una estona, i després es va estirar, tal com algun dia ens estirarem tots per morir. Allò em va fer pensar que li havia de dir una altra cosa principal, que era la següent: quan ell es morís, li passaria com a tothom, que el seu vent es barrejaria amb l'aire, i es formarien núvols en el cel. Les dones es gratarien les galtes fins a fer-se sang, i els homes s'arrencarien els cabells; el ficarien en un forat, amb els fruits de la planta de la llum, i el plegarien tal com es pleguen els nens abans de sortir al món. Però no s'hi havia d'amoïnar, perquè els seus amics abandonarien l'indret on havia mort, i refarien les cases ben lluny. Ell estaria tranquil, i després de la remor del vent i dels núvols, si l'aire era prou quiet, el seu estel cauria des de la volta del cel.

Tot allò l'hi vaig comunicar, pensant que li refrescaria la memòria. I no me'n vaig sortir, perquè ell no sabia res, fins i tot havia oblidat la capacitat de parlar i d'escoltar. Vaig fer una rebufada, perquè vaig imaginar que hi hauria de posar molta paciència, amb aquell home. Potser els ancians m'hi ajudarien, vaig pensar. Sí, el portaria fins al poble, més endavant, quan, a més de la parla i l'oïda, el fill del vent recuperés l'aptitud de caminar. Per això vaig saber que tindria una bona feinada, amb aquell flamenc solitari. Perquè li hauria de tornar a ensenyar tot el que cal saber, i perquè el poble era encara lluny d'aquell lloc, allà on hi havia l'acàcia foradada. Per tant, em vaig encongir d'espatlles, vaig seure i vaig començar a tocar la meva fístula de pastor. La terra de Cafa es va omplir de música, les muntanyes van contestar amb veus semblants a les de l'instrument, i jo em vaig sentir més airós.

Així, mentre els meus dits ballaven per les llengüetes de metall, mentre m'escalfava al darrer sol i esperava el retorn de la lluna, vaig llançar històries al vent. Perquè les històries, això està clar, vénen i van amb el vent. De fet, són com el vent, volen lluny com el vent, i és així que les sentim. També les senten així les meves cabres, que no es perden mai als prats elevats de la terra.

Aleshores va arribar la fosca, òrfena de lluna, i jo vaig deixar de tocar. Em vaig disposar a escoltar, perquè esperava que algú cridés el meu nom. Tonjo, Tonjo, esperava sentir, i tot seguit un relat, que volaria i es ficaria dins de les meves orelles. Allò sí que em podria ajudar amb el foraster, que no sabia saludar com cal, que no sabia ni parlar ni escoltar, que no sabia caminar ni sabia res de res. Potser més endavant, vaig pensar, quan el vent ja m'hauria portat les rondalles, tot seria més fàcil. Segur que sí. Ja veuràs com sí, va dir el vent, que era el pare de l'estranger i el pare de les històries. Ja ho veuràs, Tonjo bonic. Segur que sí.

Era ben cert que ell no sabia res, no parlava gens, i no recordava les coses principals. Pobret. Però també era clar, perquè jo ho vaig veure de seguida, que sabia aprendre. Per això li vaig parlar, i quan va estar prou fort, el vaig agafar de la mà. Llavors, de la mateixa manera que condueixo les cabres, el vaig acompanyar fins al poble. De lluna nova a lluna nova, una pila de dies, vam caminar. Ens hi vam passar tota una lluna, fins que no vam deixar les valls i vam arribar al poble dels Gamo, la meva gent, la gent que eren guineus. Jo li vaig ensenyar molt, a Feli Dafo, l'Estranger. Vaig ser jo, Tonjo el Pastor, que el vaig instruir.

Li vaig repetir el nom de cada muntanya, perquè se n'han de saber els noms, com s'han de saber els noms dels amics. Li vaig mostrar els rierols i els estanys, i també el gran llac, que és molt gran perquè els elefants i els lleons i els rinoceronts i els cocodrils volen molta aigua. Per això és gran, li vaig dir. Després vam saludar els boscos, els vam saludar com cal, no fos cas que es molestessin, tan espessos i misteriosos com són els boscos. I també vam parlar amb les palmeres, una per una. Les palmeres són solitàries, com el foraster, i era bo que el coneguessin i que parlessin amb ell per sentir-se millor.

Un dia, Feli Dafo es va animar a parlar. Primer repetia el que jo li explicava, com un lloro. Però aviat, ell que no era cap lloro, sinó un flamenc, va deixar d'imitar-me. La primera expressió que va aprendre, i la que més li va agradar, era la que descobria el seu autèntic esperit.

—¿Vols que t'expliqui l'origen del món? —li vaig preguntar.

—No ho sé —va dir ell.

—¿Vols saber d'on vénen els homes, i les bèsties de la creació? —vaig insistir.

—No ho sé —va repetir.

—¿Però te'n recordes —vaig alçar el bastó al cel— de com van néixer els estels, i el sol, i els homes?

—No ho sé.

No ho sé, deia, i torna-hi, i torna-hi. És que encara no sabia res, pobret. Així que vaig fer un esforç, i li vaig explicar la història de la nena que va crear els estels. No feia pas tant, vaig aclarir, quan els homes ja ens havíem convertit en homes, una nena es va empipar amb la seva mare. Com que ja li havia vingut la primera sang, a la noieta, la seva mare li va prohibir que collís els fruits de la planta de la llum. Però quan la seva mare no la vigilava, va prendre un grapat de grans i els va llançar al cel. Els va ordenar que fossin estels, i així va ser. Per això ara, quan marxa el sol, els astres surten a lluir: i permeten que els homes passegin de nit, perquè els astres il·luminen la terra. Si no fos pels estels, els homes no podrien sortir i tornar a casa de nit. Però gràcies a la nena desobedient, ara sí que ho poden fer. I l'espinada de la nit, un broll d'estels que encara marquen el punt des d'on la nena els va llançar enlaire, doncs aquesta espinada els acompanya. Tot gràcies a la donzella que començava a ser dona, la nena que estrenava el poder de la creació, però que estava empipada. Gràcies a això, tenim estels.

—Avui ja no prohibim res a les noies amb la sang —vaig

assegurar—. Ja no fem com feien abans. Perquè no volem que el cel s'ompli d'estels, i que deixem de tenir les nostres nits. ¿Ho entens?

—No ho sé.

També li vaig fer veure, un altre dia, com havia nascut el sol. Ell es va llevar abans que jo, i quan em vaig despertar, el vaig veure embadocat amb l'albada. El vaig veure allà assegut, damunt una roca, sense altra afició que badar davant del sol ixent. Em vaig veure obligat a alliçonar-lo, doncs, encantat com el vaig veure.

—D'allò en diem el sol —vaig fer.

—No ho sé —va dir un altre cop.

—Ja t'ho dic jo: el sol. El sol —em vaig fregar els ulls—. ¿Vols saber què feia abans, el sol?

—No ho sé. Potser sí —aquell era el segon gir que més li agradava: potser sí.

—Doncs mira —vaig assenyalar el gran disc vermell—. No fa pas gaire, quan els homes ja eren homes, el sol sempre dormia. Només donava llum ran de terra, al voltant del nostre poble, i la terra de Cafa era plena d'ombres. Però una vella se'n va cansar, de tanta foscor: ¿i saps què va fer, la vella?

—Potser sí —va dir-me a la cara.

—No, no crec que ho sàpigues. Doncs la dona va demanar als nens que prenguessin el sol, i el llancessin ben amunt. Ells van obeir, sense moure soroll, no fos que el sol es despertés. Els nens van llançar el sol, i li van donar ordres ben clares. Li van cridar que havia de rodar per sempre més, i que cada dia havia d'arribar al cim del cel. Que els havia d'escalfar, perquè mai més tinguessin fred, i que havia d'escampar llum per tot el món. Així, van dir els nens, s'hi veurien millor, i la planta de la llum podria menjar tanta claror com li calgués. I el sol no va tenir altre remei que fer allò que li demanaven els nens.

Quant a la lluna, vaig afegir, ja ho sabria més endavant.

Jo no era prou gran per educar-lo sobre la lluna, que era molt important i que regia per sobre de la vida i la mort. D'aquella part ja se n'ocuparien els ancians, vaig dir: jo encara no havia passat el ritual d'iniciació, i no podia comentar-li coses d'aquelles. L'únic que podia deixar-li clar era que la lluna sempre hi era, encara que minvés i s'amagués alguna nit. El que succeïa era que nosaltres no la vèiem, quan dormíem. Però sempre apareixia: la prova era que la rosada, quan despertàvem, cobria totes les fulles i les criatures de la matinada. Perquè la rosada, vaig sentenciar, eren els pixats de la lluna. Allò sí que ho sabia tothom; i tothom, gran o petit, ho podia explicar.

Encara un altre dia, mentre baixàvem una muntanya rabiüda, i la trepitjàvem, l'estranger es va aturar. Jo li vaig pregar que no s'aturés allà, justament on el vessant tenia més mal geni. Però ell s'havia quedat clavat, i no es volia bellugar. Havia trobat una planta de la llum, allargava la mà i era a punt de tocar-la.

—¡No, Feli Dafo! —vaig exclamar—. No la toquis ara, que encara no ha madurat. Au, fuig, treu els dits d'aquí. Ai, t'han ben esguerrat, els homes del llibre... Aquelles hienes passen com una tempesta, i tot ho arrenquen. Deixa-la estar, fes-me cas.

Ell em va fer cas. I em va preguntar com es deia l'arbust, però ho va fer amb la seva expressió preferida.

—¿No ho sé? —va fer, indicant amb el dit.

—Això és la planta de la llum, amic. La planta de la llum, la que té l'ànima més poderosa. La que conté més joia, i també la que té més mal humor. Has d'anar-hi molt amb compte.

Es va quedar una bona estona, allà, embadocat. Els grapats de fruits, de ciretetes mig blanques i mig rosades, li cridaven molt l'atenció, potser perquè ell també era entre blanc i rosat. Ell i la planta es miraven l'un a l'altra, sorpresos i contents d'haver-se trobat. Després, el foraster es va posar a parlar amb la planta, que era tan alta com ell. Li explicava coses que jo no podia comprendre, en la seva llengua dels ocells, i estic segur que la planta tampoc no el comprenia, perquè no es va moure gens. Llavors Feli Dafo es va inclinar endavant, i jo vaig barrar-li el pas amb el bastó. Ell em va fer entendre que tranquil, que no la pensava tocar pas: només la volia olorar. Per això es va distreure una altra estona, allà, ensumant l'aroma que sortia de les fulles. Aleshores va dir una paraula que no s'entenia.

—Èter —va pronunciar, més o menys, i jo no el vaig entendre.

—D'acord, foraster —vaig fer jo—. Però ara hem de marxar, o la muntanya s'indignarà de veritat.

Vam davallar fins al rierol. Allà van beure les cabres, i vam beure nosaltres. Em vaig eixugar els llavis i li vaig dir amb tota gravetat que, amb la planta de la llum, no s'hi jugava. Mira els homes del llibre, li vaig posar com a exemple: se l'emporten quan volen, se la prenen com més els convé, i mira com s'han tornat. Lladres i assassins, s'han tornat. La planta té molt mal humor, vaig recalcar. Molt. O mira les cabres, sí, mira-les, vaig dir. Són criatures buides per dins, no tenen ànima, i és per això que nosaltres, els Gamo de la terra de Cafa, ens les mengem. A qualsevol hora, de dia o de nit, les cabres s'empassen totes les herbes que troben al camí. Quan s'ensopeguen amb la planta de la llum, també l'engoleixen, fulles i fruits i branques i tot, i aleshores salten i ballen fins que cauen rendides.

—¿I saps per què les cabres no tenen ànima? —li vaig demanar.

—No ho sé.

—Doncs perquè un bon dia, la planta de la llum se'n va afartar, d'elles. Va advertir a les cabres que no se la cruspissin de qualsevol manera. Però elles no se la van escoltar, i van ser castigades. Ara són buides per dins, són les bèsties més ignorants del món, i nosaltres ens les mengem.

—Potser sí.

—No, foraster —em vaig mostrar ferm—; res de potser sí. Ja t'asseguro jo que les cabres van ser castigades, i que encara ho paguen avui.

La planta de la llum, no calia ser savi per veure-ho, era un ésser molt especial. A la nit xerrava amb els estels, que eren descendents de la seva mateixa família. Fiu fiu, deien els estels, fiu fiu... I fus fus, responien els fruits de la planta. Fus fus, deien. Abans de collir els grans, fins i tot quan ja eren ben madurs, havíem de consultar els estels, per escoltar el seu parer. I, de tots els estels, n'hi havia un que ens ajudava més que els altres. Era el cor de l'albada. Va ser el darrer gra de la planta que la nena va llançar amunt, i per això, perquè era el més madur i el més gran i el més lluent, el cor de l'albada era sempre el darrer dels estels a marxar. I també era el que feia més llum.

El cor de l'albada encara enyorava la terra de Cafa, i també la planta de la llum, que era la seva mare: les recordava molt bé. Per això era el més trist dels astres. Caminava pel cel, perquè hi pertanyia, i la seva mare s'aferrava a la terra perquè hi pertanyia. Però es trobaven a faltar. Això explicava que la planta de la llum no deixés dormir aquells que la prenien. D'aquella manera, els que la prenien no podien dormir, i contemplaven el cor de l'albada, i els altres estels, tota la nit. O sigui que quan havíem de tastar els fruits de la llum, era molt important que abans escoltéssim els estels. Era molt i molt important. El cor de l'albada, sobretot. Ell ens diria: «Busqueu aquí o allà, i aneu a trobar la meva mare. Ja és l'hora», diria, «aneu-hi, la reconeixereu perquè és com jo.»

Va ser així, a poc a poc, que Feli Dafo va anar recuperant les coses principals. I un matí, quan ja érem a prop del poblat, es va produir un fet assenyalat. Bevíem llet de cabra amb les nostres carabasses, vull dir amb la meva i amb la que li havia buidat a ell perquè pogués beure llet. Érem asseguts davant d'un estany i aleshores, de sobte, va comparèixer un estol de flamencs. Van cobrir les aigües blaves amb un mar rosat, amb una capa de color tan pur que mai no podré oblidar. Jo vaig fer una exclamació i de seguida me'l vaig mirar. Vaig fixar-me en l'estranger per veure què feia i què deia. Però ell no va fer gaire res, va continuar bevent i no va parlar amb els seus germans. Aleshores vaig demanar-li si no tenia res a dir-los, als seus germans.

—No, Tonjo, ¿per què hauria de fer-ho?

L'home ja parlava molt bé, havia après una pila de coses. El que encara no havia après era d'on venia, i qui era ell de debò. El seu esperit, vaig pensar, tenia molt més de solitari que no pas de flamenc.

—Són ocells com tu, amic. Tu abans eres un d'ells.

—¿Un d'ells? ¿Un animal? No ho sé —i em va regalar uns ulls color del cel.

Ai, mare. Com li costava d'entendre les coses més bàsiques. Li havia de fer comprendre que totes les persones eren animals, temps enrere. Els homes del llibre, al principi, eren hienes; jo i tots els Gamo, érem guineus, i ell era un flamenc. De fet, els dies primers, la terra no havia tingut ni un sol home, perquè tot eren animals i plantes i muntanyes i rius. Abans de l'avi del meu avi, i de l'avi de l'avi del meu avi, i encara abans, tots ocupaven el seu lloc natural en la creació. I no existien els homes, ni tampoc la mort. Fins que algunes bèsties van començar a fer el ximple. Unes per vanitat, unes altres per enveja, van voler acumular tresors, com les hienes, o van voler alterar els astres, com les guineus. Volien entrar al país de les ganes. Era palès que els animals no hi podien entrar, en aquell país. Per això es van convertir en persones, i avui se'n planyen prou, de la mudança. Només les criatures que es van captenir van continuar sent animals, amb una ànima ben definida i una missió en el món.

—Tu —li vaig apuntar amb paciència— eres un flamenc. Potser no ho sabies, però ho eres, i dels més solitaris. Et vas vestir d'home quan et vas atipar de les empentes del teu pare, el vent. Volies trobar persones diferents, i buscar la planta de la llum. Era la teva manera d'entrar al país de les ganes. Per això estàs condemnat a portar aquesta disfressa d'home tan pesada.

—¿Jo visc al país de les ganes? —va preguntar.

—¡I tant! —vaig respondre—. Els ocells, els teus germans, no tenen ganes de res. Ells fan el que pertoca i prou. Tu tens ganes, i les busques.

—¿Tu de què tens ganes, Tonjo?

—Mira —vaig estendre la mà cap a l'estany—. En el temps de les races primeres, plovia. Plovia per a nosaltres, la pluja queia quan teníem set. Per això somniàvem en l'aigua, i tot seguit la pluja ens feia cas. I bevíem.

—Potser sí —va arronsar les celles—. Però ¿què vols dir amb això?

—Ara que som persones, reclamem la pluja per vici, perquè en tenim ganes. Llavors arriben els aiguats, massa i tot, i la gent ja no s'amoïna pels altres. La gent ja no busca menjar per als altres. Quan ha plogut a bots i barrals, i hem menjat més del que cal, ens barallem i no recordem quan érem animals. No recordem ni quan érem prims, uns dies enrere. Per això no sempre és bo demanar pluja per als homes.

—També tens ganes de dones —va dir Feli Dafo, gratant-se els punys.

—Sí, és clar —vaig afirmar amb orgull—. Jo aviat seré un home madur, un iniciat.

Ell havia sentit, algunes nits, com jo em tocava el penis, i com me'l fregava fins que la meva llavor sortia disparada. I jo sabia que ell tampoc no ho entenia, allò. Perquè era un flamenc solitari, i perquè era un estranger. Els estrangers, pel que es veu, no acaben de ser ni grans ni petits, ni rics ni pobres, ni homes ni dones. Són persones, és clar, però no tenen les mateixes ganes que nosaltres: tampoc no saben ni la meitat del que sabem nosaltres. I ell encara menys. Era el fill del vent, i per això havia après del seu pare que no podia volar baix, allà on es cullen les ganes petites i es toquen els cossos de la gent. Ell havia rebut moltes empentes de son pare, i corria tant que no s'aturava a pensar en la carn. Jo sabia molt bé que em convertiria en un home dret i fet, aviat, i que havia d'estar preparat quan arribés l'hora.

—Ara, Feli Dafo, et contaré la rondalla del primerenc. A nosaltres, des que som molt menuts, les mares ens expliquen aquest conte. És hora que tu el sentis.

El primerenc, vaig dir, era un gegant que vivia en un forat. Era encara feréstec, i fort com set bous. De fet, ell no ho sabia, però feia poc que havia deixat de ser un bou per ser home. Des del seu forat, llançava rocs i matava la gent, els infants també. Després els collia i se'ls menjava. Un bon dia, els ancians van prometre un ramat de vaques a la persona que acabés amb el primerenc. Una dona va presentar-se, i va assegurar que ella ho faria: sense garrots, ni llances, ni punyals. Els ancians van dir que d'acord, que no hi perdien res. Aleshores la dona va entrar al forat, i va temptar el gegant: si la deixava restar al seu cau, aquella nit li oferia tota la carn que volgués.

—¿Carn? ¿En quin sentit? —va fer el foraster.

—Espera, home... —vaig fer jo.

Doncs bé, vaig continuar, aquella mateixa nit, la dona va jeure, i es va obrir de cames. Li va ensenyar la figa al primerenc, i el ximple li va demanar què era allò. La dona li va dir que era per menjar. El gegant, que mai no s'havia fixat en res igual, va preguntar si era bo. «¿Bo? Oh, ho és tant...», va respondre la dona, «que mai no ho podràs oblidar.» Però quan el tros de bèstia era a punt de mossegar la figa, la dona li va dir que no, que allò es menjava amb l'altra llengua, la que tenien els homes entre les cames. Per això el colós va entrar amb el penis ben dret, dins la dona, i la va tastar tres cops seguits. Després es va quedar del tot adormit, i va ser quan la dona va cridar la gent perquè matessin el gegant. Aquesta era la història del primerenc, que m'explicaven de menut.

Feli Dafo s'havia quedat glaçat, immòbil. Poc li faltava per posar-se dret, damunt una sola cama, i fer l'estaquirot, com fan tots els flamencs. A més, tenia la cara vermella com un pebrot, i allò em va fer molta gràcia. Mai no havia vist una cara que s'encenia. Les brases del foc sí, però mai una cara de persona.

—¿La teva mare, t'explicava això? —va preguntar l'estranger.

—Sí, això i moltes altres històries. Em deia que havia d'estar preparat, que no em podia passar com al primerenc, perquè les dones m'enganyarien. Havia d'aprendre a ser home i, ja que vivia al país de les ganes, havia de conèixer totes les meves ganes.

—¿I no teniu lleis per als nens? ¿No us amaguen res?

—Oh, i tant —vaig reconèixer—. Sobre la mort, sobre la lluna, sobre les mentides, sobre el robatori, sobre la desobediència als majors... I sobre la planta de la llum, que és molt especial. Hi ha moltes prohibicions. Però no sobre la vida o les coses principals, ni sobre el país de les ganes, perquè és on ens ha tocat viure.

Feli Dafo estava molt torbat, se li veia a les galtes. Vaig decidir que no parlaria més, i que esperaria a arribar al poble. Esperaria a presentar-lo als meus pares, i als ancians, que sabrien tractar-lo millor que jo. Havia après moltes coses, el foraster, i jo me'n podia sentir ben orgullós. Però no el podia educar en tot, perquè jo, Tonjo, el Pastor, només havia viscut dotze grans pluges. Així que el que jo no sabia, ja ho sabria el meu pare; i el que no sabia mon pare, ho sabria el meu avi; i el que no sabia el meu avi, ho sabria... Sempre havia estat així, els vells eren els més savis. A més, jo havia estat prop d'un cicle de lluna amb Feli Dafo, i ja començava a sentir la necessitat del poble. El poble és el grup, i tothom necessita el seu grup. Perquè, vejam, ¿com pot fer foc una sola branca? ¿Com pot rentar bé una sola gota? ¿Com pot fer música un sol dit?

Jo ja havia parlat prou. Per això, quan va arribar l'ocàs, vaig treure la meva fístula i vaig enviar veus al cel. Els estels em van parlar a cavall del vent: fiu fiu, fiu fiu... I jo vaig escampar les meves notes, simples i netes, per la terra de Cafa. Toonjo, Toonjo, deien les notes. Que bé. A l'endemà seria al poble, tots m'abraçarien, i es meravellarien del que jo havia fet amb Feli Dafo. Em picarien l'espatlla i em dirien: «Tonjo, bonic, estem orgullosos de tu.» Jo inflaria el pit i em sentiria el més afortunat del món. Jo, Tonjo, el Pastor, seria Tonjo, el Venturós. O això és el que deia el vent, que recollia la veu dels estels. Fiu fiu, fiu fiu... Toonjo, Toonjo.

Va ser una autèntica sensació, la meva arribada al poble. Tots m'abraçaven i es miraven el foraster. Jo deia que portava un flamenc solitari, i llavors li besaven la mà, li tiraven les llances als peus i li oferien manyocs d'herba arrencada. Ell prenia l'herba, perquè ja havia après a saludar, i també somreia. Allò feia ell, gràcies a les meves ensenyances. Quan vam arribar a la cabana dels meus pares, Feli Dafo portava tantes herbes seques entre els braços que no donava l'abast, i li vaig dir que deixés aquella pila d'herbes a terra. La meva mare va xisclar i em va estrènyer; el meu pare no va xisclar, però també em va estrènyer, i els meus germans i les meves germanes també ho van fer.

—Ets un noi ben llest, Tonjo —va proclamar el meu pare.

—Sóc fill de guineu —vaig respondre, el cap cot i un somriure als llavis.

—Has estat més d'una lluna a fora, amb les cabres —va continuar ell—; i tornes a punt de ser un home. I has portat un amic.

—Es diu Feli Dafo —em vaig inflar—: és el fill del vent.

Vam deixar enrere la cabana i ens vam endinsar al poblat. Tot van ser exclamacions i copets a la meva esquena. Tothom va voler tocar la pell rosada del foraster. Tothom es barallava per palpar-li el nas llarg, que havia estat un bec, i les orelles primes, que havien estat ales. Ningú no li va tocar el trenc a la cella, perquè tothom sabia que les ferides antigues no es toquen. Però miraven i assentien, admirats. Era ben bé un flamenc solitari, deien. I era el fill del vent, ho era de debò, allò era una veritat de les grosses.

Feli Dafo estava content, se li veia a la cara. S'ajupia davant els nens, s'inclinava davant les dones i somreia davant els homes. També mirava arreu, s'ho empassava tot amb el cel que hi havia dins els seus ulls. Va estudiar els homes, i es va fixar en les incisions de les galtes, aquelles tres ratlles tan virils i fermes: i va mirar de prop les pintures a la cara, que convertien els nassos en morros de guineu. Més de lluny, espiava les pells que recobrien el penis dels homes, aquelles cues tan precioses que jo portaré aviat. No va tocar ningú, només va observar. I va mirar les dones, també, i es va adonar que no anaven despullades, perquè portaven braçalets als braços i als peus, i arracades i collars. Suposo que per això, perquè no anaven despullades, es va encendre com una brasa: i tothom el va mirar i va riure molt. «¡S'ha tornat vermell!», deien, «¡el blanc s'ha tornat vermell!»

Ell no es va treure aquella roba tinyosa i aquella creu que li havien donat els homes del llibre. Sempre anava disfressat. Però ningú no es va alarmar, llevat dels infants més petits, perquè tothom sabia que ell era inofensiu, i si no es treia els draps, pobret, era per no mostrar la pell rosada i les cames dèbils, i potser alguna ploma de flamenc, que és el que era. Amb la túnica posada, doncs, va acompanyar-nos fins a la clariana, on els ancians i els homes casats ja l'esperaven. I allà va succeir una cosa impensable, una cosa que jo mai no em podria haver imaginat. Les dones i la canalla es van retirar, com marcava la llei, i jo em vaig acomiadar de Feli Dafo abans de fer mitja volta. Però, justament aleshores, quan jo ja marxava, vaig sentir una veu que era un tro.

—Tu et quedaràs, Tonjo.

Era el meu avi, el mestre medicinaire i el vell amb més poders d'entre els Gamo. Que el meu avi s'adrecés a mi no era tan estrany, ho feia sovint. Tampoc no era estrany que parlés amb aquella veu tan poderosa, perquè era la seva veu. El que era fabulós era que jo pogués assistir al consell, quan no tenia ni l'edat ni la condició. Allò era increïble. L'orgull se m'inflava tant que em sortia per les orelles i em feia tremolar les mans. El meu avi va tronar que jo aviat passaria el ritual d'home, i que feien una excepció amb mi perquè jo havia portat el fill del vent. Jo l'havia instruït i el coneixia millor que ningú, de manera que jo havia de ser al consell. I el meu avi va tronar que ja podia seure. El pare em va haver d'agafar i fer-me seure, perquè m'havia quedat dret enmig de la rotllana. Al meu costat van fer seure el foraster. Vull dir Feli Dafo, el fill del vent.

—Bon dia, foraster —va tronar el meu avi.

—Bon dia —va respondre Feli Dafo—. Era mort, però quan us he vist he tornat a néixer.

Tot el consell es va meravellar de la correcció del nouvingut. Van moure el cap en silenci i es van tocar les pells del penis, que era la manera de fer veure que la resposta els produïa plaer. El foraster va arrugar el front en veure allò, perquè, és clar, ell no era un home format com els meus majors. Aleshores el meu avi va demanar d'on venia i què hi feia, entre el poble Gamo. El fill del vent va explicar que venia de molt lluny, i que havia arribat a la terra de Cafa per trobar-hi la veritat. El consell en ple va assentir i es va tocar les pells, perquè aquella era una bona cosa. Tothom sabia que la terra de les guineus era el lloc adequat per trobar-hi la veritat. Allà hi havia el país de les ganes, però també el país de la veritat. I quan Feli Dafo va afegir que volia saber-ho tot sobre la planta de la llum, bo i respectant les nostres lleis, els ancians i els caps de família encara es van gratar més fort. Van assentir una llarga estona, i després el meu avi va parlar.

—Sabem que tu no ets un home del llibre —va afirmar—, encara que en vesteixis la roba i en portis la creu. La teva pell és blanca, no pas negra, i tens la cara fina, no pas plena de pèls que et creixen. A més, es veu de seguida que el teu esperit és bo.

—No ho sé. A casa meva, també hi ha llibres —va dir el foraster, i va causar molta estranyesa.

—Ja ho sé —va intervenir el meu pare—. Tu deus ser un islama. Els islama no visiten mai la terra de Cafa —va anunciar a tort i a dret—, perquè viuen molt enllà. Però jo he viatjat ben lluny, jo he estat a la cabana de les cagarades, i sé que existeixen. I sé que els islama també tenen un llibre, perquè se'l van copiar de les hienes.

Feli Dafo va aclarir que ell no, que ell no pertanyia ni als uns ni als altres. Ell havia nascut molt més lluny, encara, on no hi havia ni la gent del llibre ni els islama. Els coneixia a tots dos, havent passat per les seves contrades, i era voltant per allà que havia sentit a parlar de la terra de Cafa i de la planta de la llum. Havia travessat mig món, per conèixer els Gamo. Havia passat llacs que no s'acabaven mai; havia pujat muntanyes que grataven els núvols; havia travessat rius furiosos, s'havia enfilat a barques de troncs i carabasses, i havia vist pobles amb més gent que un ramat de búfals. S'havia escapat de tribus amb fletxes enverinades, havia estat a punt de perdre la vida molts cops, l'havien fet esclau i conseller de reis, i moltes coses més.

—El foraster ha après a relatar històries precioses —va dir el meu avi—. Això vol dir que tu, Tonjo, l'has educat molt bé, perquè no hi ha estrangers que parlin tan bé i que contin coses tan ben contades. Ara digues tu, Tonjo estimat, què li has ensenyat, i què has fet amb ell tots aquests dies.

Sort que no em vaig haver de posar dret, perquè em tremolaven les cames. Sort que el meu pare era al meu costat, i em va acaronar el clatell. Sort que jo era Tonjo, el Pastor, un del nois més eixerits del poble, i el meu esperit de guineu em va ajudar. Sort que vaig arrencar a parlar i, si primer em faltava l'alè, després vaig poder respirar. Sort que tothom em va escoltar, molt atentament, i ningú no es va riure de mi. Sort de tot plegat, perquè gràcies a tot plegat vaig parlar. I vaig relatar, fil per randa, els meus dies i les meves nits en companyia de Feli Dafo. Els vaig dir que ell era un flamenc solitari, pobret, que tot just començava a recordar els seus orígens. Era el fill del vent, allò estava clar, i necessitava la nostra ajuda. El consell va assentir com un sol home. Però no es van tocar les pells del penis, aquell cop no. Estaven tots capficats a pensar com podien ajudar Feli Dafo.

—¿On és la teva esposa, fill del vent? —va interrogar el meu avi—. ¿I els teus germans, o germanes? ¿I els teus fills?

L'estranger anava fent que no amb el cap. Deia que no, que ell no tenia ni dona ni fills ni germans. Alguns homes van riure, perquè allò era impensable: no tenir família de cap mena era impossible, mai no s'esdevenia tal cosa, ni tan sols amb els forasters. Però el meu avi els va tallar en sec.

—No fa cap gràcia, homes del poble —es va palpar la panxa, en signe de tristesa i d'infortuni—. Aquest fill del vent és de debò un flamenc solitari. Ben solitari, diria jo.

—Potser sí —va intervenir Feli Dafo—, però és així. I els meus pares ja no hi són.

—¿Que no hi són, dius? —el meu avi es va tocar la panxa, afligit—. No pot ser, els pares i les mares no marxen així com així, si de cas es transformen. Vejam, Feli Dafo: ¿el teu pare no t'estimava?

—Sí, crec que sí, a la seva manera —va confessar—. Crec que m'estimava molt. El que passa és que no volia que fos qui sóc, i quan va morir...

—Aaaah, vet aquí —va interrompre el meu avi—. El vent va voler trencar la corda del seu fill. És clar, va voler trencar-li la corda —va mirar els confrares, i tots van fer un cop de cap solemne—. I quan va bufar, el fill del vent va caure a terra. Aquell lloc, tan lluny de la veritat, ja no era el seu lloc. Per això va arrencar a volar, i aquí el tenim.

—Bé, no us ho sabria dir, potser sí. Però us asseguro que no vaig marxar de casa fins que el meu pare ja era enterrat.

—¡Enterrat no vol dir mort, foraster! —va exclamar l'avi—. El vent encara hi és, segurament dins teu. O potser corre entre els estels i les teves orelles. Bé, tant és. Ara digues: ¿la teva mare, també va voler trencar la corda? ¿Què se'n va fer, de la teva mare?

—Doncs la mare... —es va gratar els punys—, la van matar. Van ser els soldats. Van tallar-li el coll, i van deixar el seu cap, que feia una olor estranya.

—¡Oooooh! —va cridar el meu avi, i també tots els altres—; i aleshores, ¿què va passar?

—Aleshores vam buscar el seu cos, però no hi era. Els soldats s'havien endut el seu cos.

Tots els consellers es van palpar i es van refregar la panxa, presos d'un gran dolor. La pena es va estendre entre els homes i els murmuris també. Aleshores, el meu avi, que era el mestre medicinaire i el savi amb més poders d'entre els Gamo, va demanar silenci. Va dir que allò era molt greu, i que calia fer-hi alguna cosa. Va continuar demanant detalls a Feli Dafo: com era la seva mare, si l'estimava, si ell era molt menut quan la van escapçar, i quina olor feia. Quan el fill del vent va dir que sa mare feia la mateixa olor que la planta de la llum, un altre gran murmuri es va estendre entre els consellers. I quan va explicar que la seva mare els havia demanat, a ell i al seu pare, que marxessin abans de la seva mort, encara més. Però el que va alterar més els homes va ser un record terrible de Feli Dafo, una cosa que no m'havia confessat a mi. Ni a mi, m'havia dit allò, i mira que havíem passat molts dies junts. Va dir que li venia una memòria al cap, un record que fins llavors no havia tingut. La seva mare sortia a estones, quan ell era molt petit, i aquelles absències molestaven molt a son pare.

—Això és molt important, Feli Dafo —va sentenciar l'avi—. Molt important, amic. Quan una dona no hi és, i el marit se'n plany, vol dir que els mals esperits ronden la família. La teva mare era un hipopòtam, està clar: era grossa i forta, i et protegia a tu, però de tant en tant desapareixia sota l'aigua. Era un hipopòtam.

—No ho sabria dir —va murmurar el fill del vent—. Potser no té tanta importància...

—Feli Dafo —va alertar el meu avi—: has vingut a trobar la veritat, i nosaltres t'ajudarem. Però no te n'has d'escapar. Mira, foraster, jo et diré el que has de fer. Primer, has de recordar-ho tot. Després, has de ser qui ets, tu mateix, el flamenc solitari. I a la fi hauràs de recuperar els teus pares. Hauràs de saber què va passar amb el cos de ta mare, ho hauràs de fer. Només així veuràs la seva ànima d'hipopòtam. I només així podràs parlar altre cop amb el vent, amb el teu pare.

—¿Què us sembla que he de fer, doncs?

—D'entrada, a les nits, hauràs de mirar la lluna.

Tots els ulls es van girar cap al meu avi: després cap a mi, i després cap al meu avi de nou. Tots els ulls li demanaven què pensava explicar, allà i en aquella hora, davant d'un noi que no havia estat iniciat als misteris d'home. ¿No pretenia pas parlar de la lluna i de la mort, davant de mi, Tonjo, el Nen? Perquè parlar dels secrets del món davant d'un foraster ja era estrany, ¡però davant d'un nen...! La llei del poble Gamo era molt clara, pel que feia a les coses principals, i els enigmes de la lluna no es parlaven amb els que no havien passat el ritual. ¿Quina una en portava de cap, l'avi? I jo també estava molt agitat, perquè no em sentia preparat per escoltar les històries prohibides. No, encara no; jo no portava les pells al penis, no m'havien tallat les galtes ni m'havien pintat la cara. Sentia por, volia arrencar a córrer, i només el respecte degut als ancians em mantenia al meu lloc, amb el cul enganxat a terra. El meu avi va fer tronar la seva veu.

—Hi ha massa esperits captius —va assegurar—; hem de resoldre aquest afer. I no podem fer res sense el petit Tonjo, quan ell és qui coneix millor el foraster, és qui li té més confiança i qui més li ha ensenyat. El necessitem.

—Però Tonjo no ha estat iniciat, i la tradició diu que... —va protestar mon pare, i un seguit de murmuris van donar-li suport.

—Hi estic d'acord. Conec molt bé la tradició —va sentenciar el meu avi—; però tenim alguns precedents. Vine aquí.

Va cridar el meu pare amb la mà, i va conferenciar amb ell i amb els notables. S'hi van estar un temps, allà, a l'altra banda de la rotllana. Una bona estona per agitar les mans i parlamentar. Quan van acabar de discutir, el meu pare va sortir disparat cap al poble. No em va ni saludar, el meu pare. Va tornar al cap de poc amb un sac. I d'aquell sac en va treure una màscara i una cua de guineu. Em va lligar la màscara a la cara i em va enfundar el penis. Llavors el meu avi va parlar.

—Quan jo era molt petit —va anunciar—, el medicinaire em va necessitar en un consell com aquest. Fa molts anys, d'això, però segur que els més vells ho recordeu —els ancians van assentir—. Em van convertir en home durant una estona, i en acabat em van treure la màscara i les pells i vaig tornar a ser un nen. Gràcies a un encanteri, van assegurar que si jo parlava amb dones o nens, vull dir si jo explicava el que havia vist o sentit, se'm faria un nus a la llengua i em quedaria mut. Avui farem això amb Tonjo. L'hem disfressat, i ara l'embruixarem.

El meu avi va pronunciar l'encanteri, i tothom es va mostrar molt satisfet. Aquella era una bona solució, van dir amb els ulls. Sí, allò era una bona pensada. I jo, darrere la meva màscara, lluitava contra el pànic i contra la suor. I pensava que l'últim que faria en el món seria parlar d'aquella reunió amb dones o nens. Jo no volia que se'm fes un nus a la llengua, és clar. Jo volia conservar la meva llengua de sempre.

—Hauràs de mirar la lluna —l'avi va reprendre la conversa amb Feli Dafo—. La lluna, que guarda els grans secrets.

—¿Quins secrets? —va preguntar el fill del vent.

El meu avi va repassar amb la mirada tots els consellers, i un a un li van donar el seu consentiment. Podia continuar, doncs.

—Mira, foraster, la lluna és la vida, perquè no mor mai. Sempre se'n va però sempre retorna per créixer, i fins i tot les nits que pensem que ha mort, resulta que no ha mort. Sempre és viva, la lluna.

Vaig mirar Feli Dafo de cua d'ull: semblava calmós, ell que sabia tan poques coses. Jo no, jo sabia que coneixeria les grans veritats, i estava trasbalsat. Alterat, estava, més que si allà mateix m'haguessin d'obrir en canal. Com un xai indefens. Llavors l'avi va abaixar la veu, i va revelar que els homes del passat havien demanat una cosa a la lluna. Era quan la gent ja no eren animals, perquè havien conegut el país de les ganes: ja no eren ni guineus, ni hienes, ni flamencs, eren persones. En aquell temps tan llunyà, els homes van pregar a la lluna que els enviés la mort. Hi havia massa gent a la terra, massa vells, sobretot, que no es morien mai, i els aliments no donaven per a tothom. Per això a tot arreu hi havia desavinences. La terra era plena a vessar, ja no es respectava la vellesa, i aquell món era un turment. Així que van anar a parlar amb la lluna, que creava la vida.

La lluna no va voler fer tal cosa. ¿Com puc destruir allò que jo mateixa he creat?, va dir. Així que la gent va acudir a la planta de la llum, per demanar el mateix favor: que els enviés la mort. La planta va dir que sí, que entesos, però és clar, la vida i la mort encara no entraven en el seu poder. Durant set dies i set nits, es va barallar amb la lluna per regnar sobre les criatures vivents. A la fi, la planta de la llum es va quedar els cossos, i la lluna es va quedar les ànimes. La columna que unia cossos i ànimes va caure, i va provocar bona part de les valls i dels barrancs que avui existeixen. Després, els cossos es van començar a morir, en morir-se es van anar podrint, i així van nodrir la planta de la llum amb tota la força i la saviesa dels cossos morts. L'únic cos que no es va voler morir va ser el del serpent, que reneix cada any. A canvi, el serpent s'arrossega per terra i no té ànima, i és per aquest motiu que és la pitjor criatura de totes, la que s'enfila per l'acàcia foradada.

—¿És per això —va preguntar Feli Dafo— que dieu que la planta de la llum té propietats? ¿Perquè transmet la sapiència dels difunts?

—Oh, molt més encara, foraster —va afirmar el meu avi—; ¡molt més que això! ¿Tonjo et va explicar la història de la nena que va llançar els estels? ¿Sí?

Pels forats de la màscara vaig veure l'avi que m'espiava, i que em feia l'ullet. Li vaig agrair molt que em fes l'ullet, perquè jo estava suant de valent. O de covard, estava suant, més de covard que de valent. ¿I si no ho havia contat bé, pensava, i si la meva rondalla no era ben ajustada a la veritat? Però el meu avi em va calmar, i va continuar.

—La nena va espargir els fruits de la planta, i va crear els estels. Els llums de la nit, doncs, són fills de la planta. Per això, quan la planta s'adona que un cos ha mort, ordena un estel que caigui. Això és el que fan els estels: just quan cau el nostre cor, també cau l'estel.

Feli Dafo em va picar amb el colze, i jo em vaig esverar.

—Quan me'n vagi, Tonjo, mira bé els estels —em va dir—; així sabràs si he mort.

Em vaig quedar molt parat, i rere els forats de la màscara, els meus ulls es van posar tristos. Però els consellers no es van posar tristos, no: ells van castigar amb l'esguard aquell estranger, que interrompia el més sagrat dels misteris amb els seus comentaris. L'avi va sospirar i va reprendre el fil.

L'avi va relatar que després d'aquells grans esdeveniments, la lluna va decidir que conservaria les ànimes eternes. Si la planta de la llum es menjava els cossos, i feia caure els estels per anunciar-ho a tothom, ella s'emportaria els esperits. És així que, en morir, el nostre alè bufa i se'n va del nostre cos. Se'n va, i forma els núvols amb els cabells dels que han mort. L'aire aixeca la pols i s'enduu la nostra petja, la que hem deixat caminant d'un lloc a l'altre. Els núvols són cabells de pluja, que viatgen pel cel sense rumb fins que la lluna pren la nostra ànima i ens dóna repòs. I aleshores el nostre esperit descansa a la lluna, en un de tants forats, forats que són la casa d'aquells que han bufat el darrer alè.

—Per això voleu que miri la lluna —va intervenir Feli Dafo—. Per saber si els meus pares ja hi reposen. Potser sí, potser teniu raó. Us prometo que miraré la lluna amb molta atenció.

—Fes-ho, fill del vent —va dir l'avi—, ho has de fer.

Tothom va callar, tothom va estar tranquil. Feli Dafo havia entès el que havia de fer. Tothom es va tocar les pells del penis, perquè tothom estava content. Però no gaire, no del tot, perquè calia fer altres coses. Els grans maldecaps que havien arribat amb l'estranger no es resoldrien només mirant la lluna. Tothom es va alçar i es va dispersar en silenci. El meu pare i el meu avi em van retirar la disfressa d'home, i em van portar a un racó. Van dir-me que farien un ritual de divinació, que obririen les entranyes a una vaca i hi llegirien el futur. Però fins i tot abans de fer allò, van dir ells, caldria curar el foraster infortunat. Ja es veia, que l'hauríem de curar, fins i tot abans d'obrir la panxa de la vaca. Una cura de les bones, caldria, va dir el meu avi.

—Tonjo —em va manar l'avi—, ens hauràs d'ajudar.

—¿Jo? ¿Què puc fer, jo?

—A tu et té confiança —va dir el meu avi.

—No sospitarà de tu —va dir el pare.

—Ho hauràs de fer d'amagat, sense que se n'adoni —em va confiar l'avi—. Ho prepararem tot nosaltres, però tu l'hauràs d'enganyar. Tu ets molt important, Tonjo bonic.

Aquella nit no vaig dormir. Tampoc no vaig tocar la fístula, ni vaig escoltar les veus del vent. Aquella nit vaig tremolar i vaig ofegar els temors. Perquè jo, Tonjo el Pastor, del poble Gamo, de la terra de Cafa, havia escoltat les veritables històries de la lluna i de la mort. I perquè coneixia els poders de la planta de la llum. I també perquè tenia una missió molt destacada. Pobre de mi, Tonjo, el de les dotze pluges. I pobre fill del vent, que no entenia on s'havia ficat. Tots dos havíem vingut al món per fer un camí difícil. Ai, Feli Dafo, amic, a veure si la lluna et somreia. Ai, Tonjo, Tonjo. Que fàcil era conduir cabres i escoltar històries, com abans, quan eres tan lluny del món dels homes.

Van passar unes quantes llunes. Feli Dafo dedicava uns moments a la lluna, cada vespre, abans d'anar a dormir. Se la mirava amb aquells ulls vinguts del cel, estirava les orelles per si sentia alguna veu, i estudiava els forats de la gent morta. No podia veure res, deia, res especial que no fos la lluna i els seus forats. Allò deia, però tot i així mirava, tal com ens havia promès, per si hi descobria la casa del seu pare i de la seva mare. Una nit, i una altra, i encara moltes més. Ell mirava i no veia res.

També preguntava per la planta de la llum. Volia saber on es trobava, on la collíem nosaltres, i si en fèiem un brou amb aigua, o si en mastegàvem els fruits, o què. Jo li deia, i el meu pare li deia, i el meu avi li deia, que ja arribaria l'hora de la planta. Mentrestant, hi havia moltes coses per aprendre a la terra de Cafa. Jo li vaig ensenyar la gent, la de la meva família i la de les altres famílies. Ell va conèixer tothom i, al cap d'uns quants dies, podia cridar la gent pel nom. Fins i tot els infants de llet, coneixia: els prenia en braços i compartia les seves rialles. També els cantava cançons forasteres quan ploraven —vull dir quan ploraven els infants de llet, és clar. Les seves cançons eren estranyes, perquè les cantava amb les dents i la llengua, no pas amb la gola, que és com s'han de cantar. Però els nens l'escoltaven.

Després vam sortir a les contrades per saludar els arbres, les rieres, els turons i el rocam. Vam parlar amb les abelles, els llangardaixos, les gaseles i els ocells, que eren cosins del flamenc solitari. Cada criatura tenia el seu nom, la seva història i la seva manera de ser, i calia saludar-los sempre. Hi havia éssers grans i petits, i també alguns que eren coneguts com a nens, altres com a femelles i altres com a mascles. No pas com ell, que no era ni gran ni menut, ni home ni dona, perquè no era conegut. Ell era un foraster.

Un vespre, quan els focs del poble eren encesos, vam pujar a mirar la lluna. Jo enviava la meva música al món i aleshores, de sobte, vaig sentir veus empeses pel vent. Fiu fiu, deien les veus, que venien dels estels. Vaig parar l'orella i vaig sentir més coses. Fus fus, vaig sentir molt fluixet, i després més fort. Fus fus, era el soroll, fus fus. ¡La planta! ¡La planta de la llum estava parlant amb els seus afillats, els estels! Vaig preguntar a Feli Dafo si sentia aquella conversa, i ell va dir que no. No en sabia, ell, d'escoltar les veus de la nit. Encara no en sabia, pobre. Li vaig dir que s'hi esforcés, que les veus eren molt clares, que les havia de sentir per força. El cor de l'albada, el més lluent de tots, parlava ben fort, i cridava la seva mare, la planta de la llum. Qualsevol podia sentir-lo. Però no, ell no. Així que vaig escoltar jo tot sol, i quan les paraules es van acabar, vaig arrencar a córrer cap al poble. Al fill del vent el vaig deixar enrere, i vaig anar a trobar el meu pare.

Ell ho havia sentit, va dir el meu pare. I el meu avi, el medicinaire més savi dels Gamo, ell també ho havia sentit tot. Aquella era la nit, em van dir: me'n podia anar a jaure, que ells s'ocuparien de tot, i a l'endemà ja em cridarien. Jo vaig obeir, és a dir, vaig anar a la meva cabana, i allà em vaig reunir amb Feli Dafo. Em vaig estirar al meu jaç, i vaig provar de dormir. Vaig obeir els meus majors, però no vaig dormir gaire, perquè allò de dormir no m'ho havien manat. Encara que m'ho haguessin manat, no estic segur que hagués dormit gaire, perquè aquella era la nit que ens portaria al dia indicat.

Al matí ens vam llevar i ja estava tot disposat. La meva mare reia per sota el nas, totes les dones i els nens reien per sota el nas, perquè sabien que els tocava fer comèdia, però no sabien per què. Els homes no, els ancians i els més joves no reien pas. Ells sabien que calia enganyar Feli Dafo amb un motiu sagrat, ells sí que en coneixien el motiu. Vaig agafar la mà del meu amic i li vaig anar exposant el que m'havien manat. Aquell dia s'esqueia la festa dels gustos, li vaig dir. Jo sabia que no existia aquella festa, que tal cosa no s'havia fet mai, però l'havia de convèncer. Des que som homes, li vaig anunciar, festegem que som al país de les ganes, i la manera de festejar-ho és amb les ganes de tastar gustos diferents. Ell m'havia d'acompanyar i havia de fer tot el que jo li digués.

—¿Com pot ser —va dir ell— que mai no m'hagis parlat d'aquesta festa?

—No en parlem mai, d'això, entre els Gamo —vaig respondre, i em vaig palpar la panxa, perquè deia una mentida, i les mentides són de mal pair.

—Ah. Doncs som-hi —va arronsar les espatlles—. Anem a olorar, i ja veurem què tasto, de tot el que teniu.

—No, fill del vent —vaig advertir—. Ho has de tastar tot. El costum és aquest.

Jo em vaig tocar la panxa altre cop, però ell no es va adonar del meu dolor.

—Bé, no ho sé, Tonjo. Ja ho veurem. Miraré de no cometre cap descortesia amb vosaltres.

Quan vam arribar a la rotllana, el poble ja hi era en pes. Les dones s'aguantaven el riure, els nens reien obertament i els homes seien a terra, ben solemnes. El meu avi es va inventar una història que jo no havia sentit mai, però que era molt bella. Totes les rondalles que explicava el meu avi eren sempre molt boniques. La novetat era que les seves paraules sempre eren veritat, i aquell dia no ho eren pas.

—El sol tenia gust de calor —va recitar l'avi—, les flors tenien gust de perfum, i els arbres tenien gust de fusta. Fa molt temps d'això, abans que existís el país de les ganes.

Aleshores van néixer els homes, va dir, quan van sentir les ganes i van deixar de ser animals. També va venir la mort, que abans no existia. I una matinada fresca, amb gust de mel, va arribar un bona cuinera que tenia gust de cuina. Va ser ella qui va començar a repartir olors a tort i a dret. A poc a poc, les olors van conquerir els gustos, i va passar que els gustos i les olors es van començar a casar. El sol va fer olor de calor, les flors olor de perfum, els arbres olor de fusta. Així va ser el país de les ganes, després que hi anessin les olors. Per això, avui totes les coses tenen gust i tenen olor. Si no ho creieu, va proclamar, tasteu i oloreu.

Els homes es van tocar el penis amb ganes; les dones van riure; els nens van saltar com vedells joves, i el fill del vent va somriure. Ell que no sabia res va somriure. Ell era el centre de la broma, però no li havíem dit res, i per tant no sabia res. Tot ho havíem inventat per ensarronar-lo, i va ser per aquesta raó que jo no vaig riure ni vaig saltar, ni tampoc no vaig tocar-me el penis. Jo em vaig fregar la panxa amb les mans. Pobre Feli Dafo, em sabia greu enganyar-lo.

Van treure els fruits de la terra: arrels plenes de sucs, melons nans i gerds silvestres. Vam agrair als fruits que volguessin ser part de nosaltres. Tots vam menjar. El nostre convidat va ensumar i va menjar. Després vam sortir a collir bestioles menudes, i al cap d'una estona vam tornar amb uns quants cabassos carregats de formigues blanques, cucs, grills i cargols. També els vam agrair que volguessin entrar a formar part de nosaltres; vam menjar i Feli Dafo va ensumar i va menjar. Amb ganyotes estranyes, però va menjar. A la tarda, els homes van anar a caçar, i van tornar amb llebres i un antílop jove: els vam donar gràcies per voler entrar dins nostre, i ens els vam empassar. El foraster va ensumar, va menjar i va pair tota aquella caça. Llavors, cap al tard, les dones van portar els beuratges.

La llet va passar de mà en mà, i ningú no se'n va sorprendre. Però amb la mel fermentada vam tenir més problemes. Vull dir que el flamenc solitari la va refusar, perquè deia que allò li alterava el seny. Els homes van arrugar el front, i és que els homes sabien com era d'important que l'estranger prengués aquella mel esperitada. Van animar Feli Dafo a prendre-la, i ell va dir que no i que no. No hi va haver res a fer. La tisana de bulbs morats sí que la va acceptar, perquè la va trobar dolça i amable: no li semblava perillosa, a ell. Ai, si ho hagués sabut tot... ¡Ai, que poc que havia après, el foraster, tot i haver après molt! La tisana, molt més que la mel fermentada, molt més que qualsevol esperit, mudava els ànims i estabornia els sentits. Els homes van respirar, ells que ho coneixien molt bé: sabien que el nas, els dits i la llengua es tornaven cecs. Amb la tisana de bulbs, el país de les ganes desapareixia, es perdia el tast, i això ho sabia fins i tot el més petit dels nens. Però també sabíem tots que la tisana era molt curta, o sigui molt passatgera. Era arribada l'hora, no podíem badar.

—¿Com estàs? —vaig demanar-li.

—No t'ho sabria dir... —em va somriure—. Molt de gust, sí, però diria que m'heu donat massa cosa. Tantes menges, tants tastos, ja no noto ni les olors.

—La festa dels gustos és així —vaig dir, i no em vaig tocar la panxa perquè no volia que se'm veiés la pena—. Tant de gust acaba espantant les ganes. Es tracta d'això.

Havia pronunciat les paraules que m'havia dit el meu avi. Aquelles paraules ben exactes, vaig dir. Feli Dafo va mostrar-s'hi molt d'acord. Va fer un silenci i va gratar-se els punys.

—M'ho temia, Tonjo. Crec que sempre he temut això mateix.

—No t'amoïnis —vaig fer amb un fil de veu—, ja s'acaba. Ara prenem el darrer brou, i s'ha acabat la festa.

Li vam fer arribar el bol de l'últim beuratge. El bol havia passat de mà en mà, tots els homes havien fet veure que en bevien. Només l'havien xarrupat una mica, perquè semblés que en prenien, però gairebé no n'havien pres. L'estranger va ensumar i no va fer cap ganyota, ell que ja no podia olorar. Va mirar el contingut, aquella aigua rosada com la seva pell, i no va sospitar res, ell que no sabia que la llet i els sucs de maduixa n'havien canviat el color. Va alçar el tassó i va glopejar un poc: després va tornar a alçar-lo i va empassar encara més. Tots el miràvem i l'empenyíem a beure, a beure's el bol i a escurar-lo fins al final. Ell ho va fer, fins que se'l va acabar tot, i llavors ens va mirar.

—¿Què us passa?

—No res —va intervenir el meu avi—. Es fa fosc, i la festa s'ha acabat. Ha estat un honor compartir-la amb tu.

L'avi va deixar anar quatre fórmules de comiat, i allò es va acabar. La gent va alçar-se i tothom va tornar cap a la seva cabana. Jo vaig acompanyar Feli Dafo cap a la nostra roca preferida, allà on escoltàvem la lluna i els vents. Els estels començaven a despertar, però aquell vespre jo no hi conversava, ni amb cap dels astres. Estava molt cansat, el vespre aquell. Només sentia els udols de les bèsties, el cric-cric dels grills, i el meu respirar feixuc. M'anava dient Tonjo, què has fet, Tonjo, has mentit al teu amic. I em responia a mi mateix, Tonjo, has fet el que t'han manat, i ho has fet a fi de bé, Tonjo bonic. Has entrat al món dels homes fets, Tonjo, has conegut els secrets de la lluna i has mentit, però ho has fet obeint l'avi i el pare. Això deia jo, però encara així la panxa em feia rau-rau i no podia aguantar els ulls de Feli Dafo, que eren com aigües del color del cel. Ell sí que em va mirar, i de sobte em va mirar molt. Li estava marxant l'efecte de la tisana de bulbs morats. Els gustos li retornaven. Va fer salivera i va fer petar la llengua. Llavors va arrufar el nas.

—Crec que sento l'èter. El món eteri —va dir.

—¿Com dius? —vaig preguntar, confós.

—Tonjo... —va sospirar, i després va emmudir. Estava tan ocupat, ell, descobrint el món, que no va dir res més.

—Ho sento, amic meu —em vaig eixugar la primera llàgrima—. M'han assegurat que era necessari.

Però ell no estava trist, ni empipat, ni ressentit. Tenia els ulls enormes, les orelles ben parades, i tot ell estava obert de bat a bat. Fins i tot el trenc de la cella se li havia badat, diria jo. No hi havia cap dubte: la planta de la llum el tenia capturat. Els seus ulls eren fogueres, però fogueres d'esperit, blaves i verdes. Ni una bèstia ni un enemic no se li acostaria pas, amb aquelles fogueres clares.

Va vetllar tota aquella nit, amb la llum a dins. Jo em devia adormir, perquè l'endemà em vaig desvetllar, arraulit al seu costat, quan el sol ja volia despuntar. Jo no sé si el que vaig veure ho vaig contemplar en somnis o despert: no ho sé del cert, però tal com ho recordo, suposo que devia estar ben despert. Tot el que es va esdevenir ho recordo net i perfecte, de manera que quan em ve al cap diria que encara puc tocar el meu amic. Recordo molt i molt bé quan es va alçar, allà enfilat a la roca, i es va desvestir. Sí, sí, ho tinc ben present. Es va despullar del tot, va deixar caure la túnica als peus i jo vaig veure aquella persona com no l'havia vist mai.

Va encarar-se a la lluna, va fixar-se en els forats de la lluna; i va comptar els estels, els que queien i els que no queien del cel. Sense disfresses, em mostrava qui era de debò, i recuperava la seva ànima. Al seu entorn, els boscos dansaven, les palmeres agitaven els cabells i les muntanyes reien amb veu ronca i plena. La planta de la llum cantava, els estels xiulaven i el sol s'alçava somrient. Tota la terra era una festa, perquè Feli Dafo despertava.

Ja recordava qui era en realitat. Ho descobria sense pressa, meravellat dels fets del seu passat. Aleshores el coll se li va allargar, li van créixer les plomes, i les orelles se li van convertir en ales. Ja no tenia cap vestimenta, era el flamenc solitari que era. I va emprendre el vol, des de la nostra roca, fins a cavalcar el vent. Va fer unes quantes voltes al cel de la nit, les ales esteses, solemne. Tornava a ser el fill del vent, i no hi havia vol més lliure que el seu. En lloc de caminar volava, empès pels aires de son pare, i quan batia les ales pronunciava el seu propi nom. Fill del vent, deien les ales, fill del vent. Fill del vent, i s'enlairava: fill del vent, i davallava veloç. Fill del veeent, Feli Dafo, fffill del vvvvent.

Feli Dafo ja sabia qui era, i ja podia tornar al país del seu passat. Ja no era un pobre vagabund que jeia per terra, i que no sabia res de res. Era una altra cosa.

¿Se sentien d'aquella manera, les mares? Quan un fill o una filla les abandonava, i partia cap a terres desconegudes, ¿era aquella recança, aquell mal, el que notaven als budells? Jo era a punt d'acomiadar Feli Dafo, i ningú que ens hagués vist no ens hauria comparat amb una mare i un fill. Perquè era més gran que jo, molt més; tenia la pell rosada dels flamencs, i jo la pell fosca de la terra de Cafa; era fill del vent, i jo no era pas el seu pare, el vent. ¿Però qui li havia ensenyat les coses principals de la vida? Jo, el petit Tonjo. Jo l'havia educat. ¿Qui l'havia acompanyat, protegit, qui l'havia portat davant els Gamo, davant els ancians i els notables, davant els secrets i les veritats? Ho havia fet jo, Tonjo, el Pastor. ¿Qui l'havia recollit quan era una criatura indefensa, oblidada per les hienes, i l'havia portat a la seguretat de les guineus? Jo, Tonjo, jo l'havia conduït.

Era per aquells motius que em va correspondre a mi ferli els obsequis de partença. Jo tenia les boles dins d'un cistell, als meus peus, llestes per regalar-les-hi. Abans, però, jo havia d'acceptar el seu tribut. Així ho vaig fer, quan vaig rebre de les seves mans l'herba arrencada. No em va recriminar res, no va dir que jo l'havia confós: en cap moment no va recordar que havia tastat la planta de la llum contra la seva voluntat. Només em va allargar el manyoc d'herbes i va parlar.

—Estava mort —va anunciar—, i en trobar-te vaig tornar a néixer.

Les seves paraules m'omplien el pit de formigues. ¡Quin orgull, renoi, quina gran tasca la meva! Davant de tot el poble, em va dir allò, i tothom em va mirar en silenci, amb una admiració grossa i pesada que no se l'emportava ni el vent. Quina joia més ampla i llarga... La pena de veure'l marxar encara hi era, més avall, cap a la panxa. Però el goig de sentir-me al centre de la meva gent, aquell reconeixement del meu amic Feli Dafo, arraconava la tristor. De moment, si més no. Tenia l'herba seca a les mans i jo, Tonjo, era el vailet més important del país. Fins i tot abans d'iniciar-me com a home, jo ja era tot un personatge. No era el més savi, és clar, ni ho podia ser: el meu avi era el més savi. Va ser ell que es va avançar i va donar els darrers consells.

—Ara no tens tantes ganes, fill del vent —va dir—; i una criatura viva, sense ganes, és molt més viva.

—Jo pensava que si combatia les ganes —va respondre Feli Dafo—, sempre les mantindria vives. I que si sucumbia a les ganes, perdria la meva missió, i la vida ja no tindria sentit.

—Doncs ja ho veus, foraster —va recalcar l'avi, a poc a poc—. Has recuperat part de la teva vida. De quan eres flamenc, vull dir. Perquè els animals no han entrat al país de les ganes, i per això troben sentit en la creació. No pas en les ganes, sinó en les necessitats. Els animals són molt vius, fill del vent. Ells necessiten néixer, necessiten créixer, i necessiten morir. Els homes, des que som tal cosa, ens disfressem, i busquem necessitats allà on no hi són. Felicitats, doncs, perquè has progressat. Però no has acabat. ¿Ho saps, oi, que no has acabat?

—No, venerable avi. Em falta l'ahir. Però crec que el trobaré, n'estic prou segur.

Ja ho semblava, ple de seguretat. Havia recobrat la serenor dels animals, més savis i afortunats que els homes. La cara li havia canviat, era més afinada; i aquells ulls que tot s'ho empassaven, començaven a triar entre les coses principals i la resta. Era capaç de volar, jo ho havia vist amb els meus propis ulls. I des d'allà dalt, a tocar dels núvols i dels estels, el món se li havia estès al davant tal com era. Quina sort, vaig pensar. Quina bona sort, ja podia buscar el seu passat sense por. Podia anar tan lluny com volgués, i replegar-se tan endins com li calgués, perquè sabria fer-ho. Que bé.

Em vaig ajupir i vaig collir el cistell. A dins hi havia les boles que li pertoquen a tot viatjant, i calia fer-n'hi ofrena. Cada pilota, de la mida d'un puny, contenia un fruit de la planta de la llum. Havíem protegit les llavors, encara fresques, amb tota la seva polpa i el seu tel argentat, dins d'uns embolcalls gruixuts de llard. Per sobre, havíem recobert les boles amb una capa premsada d'excrements de cabra. Allò aguantaria gelors i tempestes, i arribaria en bona condició fins on calgués, fins més enllà de la ratlla de l'horitzó, si calia. Era un bon present, que no tothom es mereixia. Però Feli Dafo sí que s'ho mereixia.

Vaig veure com girava cua i marxava. El seu caminar era gràcil: portava la túnica ronyosa de sempre, però caminava millor, en braços del vent. Adéu, fill del vent, vaig pensar. Sé que en algun lloc de la Terra, em vaig dir a mi mateix, tu hi seràs. Part de tu es queda en mi, i part de mi se'n va amb tu. Quina pena, i quina joia, Feli Dafo. I si algun dia veig caure el teu estel, jo et recordaré. Perquè això és el que fan els estels; just quan cau el nostre cos, també cau l'estel, que sent com s'ensorra el nostre cor. Els estels saben el moment que morim, i avisen els amics. Per això jo sabré quan reposes en pau, flamenc solitari, per això no seré un pobre desgraciat. La teva mort no em serà mai estranya, ja no seràs mai més un foraster per mi. Quan et busqui, alçaré els ulls a la lluna i sempre t'hi veuré, en un dels forats de l'astre que no mor mai.

Serà aleshores quan parlarà la meva música. Tonjo, Tooonjo, faran les llengüetes de la fístula. Fiu fiu, faran els estels, fffiu fffiu. Fus fus, bufarà la planta de la llum, cap amunt, ben amunt, perquè la sentin des del cel. Cric-cric, faran els grills. Fusss fusss, la planta, i Toonjo Tonjo les meves veus, que ressonaran a les muntanyes. Fill del vent, diran els aires, i es desfaran els núvols, que són els cabells de les ànimes difuntes. Fffill del vvvent, cantarà el món sencer, Feli Dafo, fill del vent... La teva història volarà amb el vent, que és un pare molt potent, i es ficarà a les orelles de tothom. La terra serà un cor de veus i de músiques, que tots els nens escoltaran. No seràs mai absent, flamenc, mentre hi hagi un Tonjo a la terra de Cafa.

I tu envia les teves paraules, ¿eh? Digue'm: Tonjo, encara hi sóc, digue'm: Tonjo, sóc a prop, digue'm: Tonjo bonic, tu no estàs sol. I jo et prometo, fill del vent, que ja no seràs un flamenc solitari. Jo t'escoltaré sens falta, i seràs un flamenc preciós. Que bé, Feli Dafo. Que bé. Que bé que ploro per tu.

París

Hauré d'escriure alguna cosa sobre els càndids. Són una raça sorprenent.

Voltaire em mirava amb els seus ulls de trapella, guarnit amb el seu mocador de seda i el seu nas de ratolí. L'escriptor cavil·lava, però això no el va distraure del tot: va abaixar la vista un instant, va avançar la seva reina i va fer-me un escac al rei. Diantre, ja m'havia tornat a fer la mateixa jugada, per tercer cop consecutiu, i m'havia fet perdre l'aposta del dia. Vaig protegir el rei darrere un peó, però sabia que el joc estava dat i beneït. Sí, vaig pensar, la visita d'aquell matí també m'havia intrigat a mi. No era gaire corrent, un home com el que acabàvem de conèixer. ¿Félicien, es deia? Quin nom més modest. I quina fila més deplorable... I quina gran història, amagada en aquella aparença tan pobra.

—¿Realment es pot ser tan innocent? —vaig preguntar.

—No podem subestimar el poder de l'ingenu, senyor meu —va dir l'autor, tot fent-me l'ullet—; l'ingenu no deixa de ser un inadaptat social, i com a tal pot armar una autèntica revolució.

Va moure peça.

—¡Això és escac i mat, Voltaire! ¿Voleu dir que l'ingenu no sóc jo? —vaig detestar per un moment el jove talent que tenia al davant—. I doncs, ¿com jugareu quan tingueu els meus seixanta anys?

Em vaig reclinar a la butaca i vaig fer un esbufec. Ell es va retocar la perruca, presumit com era.

—No us el deixeu perdre, aquest Félicien.

—No, no ho penso fer —vaig dir—. Però em pregunto si no anem errats, si no prenem per beneiteria una malícia antiga, molt més astuta que la nostra. Perquè vejam, ¿què és pitjor? ¿Ser un orfe vagabund, com aquest home, ser atacat pels pirates, esclavitzat, condemnat a gana i a galeres, empès fins al món més primitiu, fins a les darreres penalitats, o romandre aquí com nosaltres, al cafè Procope, jugant a escacs?

—Aquesta, doctor —va alçar les celles—, és una magnífica qüestió.

Vam riure plegats. Era un tros de geni, l'escriptoret. No arribava als trenta anys, i tenia l'enginy dels millors savis de poble. Potser no era la més recomanable de les companyies, per a mi: jo era el cirurgià del rei, i freqüentar algú que havia passat un any a la Bastilla, condemnat per libel, no era una bona pensada. Jo tenia certa edat, tenia certa reputació i certs amics. Però les havia vist de tots els colors, i sabia que una conversa aguda valia més que totes les corones i totes les faldilles del món. A més, érem al cafè Procope, el més liberal de París. Jo m'hi havia deixat caure cada matí des que havia arribat a la capital, feia cosa de trenta anys. Era un local de primera, davant per davant de la Comèdia, al barri de Saint Germain des Prés. Al llarg de trenta anys, allà m'hi havia ensopegat amb Molière, Racine, La Fontaine, i tants altres. Cap dels personatges que hi havia conegut no era, per descomptat, recomanable. Tots eren gairebé tan pocavergonyes com jo.

—¿Us heu fixat en la seva aparença? —Voltaire hi tornava amb autèntica obsessió—. Perruques tan barates no les he vist ni al mercat de puces; i el tricorn aquell tan bonyegut... Més aviat un pentacorn, diria jo.

—Sí, semblava que vingués de l'extremitat del món —vaig alçar un peó i me'l vaig mirar pels quatre costats—, i amb la seva mirada de mussol espantat, com si digués: «No senyors, jo vinc del melic del món, jo he vist les grans veritats.» Quins ulls, quins ulls més especials...

—Em pregunto com els cambrers han deixat entrar algú tan mòdic.

Realment, el tal Félicien no encaixava amb els salons de Procope. Veure'l reflectit als miralls de muntura daurada era un contrasentit. Allà, entre canelobres i aranyes d'argent, porcellana de Sèvres i taules de marbre, la seva casaca bruta no hi encaixava gens. Anys enrere, el sicilià que havia fundat aquell establiment havia entès que el que podia atrapar els francesos no era pas una simple beguda, sinó una moda furiosa. Amb l'ajut dels orientalistes, de les traduccions de *Les mil i una nits*, dels comediants i del luxe, havia convertit el cafè en una obligació per a la crema de la societat llicenciosa. Després, altres cafès s'havien estès a la riba dreta, a tocar del palau reial. S'havien prodigat com els bolets. Però Procope havia estat el primer.

Ja es veia que aquell Félicien no apreciava l'essència de França. Era molt viatjat, i parlava un francès quasi decent, però l'educació anglesa que ens va confessar el tenia impedit. ¿Com podia comprendre ell, educat entre gent austera, aquells cambrers vestits de nimfes orientals? ¿Com podia admirar la gran perruca enfarinada del xef? Els sorbets, la xocolata, els licors, els dolços i els confits, ¿com podien seduir un paladar tan sobri? Aquell rodamón potser havia superat tres mil tràngols, a les contrades més remotes, però Voltaire tenia raó: era un càndid monumental. El rostre adobat, la cicatriu a la cella, les sabates rebentades, no el feien pas més cínic. Realment, no s'entenia com l'havien deixat passar per la porta.

—L'homenet ha dit —Voltaire va arrufar el nas— que quan va marxar cap a Orient, encara regnava Lluís el Gran; ha dit això, ¿oi? Doncs d'això deu fer... —va comptar amb els dits—. Bé, tant és. Fa una pila d'anys.

—Sí, ha mort el Rei Sol, han passat la guerra i la regència, hem abraçat la pau i el cafè, i hem coronat el nét del gran rei. Ara som feliços sota la gràcia de Lluís XV, el Ben Amat. Que Déu li doni salut... —amb la figura del peó vaig desplaçar el meu rei— i que el mantingui ben lluny de les meves receptes.

Jo no passava ànsia per la felicitat del regne. De fet, m'importava un rave, el regne. És més: sospitava que la felicitat general podia arribar a disminuir, en termes relatius, la meva pròpia felicitat. Quant a la condició física del rei, he d'admetre que m'amoïnava prou: però no perquè m'estimés molt el monarca, sinó perquè la meva fortuna depenia d'aquell cos de catorze anys. Jo no tenia cap interès a treballar més del compte, ni a fer provatures sobre les carns règies. Les provatures ja les havia fet, de principiant, en multitud de carns vassalles. I tenia clar, sobretot, que el meu rang no es devia a les meves mans de cirurgià, sinó al meu olfacte de cortesà. Sempre havia perseguit més el nom que no pas l'èxit. A França, el nom i el renom donaven privilegis, i en canvi l'èxit només donava un munt de feina.

Potser per això em va encuriosir l'intrús del dia, el Félicien aquell, que volia fer feina amb mi. Se'm va presentar sense intermediaris, de cop i volta. Ni tan sols no va molestar-se a adular Voltaire, quan ja aleshores l'autor era ben cèlebre —i diria que Voltaire li ho va agrair. Se'm va plantar al davant, exhibint la seva roba polsegosa com a única carta de presentació. Em va dir el seu nom, i quan li vaig demanar el cognom, em va replicar que no li calia, perquè a França només importaven els llinatges d'aquells que posseïen títols i terres. Jo li vaig exigir alguna referència, i ell es va limitar a informar que venia de La Rochelle, el port on havia desembarcat, i que allà l'havien adreçat a mi. No ho havia dit amb males formes, certament: el seu parlar era suau i aflautat. Però juraria que no li havia costat gens fermar la llengua i el gest, com si la floritura i ell fossin enemics acèrrims. Era tan gentil com silvestre, una barreja que encandilava Voltaire.

—Pólvora dolça —va sospirar l'escriptor—. Aquest Fé-licien és, tot ell, pólvora dolça. Estic segur que, sota la seva expressió serena, les idees es mouen com exèrcits grandiosos.

—Em pregunto què deu voler de mi.

—Ja us ho ha dit, doctor. Vol feina. Sou el físic del rei, i les vostres indagacions sobre el cafè són prou conegudes.

—Insisteixo, amic Voltaire, he guanyat més reputacions que batalles mèdiques. No el veig empaitant medalles, l'in-feliç aquest. ¿Félicien, es diu? Que curiós, ¿no us sembla? Félicien l'infeliç. Té gràcia.

—Però no es pot negar que a ell li interessa el beuratge. ¿Heu vist com flairava, com en distingia les categories i les propietats? D'aptituds no n'hi falten, si més no en contrast amb els adoradors més banals del cafè —es va arranjar el mocador, prest a atacar—. Els hagiògrafs del cafè em posen malalt, ¿sabeu? Com el cretí aquell, ¿el recordeu? Millor que mil besos, més dolç que el moscatell, deia aquell. ¿Es pot ser tan carrincló? O l'altre, pitjor encara: negre com el diable, calent com l'infern, pur com un àngel, i ensucrat com l'a-mor. No, el que hem vist avui no era presumpció, era conei-xement en brut.

Tenia raó. A París pesava més la moda que la beguda, i és clar, sortia el que sortia; un sac de retòrica, destinat a cultivar les més diverses vanitats. El nouvingut s'estimbava com una pilota de fang contra aquell cortinatge de pretensions, perquè el que el movia era l'essència del cafè. M'havia demanat fei-na, i tot seguit s'havia posat a ensumar tasses de procedències diferents. Els cambrers n'anaven servint varietats, en tassetes de porcellana, i ell anava sentenciant: Moca aigualit, deia; Nasmurada fi, exclamava; o autèntica llavor de Cafa, dictava amb solemnitat. De tant en tant xarrupava, però no s'ho em-passava mai sencer, sempre en feia tastos discrets. I quan va tastar cafè holandès, es va quedar parat. ¿Què diantre era allò?, va exclamar amb els seus ulls enormes. No havia trobat mai res de pitjor. Era gra de Batàvia, li vam aclarir. Ell ni tan sols no sabia que els holandesos tenien plantacions a l'Àsia, des de feia poc, i que havien inundat els mercats d'Europa.

Li vaig dir que el contractaria, però que s'hauria de posar al dia. I que no tenia clar fins quan sol·licitaria els seus serveis. Va respondre que entesos, que estava disposat a començar de seguida. Només tenia previst estar-se uns quants mesos a França, va afegir, i per tant no calia que jo m'amoïnés: no volia cap sinecura a perpetuïtat. Un dia o altre hauria de marxar, segurament cap al Londres de la seva jovenesa, on encara havia d'afrontar el seu passat. Allò, va dir: que havia de fer front al seu passat, amb una mística forània que va fer regnar un silenci incòmode. Voltaire li va donar una sonada benvinguda al país de les llums, i ell es va encongir d'espatlles. Jo vaig ser més prosaic: li vaig donar un parell de sous, perquè es comprés roba decent, i el vaig citar la setmana següent a la consergeria de palau.

—Encara no ho entenc, amic Voltaire —vaig sospirar—. ¿Què puc oferir a un home així? Juraria que no li calen gaires diners, ni per menjar, ni per vestir, ni per viatjar. El més lògic seria que anés de cap a Londres, a trobar aquest passat seu tan transcendent. I si vol aprendre del meu ofici... ¿Què voleu que us digui? No pot ser tan ingenu, l'home. Fa anys, jo potser li hauria servit... ¿però ara? Ara he assolit el respectable rang d'un gandul d'alta volada.

—No sou un inútil —l'escriptor em va regalar l'espurna dels seus ulls—: esteu oferint a França un gran servei, perquè sou un dels mals exemples més notables que conec.

Vaig riure i em vaig cargolar les puntes del bigoti, amb tota l'elegància dels meus seixanta anys.

—Molt ben dit, home de lletres —vaig fer—. La peresa és la mare dels vicis, i com a mare cal rendir-li tribut.

—Això mateix. I ara tornem al nostre hortet predilecte, el que ens ocupava abans de l'arribada del personatge.

—¿Quin hortet? —em vaig fer el desmenjat.

—Ho sabeu prou —va dir Voltaire—. L'hortet de les senyores. Hem jugat a escacs, però en realitat estàvem jugant a les dames.

—I com que vós heu guanyat la partida —vaig fer—, ara preteneu cobrar el vostre trofeu.

—Oh, i tant. Complireu el tracte, si voleu conservar el meu afecte.

—Pensava, benvolgut —vaig protestar— que ens unia una franca amistat.

—Doncs anàveu errat —es va alçar de la cadira—. A tot estirar, el bon conversador obté afecte. Igual que el luxuriós assegura companyia, el polític obté partisans, el negociant socis, el príncep cortesans... L'únic que aconsegueix amics, l'únic, és el virtuós. I ni vós ni jo, allò que se'n diu virtuós... ¿oi que no? Doncs deixem-ho en afecte.

—Heu tornat a fer diana —vaig admetre—. Tota la vida que esquivo el matrimoni dels cossos, i ara no és cosa d'embolicar-me en un maridatge espiritual. Afectuós company, doncs, entesos. Podeu anar a buscar la dama. I aneu alerta, ja sabeu el que penso: no t'enamoris avui, perquè vés a saber qui pots conèixer demà. Aneu a trobar la meva amant, Voltaire, que a partir d'avui serà vostra.

—No marxeu, ¿vós? —va preguntar.

—No, jo beuré més cafè.

—Doncs beveu, beveu, que a l'altre món no n'hi haurà.

—A reveure, Voltaire.

—A reveure, senyor De Chirac.

Trigaria molt temps a veure Voltaire un altre cop. La seva nova amant era una dama exigent, prou que ho sabia jo;

de les que xuclaven els humors virils. El devia portar de corcoll, aquella dona, i més quan ella s'havia desfet d'un cos pausat —com el meu— per abraçar-ne un de nerviüt —com el del literat. Confesso que jo havia perdut l'aposta amb recança, d'entrada: però un cop consumat el relleu, m'havia tret un pes de sobre. Tothom s'havia sentit complagut del canvi: llevat de les lletres franceses, és clar, que perdien per un temps la dedicació de Voltaire.

A qui vaig tornar a veure va ser Félicien. Va fer acte de presència, com li havia indicat, a la consergeria del Louvre. Ell m'esperava allà al final de l'escala, plantat, tot sol, i s'havia procurat una indumentària ben humil. Amb l'estipendi que li havia passat, hauria pogut fer-se amb una terna de seda groga, o carmesina, i un tricorn emplomat, i punys de brocat, i una corbata de mussolina. Però no. S'amagava sota una gamma de grisos que, si bé eren nets i endreçats, el confonien entre el comú dels burgesos. La perruca li tapava les orelles, i quedava rematada en una cua modesta que li moria al clatell. Era palès que l'home complia el seu programa de mínims, i ho feia tant en el vestir com en el parlar. Mai no em podria fer cap mal, un individu com aquell, mancat de vanitat i d'ambició terrenal.

—Anem a la meva berlina —vaig ordenar—. Vull que m'acompanyeu a una disputa ben curiosa.

Vam pujar al carruatge i li vaig dir al cotxer que ens portés a l'Acadèmia Reial de Cirurgia. Vaig seure i vaig plantar el bastó entre les cames, com d'habitud; vaig creuar les mans damunt el pom nacrat, i hi vaig reposar el mentó. El cotxe va començar a bellugar, i em vaig disposar a estudiar Félicien. Ell em sostenia la mirada, però no obria boca. El vaig interpel·lar.

—Així que vau arribar per La Rochelle... —vaig fer—. Jo hi vaig residir uns quants anys, és veritat, però fa molt de temps. ¿Qui us va adreçar a mi?

—No ho sabria dir —es va gratar els punys—. Algú del mercat, crec.

—Us costa mentir, veig. Quina llàstima.

Li vaig participar que, de jove, jo m'havia estrenat a la capital de la Charente. Hi tenia una consulta, que em permetia fer carrera en tots els sentits imaginables. En tots, vaig aclarir. Potser no havia curat gaires malalts, però m'havien arribat les veus i les noves més diverses sobre els meus clients. Havia arribat a tenir una relació molt precisa dels pobladors de la ciutat, i també de les contrades rurals. Amb aquella informació havia servit l'interès del rei, i també el meu interès. Les autoritats, amb la revocació de l'edicte de tolerància, anaven boges buscant heretges. I jo buscava els favors de la corona. Era una aliança ideal. Aquella època va ser molt turbulenta, i molt propensa a fer carrera.

—També vaig fer carrera entre les dones —vaig admetre—, perquè les mans d'un cirurgià i el cos d'una dona han nascut per fer amistat.

—¿Això és el que diuen? —em va mirar amb els ulls oberts, sense esbossar el més petit somriure.

—Sí. Vaig aprendre moltes coses, a La Rochelle. Les lleis fonamentals de la carn, per dir-ho així. Primer, que cap dona no és invencible; segon, que l'amor etern dura una nit, com a molt, i tercer, que no hi ha dona lletja, sinó bellesa rara.

—No vau defugir cap temptació —va murmurar ell.

—¡Oh, ho vaig intentar! —vaig exclamar—. Però jo sóc lent, i les temptacions, que són molt veloces, sempre m'enxampen.

Félicien s'havia posat vermell com un tomàquet. La conversa l'enutjava, estava clar. Era com una donzella verge, l'home. ¿Podia ser, que fos verge? ¿Que no hagués tastat mai femella? En tal cas, devia ser la primera criatura de mitjana edat sense desflorar que coneixia en tot el reialme. Vaig somriure, amb el cap encara reposat damunt el bastó.

—Jo era jove, ja se sap... —vaig sospirar—. I no és que tingués menys focs que ara, però cremava millor. Molt millor.

—Fins que us van baixar els fogots —va dir ell—, i vau venir a París, per dedicar-vos a la recerca del cafè.

—No, no —vaig moure el cap—. Quan vaig arribar a la cort, jo ja ho havia fet tot. Les recerques les vaig fer a La Rochelle. Un cop aquí, un cop assolida la meva posició, em va afectar una greu al·lèrgia al treball. Potser és cert que el treball no mata ningú, però per si de cas, vaig decidir no arriscar-me.

El cotxer va frenar els cavalls amb un crit, i la berlina es va aturar. El meu acompanyant va fer un gest cap a la porta, però jo el vaig detenir. No vam baixar fins que el lacai va haver obert la porta, va haver col·locat l'esglaó, i ens va haver parat els llistons per salvar el fang. I aleshores, és clar, vaig davallar jo primer. Vam arribar-nos a l'escala de l'edifici i vam entrar a l'Acadèmia de Cirurgia. Un criat em va reconèixer de seguida, va fer les reverències de torn i ens va portar fins a la sala de plens. Hi havia dues dotzenes de facultatius, a l'amfiteatre de fusta, que es van alçar de cop. Jo vaig donar-los llicència per continuar i em vaig acomodar a la filera del davant. Vaig cridar Félicien al meu costat, ens vam treure els barrets, i tots dos ens vam preparar a escoltar les doctes deliberacions de la ciència.

—Estimats col·legues —va proclamar l'únic metge que havia quedat dret—, com us deia abans, aquesta és una barreja funesta. Més enllà de perjudicar el consum dels nostres vins, més enllà d'escapar a la nostra autoritat prescriptiva, més enllà de qualsevol perjudici en gremi o corporació, aquest maleït cafè està degradant la raça. Les meves pacients, dames de probitat in-dub-ta-ble —va recalcar el mot—, diuen que...

—¡No m'estranya, Trousseau! —va cridar un espontani—. ¿Quina dona voldria perdre la virtut, amb un medicastre com vós? La vida potser sí, ¿però la virtut?

El tal Trousseau s'havia treballat a pols la fama de provocar més víctimes humanes que els canons del rei Lluís. A banda d'això, el doctor era baixet, tenia el llavi tort i exhibia una boca amb més forats que no pas dents. Era la prova vivent que, si bé no hi havia dones lletges, certament existien els monstres masculins. Va esbufegar i va reprendre el seu discurs.

—Doncs les meves pacients, tros d'ase, pateixen esterilitat i leucorrea. Leu-cor-rea —va arrossegar les erres—. De tant prendre cafè. I es queixen que els seus marits han quedat reduïts a la impotència més absoluta. Estem parlant d'un anafrodisíac, senyors, ¡un a-na-fro-di-sí-ac!

Va narrar l'anècdota de la reina de Pèrsia, que jo ja havia sentit en incomptables ocasions. Els perses abusaven del cafè, va dir, i no volien admetre que allò reduïa la seva força prolífica. Fins que un dia la sobirana, que n'estava farta, va veure uns homes que subjectaven un cavall. La reina va demanar què estaven fent, i li van respondre que volien emascular l'animal. Ella va dir que no calia: li havien de donar cafè, com al seu marit, que feia cinc anys que bevia aquella porqueria..., ¡i ja no havia calgut capar-lo! Des d'aquell dia, segons Trousseau, els perses havien abandonat la popular tisana. Per tot allò, i per altres motius, sol·licitava que la casa del rei prohibís el cafè a França. I em va mirar a mi, però jo em vaig arronsar d'espatlles.

—Si em permeteu, il·lustres acadèmics —havia pres la paraula el doctor Dufour—, em veig obligat a discrepar. En base als exàmens més minuciosos, al llarg d'una dilatada pràctica, jo m'inclino a pensar que el cafè posseeix facultats positives. D'entre les més corrents, com ja sabeu, lleva la son i cura el mal de panxa, perquè actua com a diürètic...

—¡Oh i tant! —va saltar Trousseau—. Primer acarona els budells... ¡i després els crema fins a desfer-los!

—A vós, bordegàs —va intervenir un tercer—, el que us pesa és que el cafè allunyi del vi... ¡i de la vostra consulta!

Dufour, home de seny, va posar pau a tan erudita conferència. Jo em vaig girar cap a Félicien i li vaig confiar que Dufour era un dels més llestos de la colla. L'empaitava la intel·ligència, vaig dir en veu baixa. Llàstima que ell, a l'hora de la veritat, aconseguia ser més veloç que la intel·ligència.

—Si us plau, senyors, som gent civilitzada. I tenim el distingit físic del rei entre nosaltres, no ho oblidem —vaig fer una lleu inclinació amb el cap, i ell va continuar—. Jo l'únic que afirmo és que, amb els estudis a la mà, els efectes semblen profitosos. El cafè corregeix les irregularitats de la menstruació, i està clar que actua contra l'excés d'alcohol a la sang. Una altra qüestió és que caldria posar el remei en mans de la farmacopea, atès que sempre en farà un ús millor que no pas la gent corrent, propensa a...

—¡Collonades! —va exclamar-se Trousseau, les faccions enceses—. Aquesta porqueria destrueix les circumvolucions del cervell, sí, les cir-cum-vo-lu-ci-ons. Provoca l'esgotament general, la paràlisi dels membres, la impotència i un eixugament definitiu del líquid encefaloraquidi. Sí, col·legues, ¡el líquid en-ce-fa-lo-ra-qui-di!

Félicien se'm va atansar i em va demanar si aquell físic sabia realment del que estava parlant. Jo li vaig dir que em temia que sí: estava parlant de la seva butxaca. No suportava que se li escapés un negoci de bondats terapèutiques, vet aquí. Quant al llenguatge mèdic, no podia discernir si era fiable o no. Però si fèiem cas de la destresa que emprava aquell Trousseau per vestir la perruca, teníem motius sobrats per desconfiar d'ell, i del seu vocabulari.

—...infla els fluids i eixuga els ronyons —l'home s'havia embalat, tenia la perruca gairebé al clatell—, asseca els fluxos espinals, obre els porus de la pell, esbrava els sucs nerviosos, acidifica la sang, aprima fins a l'esgotament i estaborneix! ¡Es-ta-bor-neix, senyors!

—¡Vós sí que ens estaborniu, ximplet! —va bramar una veu anònima.

—Amb la vènia, doctors. Amb la vènia, Il·lustríssim Ministre del regne —el que m'acabava d'ascendir era Fourqué, un metge ancià—. Us vull dir una cosa. Apel·lo a Avicena i a Pròsper Albanus, així com al gran Galè, i estarem d'acord en allò... allò dels quatre humors del cos. El producte que ens ocupa, tots ho sabem, augmenta el fel negre, a expenses del fel groc, la flegma i la sang. ¿O és el fel groc, el que creix? Bé, tant és, el fred sec que això desprèn, bé, els sanguinis o els flegmàtics, o fins i tot els biliosos, d'acord... però els malencònics, bé, és un problema.

Fourqué no posseïa el do de la paraula. Era embolicat i feixuc, no acabava de fer les paus amb el seu monocle, que li queia tot sovint, i ensopia per igual partidaris i detractors.

—Això ja ho vam sentir a l'Escola de Medicina, Fourqué —va interrompre Dufour—. ¿On voleu anar a parar?

—Vull dir —va collir el monocle— que l'insomni i l'ànsia associats al cafè, així com la magror i la inhibició viril... I les migranyes i les morenes, o fins i tot els abscessos que es poden produir... tot això...

—¿Què?

—Els francesos, ¿no trobeu? Som malencònics, ens sobra fel negre... I, és clar, malament. Els mahometans, bé, ells són de sang càlida, ¿oi? Amb el nostre clima, què us haig de dir...

—Res, doctor, no cal que digueu res més —va tallar-lo Dufour—. Però deixeu que afegeixi alguns mèrits més del cafè. Ben administrada, la tisana pot ser un antídot contra l'addicció a l'opi, combat el còlera i el morbo, les afeccions reumàtiques i, possiblement, la pesta. De passada, diguem que modera el vessament lacrimal i, barrejat amb mantega i greixos, facilita les lavatives. Estic segur que, distribuït correctament a les farmàcies, el cafè...

—Teniu raó, no fa plorar, però fa cagar de gust —Trousseau tornava a la càrrega—. ¡Oh i tant que fa cagar! ¡Pudor, és el que fa! A tot arreu l'han penalitzat, el cafè dels pebrots. Els àrabs, els otomans, els anglesos, els prussians... En un moment o altre, la gent de seny l'ha prohibit, tot i que ara no és així. ¿I sabeu per què l'han prohibit? Doncs perquè el cafè extermina, vet aquí. Sí, benvolguts acadèmics, ex-ter-mi-na. L'introductor del cafè a Viena, doctors, va morir de tuberculosi. I no em puc estar de citar que una princesa de França, que tots recordeu, va caure víctima d'aquest verí. Jo mateix li vaig practicar l'autòpsia, i tenia unes úlceres estomacals negres i dures com uns grans de cafè. Ex-ter-mi-na, senyors.

Aleshores va arribar el moment que tothom havia esperat: la perruca de Trousseau va caure a terra. Jo vaig aprofitar l'avalot general per alçar-me i començar a passar, amb Félicien darrere meu. Però abans d'arribar a la porta em van aturar els precs de la concurrència. Volien que el físic del rei, abans de marxar, aportés el seu parer. Sobre els efectes del cafè i, en particular, sobre la conveniència de regular-ne el consum.

—Acadèmics —vaig esgrimir el bastó—, el rei deixa xerrar els metges, però mai no ens deixa decidir. I fa ben fet, perquè les arques del regne parlen amb veu més forta que els nostres fàrmacs. Vull dir que la corona no pot prescindir dels impostos del cafè. Al nostre poble li agrada aquesta droga, això és un fet: ¿què voleu que hi faci, un pobre metge com jo?

—Volem la vostra opinió —va bramar Trousseau, agitant la perruca en una mà—. Senyor De Chirac, exigim un dic-ta-men.

Vaig bufar ben fort i em vaig apuntalar en el bastó.

—Molt bé, acadèmics. Mireu, el meu dictamen és el següent: el cafè deu ser un verí dels pitjors, però deu ser el més lent que conec. Jo fa quaranta anys que en prenc, i aquí em teniu.

Em vaig cenyir el tricorn, vaig redreçar la figura i a pas ferm, més rejovenit que mai, vaig abandonar la sala de plens amb Félicien. Vam davallar les escales i el cotxe ja ens esperava al carrer. Ens vam instal·lar als seients i vaig picar el sostre: la berlina va arrencar immediatament. Feta la visita d'excepció, el cotxer sabia perfectament l'itinerari matinal. Primer, un passeig pel jardí botànic, i després, naturalment, un cafè a Procope. Jo vaig treure un mirallet de sota el seient i m'hi vaig observar. No, vaig pensar, la disputa mèdica no m'havia despentinat gens. Tot i així, em vaig retocar els rínxols emblanquinats, i em vaig cargolar les puntes del bigoti. Les arrugues de la cara, quin remei, seguien al seu lloc. Vaig desar el mirallet i em vaig fixar en Félicien, que espiava per la finestra. Tenia molta sort, ell: la finor de les galtes li conservava l'aire juvenil, a pesar de les clivelles que ja li rondaven els ulls i la boca. No es devia ni afaitar, l'home. Tenia un lleu borrissol als llavis, i poca cosa més. Quina sort.

—I doncs —vaig trencar el silenci—, ¿què en penseu?

—¿Del debat? Bé, jo diria... Diria... que tant me fa, diria jo.

La seva resposta era la que hauria obtingut del meu cotxer, o de qualsevol parisenc corrent. Tot i així, aquell home no era un home vulgar. Ingenu sí, però no pas ordinari. La demostració que ens havia fet a Procope, davant de Voltaire i jo mateix, m'alertava sobre la seva singularitat. Algú que podia determinar la qualitat d'un beuratge amb tant d'aplom, havia de ser una persona especial, molt ben dotada i de fortes inquietuds.

—Félicien... —vaig preguntar—, ¿d'on heu tret les vostres aptituds per al cafè?

—Suposo que olorant el món —va suggerir—. No ho sé, crec que he ensumat les aromes que el componen. La majoria, si més no.

—Ah, les set aromes —vaig afirmar—. El vinagre, la menta, la flor, el mesc, l'èter, la càmfora. Un, dos, tres —vaig fer anar els dits de la mà—, vejam, ¿quina m'he oblidat?

—No ho sé, solem oblidar allò que tenim més a prop.

—¿Com? Ah, és clar —vaig fer petar els dits—, la fetor. El setè aroma. ¿I com dieu? ¿La pudor, és el que tinc més a la vora? ¿Aquí, al meu París? He, potser sí. La pudor, he, he... ¿Doncs voleu que us confessi una cosa? Jo mai no havia donat gaire crèdit a les olors. Sempre he tingut més fe en el paladar. Quan un cirurgià obre un mort, al nas no hi troba cap rastre de res. Però a la llengua hi troba de tot. I si us hi fixeu bé, podreu localitzar-hi els gustos: el dolç a la punta de la llengua, la salabror als costats, l'amargant tocant a la gola...

—No ho sabria dir, doctor —va alçar les celles, cicatriu i tot—. La llengua no la faig servir gaire.

Se'm va acudir més d'una rèplica aguda al seu comentari. Però el carruatge s'havia aturat, davant la reixa principal del jardí botànic, i vaig convidar Félicien a baixar.

—Estic convençut que això us complaurà —vaig dir-li—. Si més no, us distraurà més que una sessió de l'Acadèmia de Cirurgia.

No anava errat. Vam enfilar el passeig central, i la feina va ser meva per arrencar-lo dels parterres. Hi havia milers d'espècies ornamentals; ell volia contemplar-les totes, ensumar-les i examinar-les una per una. Li vaig mostrar els arbres xinesos, enviats des d'orient pels jesuïtes, i els va amidar de tots costats. Quan vam arribar a l'acàcia centenària, una espècie vinguda de l'Àfrica, va obrar d'una manera molt insòlita. Va ficar la mà dins el tronc, va comprovar que era buit per dins, i va marxar esverat, per mirar-la a certa distància. Però el moment culminant, ja ho sabia jo, va ser quan ens vam endinsar a l'hivernacle. Va ensumar a tort i a dret i, sense cap vacil·lació, els ulls ben oberts, va seguir el rastre del cafetar. Es va agenollar davant dels arbustos —dos, n'hi havia— i per un instant vaig pensar que es posaria a adorar-los. El que va fer, en canvi, va ser incorporar-se i moure el cap. De banda a banda, negant amb convicció.

—¿D'on han sortit aquestes plantes? —va demanar, a la fi.

—*Jasminus arabicum laurifolio* —vaig apuntar—. Els holandesos ens les van regalar fa uns quants anys. Era quan s'estava negociant la pau europea, i el nostre rei...

—A Moca els llençarien, aquests exemplars. No valen res. I a Negreria... allà potser els cremarien.

—Són criades a Batàvia, a l'illa de Java —vaig explicar—. Hem provat de plantar-les a l'aire lliure, però es moren. També hem mirat de portar-les a ultramar, però no hi arriben vives.

—No m'estranya, mireu quina fila que fan...

Jo no veia cap fila en especial.

—Hi vinc cada matí, aquí —vaig confessar—. El meu somni és poder-ne transportar algun esqueix a les Amèriques, multiplicar-ne el brot, i cobrir aquelles terres de cafetars. Em convertiria en l'home més adinerat de França, i rebria el títol de marquès. Però no ho faré mai, ja ho sé, sóc massa gran —vaig inclinar tot el pes damunt el bastó—, i massa mandrós. Sobretot, massa gandul.

—L'èxit no depèn de l'home, doctor —em va apamar amb aquella mirada seva, de posseïdor de la veritat—. Depèn de la planta. Amb aquestes males còpies no arribareu enlloc, senyor De Chirac.

—Les plantes són com les dones, Félicien —li vaig fer l'ullet—. Si tota la vida esperes la criatura perfecta, et moriràs sense tastar-ne cap. Hem d'arreplegar el que ens cau pel camí.

—No hi estic d'acord —va proclamar—. No puc estar-hi d'acord, perquè el camí l'obrim nosaltres mateixos. Jo he fet el meu camí, i tinc la millor planta. Bé, tinc les llavors. Collides al cor de la terra de Cafa.

—¿Que teniu què? —un calfred em va recórrer l'espinada.

—Grans del millor cafè. Capaços de germinar. Sí, ben bé el que sentiu. I si m'aconseguíssiu el permís del rei, els plantaria aquí mateix, al jardí botànic.

—No és possible —vaig estossegar—. ¿M'esteu dient que...? No ho entenc. ¿A canvi de què? —em va sortir un fil de veu—. ¿Quants diners demaneu? ¿Voleu una participació en l'empresa? ¿Una concessió?

—No, doctor. Només vull cuidar les plantes. I transportar-les jo mateix a ultramar.

Quin home més desconcertant, per Déu. No podia ser tan curt de gambals. Perquè vejam: si tenia el fruit preciós, ¿què l'impedia plantar-lo ell mateix? D'acord, els jardins reials tenien els millors hivernacles, i qualsevol conreu a un altre lloc voldria un petit dispendi. Però ell mateix ho havia dit, l'important era la planta. I la planta la tenia ell. ¿Què el portava a confiar en mi, quan hauria pogut buscar-se un centenar de socis millors? Confiar en mi, precisament, de tots els éssers vius del planeta... ¡El més indolent, el més descregut, el més fals i oportunista dels homes! ¿Com podia ser tan escàs de llums, pobre? Voltaire tenia raó, aquell càndid es mereixia un llibre —¡què, un llibre!, ¡tota una enciclopèdia, l'enciclopèdia de l'estupor! ¿D'on havia sortit, el tal Félicien? Quin beneitó més misteriós, de debò. I aquells ulls tan francs... ¿Què m'estaven dient aquells ulls, en el fons?

Passats uns quants mesos, vam acostar-nos al jardí botànic, com fèiem ja gairebé cada dia. Félicien va donar instruccions precises a l'abnegat curador, que n'estava fins al capdamunt, d'ell. Calia regar menys, va insistir, i netejar el fullam dels arbres alts per obrir el pas a la llum. El cafetar volia molta llum, va dir. Després va estudiar les fulles, de l'anvers i del revers, i va olorar el tronc de dalt a baix. I també li va parlar, a la planta, com feia sempre, amb una confiança que no mostrava envers cap ésser humà. Va assegurar a l'arbust que sentia les seves veus a la nit, que l'escoltava, i que havia parlat amb els estels, que eren els seus fills. O alguna bestiesa similar. I va afirmar que aviat partirien, tots dos junts, cap a terres millors.

Jo havia modificat els meus tractes inicials amb ell. Que pogués distingir totes les varietats de la beguda ja no m'importava gaire. La gran prioritat passava a ser el brot aquell, el nostre tresor delicat que creixia a poc a poc. Massa a poc a poc, pujava, i tots sabíem que no el podríem moure fins que tingués prop d'un any d'edat. Félicien s'hi havia abocat de cos i ànima, i diria que havia ajornat, o descartat del tot, la seva partida cap a Londres. Així que ens vam instal·lar, ell i jo, en una associació inusual, més aviat freda, però correcta. Ell hi posava la llavor, i la devoció per la planta, i jo hi posava no res. Bé, el meu rang, hi posava, un no-res de certa utilitat.

Vam sortir del jardí i ell va preferir anar a peu. Jo podria haver pujat a la berlina, i fer la meva, però d'uns dies ençà l'home anava massa al seu aire, i em convenia tenir-lo a la vista. Vam emprendre el camí de Sant Víctor, doncs, de tornada a la ciutat. Les pales dels molins giraven sense pressa, en aquell fogós matí d'estiu. Passaven els carros i ens regaven de pols i núvols de mosques empipades. Com que les meves sabates eren per als passeigs llisos de Versalles i les Tulleries, i no pas per a les pistes rugoses de paisans, vam progressar amb gran lentitud. Quan érem a l'alçada de Sant Benet, ja no hi havia temps per fer el cafè habitual; així que vam trencar i vam salvar el riu pel Petit pont. Sempre m'havia preguntat per què n'hi deien riu, d'aquell braç malalt del Sena. Les barcasses, poblades per dones i criatures, cobrien el canal, i quan s'insinuava l'aigua per alguna escletxa, revestia una personalitat tan viscosa que les rates hi caminaven al damunt.

Aviat ens va colpir de ple la bafarada calenta de l'illa de la Cité. La gentada s'espessia, però la feina era meva per trobar perruques o mitges decents. Ens vam endinsar, als envolts de Nôtre Dame, pels carrerons estrets que no havien conegut mai la llum del sol. Ara veia el còlera en un gos mort, ara la verola en un avi mig despullat, ara la grip en una bugadera esquelètica. Félicien eixamplava les narius per captar les més diverses fragàncies. Però el perfum que es gastava en aquell sector era el de la suor rància, mixturada amb la dolçor pesada dels fems i les evacuacions humanes. Jo sempre havia defensat l'enderroc d'aquell formiguer, i que quedés només la mola despullada de la catedral, per airejar així el cor de París.

—¿Quina olor us crida, aquí? —vaig preguntar al meu acompanyant.

—No us ho sabria dir —va alçar les celles—. Alguna flaire de la meva infància, crec.

Naturalment, vaig pensar. La infància només fa pudor de merda. Com la meva, la meva infància també.

—¿No us heu preguntat mai —vaig aventurar— per què París és el centre de la moda, de les lavandes i dels talcs?

—Digueu-m'ho vós, doctor.

—Doncs perquè fa pudor —vaig escombrar l'aire amb el bastó—. Quan tenim quatre sous, el primer que fem és perfumar-nos fins a la punta dels dits. És l'única manera d'oblidar la nostra infància, i aquella ciutat menuda que no volem tornar a trepitjar. L'aristocràcia tanca els balcons, omple les alcoves de fragància oriental, i a la primera de torn fuig cap als palaus campestres.

L'aristocràcia, vaig continuar, combatia la brutor amb aigua de pètals i essència de fruites. Després l'empresonava sota camusses de Flandes, damasquins i teles venecianes, ben relligades de cintes i cordoneries. Sobretot les dames de França, vaig subratllar. Perquè les dones angleses eren febles, blanques com la neu, i corrien perill de fondre's si s'acostaven massa al foc; ¡però les franceses! Les de París, en especial, degeneraven en monstres. Vestits absurds i inflats, cabell rinxolat i enfarinat com la llana, les galtes amb coloret lluent, i alguna piga artificial. Mal m'estava dir-ho, però les dames de casa nostra cada cop s'assemblaven més a ovelles acabades de marcar. Allò era l'aristocràcia, l'estament que batallava per fugir de la ferum del poble —i en el qual tots hi volíem ingressar.

Travessàvem l'altre braç de riu, pel pont dels Canvis, i entràvem als carrers més sorollosos de la vila. Ens acostàvem al gran mercat de les Halles, cèlebre pels crits estridents, el gènere esclafat a terra i els pispes més ràpids de l'univers. Vam evitar aquell món tan emprenedor i ens vam dirigir al Louvre.

—Diria que l'única aristocràcia de debò —va murmurar Félicien— és la de l'esperit. Certs pobles la coneixen, però els francesos, no ho sé pas...

—¿A quins pobles us referiu?

—Més aviat als que viuen a les extremitats de la terra, allà on encara es pot viure del que és essencial. Allà on la vida val la pena, perquè és senzilla i digna. Allà on sobren els farbalans.

Era una idea a tenir en compte, aquella. No pas per dur a la pràctica, és clar, perquè acabaria amb la nostra civilització. Però com a joc mental, tenia gràcia; sí, hauria de parlarne amb els meus amics il·lustrats, potser amb Voltaire. Félicien els podria servir d'estudi de cas, atès que en el seu capteniment hi havia l'empremta del bon salvatge. Ell detestava la sofisticació, avorria el luxe i desconeixia la hipocresia. Era un sediciós de mena, perquè atemptava contra la base mateixa del nostre reialme. Ell només perseguia la veritat absoluta de la condició humana —quan l'únic absolutament cert, ja se sap, és que la veritat absoluta no existeix. Quin bon tros d'ingenu.

No era religiós en el sentit estricte, però. El seu Déu era molt íntim, i mai no l'havia vist entrar en una església. Quan parlàvem de creences herètiques, de protestants o de jansenistes, ell emmudia i es refugiava en la seva pell d'àngel. Val a dir que, en aquell aspecte, no desentonava de la major part dels francesos, que s'amagaven de la fe i portaven el ritu catòlic com una disfressa més. Portàvem, vaja. Jo només mantenia una disputa religiosa amb una sola persona, que era el ben amat rei Lluís. I és que el minyó estava convençut que ell era Déu, i jo no. Vet aquí la nostra disputa. Més d'un cop havia dit al monarca: «Vejam, ¿quin sentit té un cirurgià ocupant-se d'una divinitat? Cap ni un, ¿oi? Doncs vet aquí majestat», li deia, «no podeu ser diví.» Bé havia de justificar el meu salari, jo.

—¿En què creieu vós, De Chirac? —va demanar Félicien, en un accés insòlit—: ¿No creieu en res?

—¡Oh sí! —vaig declarar—. En una pila de coses, crec. En totes aquelles que són negades oficialment, per exemple. En la pesta, que és desmentida una vegada i una altra, i allà la tenim. O en la decadència de França. O en les facultats terapèutiques del cafè.

—I en les persecucions, ¿hi creieu? ¿Admetríeu que els catòlics han d'exterminar els dissidents?

Havíem arribat a la part noble de la ciutat, al voltant de palau. Les mansions, els criats, els carruatges i els salons de cafè desprenien tota una altra flaire. Estava clar que aquells barris ja no li deien gaire res, perquè havia deixat de mirar i d'ensumar, i fins i tot s'interessava per la meva persona. De fet, em va meravellar que volgués comprendre el meu fur intern —una ambició que ni tan sols jo mateix no em prenia seriosament. A més, aquell home s'havia mostrat molt reservat, des del principi. Diguem que no perdia ocasió de mantenir la boca tancada, i allò contribuïa a fer-lo bascular entre l'estampa de l'ignorant i la de l'enigmàtic. La seva inquietud era tan inusual, que vaig decidir lluir-me. Em vaig aturar, repenjat al meu bastó.

—Les persecucions han estat ferotges, i avui encara Déu n'hi do. Crec que són ben certes, doncs, malgrat el que se'ns digui. I crec que tots els homes vivents de certa posició hi han pres part, en un moment o altre. Si no, haurien perdut la condició de vivents. O haurien perdut la posició.

—¿I vós, doctor?

Em vaig confrontar als seus ulls inacabables, al seu verd blavós intens. Dimonis, ¿què m'estaven dient aquells ulls? Vaig esbufegar i vaig treure pit.

—Ja ho sabeu, jo vaig fer fortuna amb els hugonots —em vaig retocar la perruca—. Van passar a centenars, per la meva consulta. Els tenia clissats a tots, i quan van anul·lar l'edicte de tolerància, els vaig delatar. Ni el senyor bisbe, ni la guàrdia reial, no tenien llistats tan exhaustius com els meus. I gràcies a això, avui sóc qui sóc. Mireu si n'és, de senzill. ¿No éreu un admirador de la senzillesa?

—¿Voleu dir que va ser tan senzill?

—Bé, algun d'ells va oferir resistència —vaig afirmar—, però n'hi havia prou de no ser-hi. En el moment de la detenció, vull dir.

Els oficials venien a casa, vaig explicar. Jo els anava comunicant els noms, i ells sortien a caçar-los com conills. Després tornaven els oficials, esborràvem de la llista els desapareguts, i tornem-hi. ¿Que aquells infeliços havien estat els meus pacients? Sens dubte, i jo no els havia maltractat mai. Fins i tot n'havia rescatat algun de xacres incurables.

Bé, potser un grapat d'incauts havien caigut sota els meus fàrmacs experimentals. Però més enllà d'aquells avatars, jo no en tenia cap culpa, que fossin tan rematadament tossuts, i que preferissin la fe a la vida. Devien creure que la fe els donava dret a una altra vida, més bona i farcida de benaurances. ¿Quin millor favor, doncs, que assistir-los en el pas cap al seu jardí eternal? ¿O tal vegada no era aquell, el seu somni de sempre, el d'enlairar-se als núvols de la pau austera i evangèlica?

—No feu aquesta cara, Félicien —vaig mirar al cel—. Jo no m'hi vaig recrear gaire, vaig obrar com em corresponia.

D'acord, vaig concedir. En un grapat de casos no vaig poder resistir l'ànsia d'anar a veure la víctima. Sobretot quan es tractava de donzelles solitàries, que bé es mereixien un darrer homenatge, abans de partir cap al reialme vaporós dels esperits. Jo tot just vaig provar, com a cavaller, que fessin el seu darrer viatge amb un poc de coloret a les galtes. No hi havia cap mal, en allò. I cal recordar que jo era jove, que tampoc no era una figura picada en glaç. Però, per damunt de tot, havíem de tenir-ho ben present, jo vaig procurar grans aportacions al progrés de les ciències. Aquella va ser la meva època més activa, i ja no tornaria a fer estudis tan valuosos. De fet, jo ja no tornaria a fer estudis de cap mena. Els avenços que vaig assolir, a l'hora de verificar les patologies del cafè, serien de consideració. Molt més que mil debats a l'Acadèmia de Cirurgia, per descomptat. Amb comprovacions empíriques, seguiment d'historials i fins i tot un parell d'incursions en el prodigiós món de la química. I allà es van acabar, a La Rochelle.

Félicien s'havia girat d'esquena. No li veia la cara, semblava que observés el paviment del carrer. Que estrany en ell... amb el deliri que gastava per tot allò que guardés relació amb la infusió de moda. Potser s'havia impressionat. Quin home més tou, per Déu: tou, ingenu i estrambòtic. Li vaig participar alguns dels meus resultats, sobre els efectes estimulants de la beguda, la reducció de la flegma i, naturalment, la contenció de les secrecions en general. Els ajusticiats que prenien cafè just abans de morir, es mostraven d'una banda més lúcids, però de l'altra més neguitosos. Els que ja n'havien pres durant molts anys, gràcies a les meves dosis, no acusaven símptomes singulars. Això sí: aquests darrers, quan els practicava l'autòpsia, revelaven millores d'algunes vísceres i deteriorament d'unes altres. ¡Ah! I si els obria en plena agonia, aleshores...

—Prou.

Ho havia dit sense cridar, fluixet, encara d'esquena a mi. Juraria que s'havia encongit en ell mateix, i que tremolava. Quin personatge. Ho vaig deixar córrer, molt a pesar meu, perquè creia que aquells estudis eren valuosos de debò. Era l'únic valuós que havia fet a la vida. Bé, tant li feia, ja m'ho tornaria a demanar quan es trobés més ben disposat. Vaig mirar el frontal del Louvre, i vaig pensar que era hora d'acudir a les alcoves reials. No fos cas que em retardés en l'incompliment rigorós de la meva rutina. Abans de pujar, però, em va semblar que s'esqueia fer-li saber allò que devia esperar des de feia temps.

—He parlat amb Sa Majestat —vaig informar la seva esquena grisa—. M'ha ofert la gràcia del seu consentiment per trasplantar l'arbust. Quan sigui madur, és clar. L'afer no li és indiferent, al rei, i podria arribar a armar una petita flota per escortar la planta a les Antilles. ¿Què me'n dieu?

Va trigar a respondre.

—Bé... em sembla bé.

¿Què? ¿Li semblava bé i prou? Déu del cel, ¿que no era potser allò el que havia vingut a buscar? ¿Que no era aquella la seva quimera? ¿Que no havia corregut mig món per obtenir un favor com aquell? L'individu continuava d'esquena, fent-se el dolgut, fingint pena per uns pagesos de províncies, una gent anònima, morta i enterrada feia dècades. O tal vegada no era allò, però el cas és que estava incorrent en una falta de cortesia imponent. Cap a mi, i cap al ben amat monarca. Li estava fent veure que ell seria l'elegit, que l'empresa i la glòria serien d'ell, i el ximple ho pagava amb ingratitud. O amb indiferència.

—¿Però ho voldreu fer o no?

—Sí, és clar.

La seva veu a penes es deixava sentir. S'havia desplomat damunt una bobina de cordes, assegut de qualsevol manera, i no s'havia tombat ni per parlar.

Potser sabia que jo mentia. Però no, el personatge no era pas tan llarg. I al capdavall, jo no deia cap mentida. Com a molt, exagerava. Era veritat que el sobirà havia concedit el seu vistiplau. Era cert que entretenia la idea de muntar una expedició naval. Era clar que el tema ocupava la ment del monarca, bo i sabent que les testes coronades no disposen mai de gaire espai, tret de les escletxes obertes als panegírics desmesurats. No, no havia parlat cap falsedat. L'únic detall que no estava resolt era si seria ell, el bon Félicien, qui custodiaria la planta fins a les Índies. Una minúcia en la qual jo no hi havia entrat, atès que cada dia m'inclinava més per desestimar la seva candidatura. De fet, jo no li havia assegurat mai que seria ell en persona, en cos i ànima, qui n'assumiria la missió. Ell m'ho havia demanat, però jo no li havia promès res.

Jo m'hauria esperat una reacció joiosa, la del crèdul. Em podia haver imaginat una resposta freda i desconfiada, la del simplot que veu fantasmes pertot. O fins i tot l'explosió airada d'algú que sap que li estan fent una jugada. El que no m'hauria afigurat mai, amb franquesa, era aquella monumental falta d'etiqueta. ¿Quins pardals li corrien pel cap, al Félicien aquell? No era servil, no era malfiat..., i doncs, ¿què era? Devia ser un ingenu complicat, ja que, a més de càndid, era maleducat i ximple. Sí, sobretot ximple. Nostre Senyor devia estimar molt els ximples, perquè n'havia proveït uns quants. I a sobre, els havia fet molt ximples, rematadament ximples. Sobiranament ximples. Déu, ¿com podia confiar jo en un Déu que obrava així?

Havia de conservar Félicien com a perdedor. Els perdedors són importants, molt més que els guanyadors. Ningú no pot guanyar tot sol, necessita algun derrotat contra el qual comparar-se. El perdedor forma part d'una categoria suprema, que tant pot sostenir-se sol com en companyia, i que a més té el mèrit de deixar-se vèncer per permetre que un altre sigui proclamat triomfador. Félicien, pensava jo, era un d'aquests homes vitals, sense els quals cap gesta històrica no es pot esdevenir. Ell havia suat sang per portar les llavors del millor cafè, havia fet un periple fins a Negreria i havia tornat amb el preuat tresor. Després s'havia treballat el seu propi fracàs, tot ocupant-se del brot i vetllant pel seu creixement. Abocava la seva tendresa i els seus coneixements en la planta, arribant a l'extrem d'estimar-la i de parlar amb ella. L'home havia representat amb talent el seu paper, i només calia rematar-lo.

Tenia la peça fonamental, doncs, però em faltava el complement, l'heroi. Era obvi que jo no podia ser l'escollit, ni per edat ni per temperament. Havia de descobrir un home més jove, un pèl foll i presoner de la seva determinació. El vaig trobar en un capità de marineria de trenta-i-pocs anys. El capità era normand, un aventurer de vocació incapaç de defallir; coneixia bé el Carib i desconeixia els escrúpols, era solter i ja havia provat, en una ocasió, de transportar cafè a ultramar. En els cercles d'experts, el normand era conegut. Tothom sabia que s'havia embarcat amb un esqueix i que, durant dos mesos, havia sacrificat part de la seva ració d'aigua per nodrir la planta. Havia fracassat en arribar a la Martinica, segurament per culpa del brot mateix, que no era prou fecund. Però havia retornat a París, decidit a perseverar. Estàvem destinats a col·laborar, i així ho vam començar a fer, després d'una breu conversa a Procope.

Félicien no n'havia de fer res, de tot allò, és clar. A ell només li restava arrodonir la seva missió, com a mantenidor de la planta, i tot seguit recollir la glòria sublim de l'estafat. Entretant, jo l'havia de despistar amb talent, havia de distraure el seu interès per les minúcies de l'expedició final. Sovint vaig recórrer a les truculències de temps passats, de quan jo m'estava llaurant una posició a La Rochelle. Era evident que aquelles narracions el torbaven, i que li impedien pensar en res més. I a sobre, per què ens hem d'enganyar, jo començava a prendre-li gust. Les seves esgarrifances em divertien, el seu pavor infantil m'esperonava i la seva repulsió cega afavoria l'empresa principal. El més curiós era que ell, d'entrada, s'abonava a la conversa. Una oculta morbositat feia que n'avorrís els termes, però que en reclamés els detalls. Un dia, feta la visita al botànic, ens vam entaular a Procope.

—Crec que ja està llesta, doctor —va diagnosticar ell—. La planta, vull dir.

—Molt bé, fabulós. Però no ens precipitem, ¿eh? Recordeu: no cal fer avui allò que podem fer demà.

—Fa gairebé un any que vaig venir, i la veig madura. Ja podem engegar amb els preparatius. ¿Quan us sembla que la flota...?

—Està per caure —vaig afirmar—. Ja ho sabeu: quan despatxin l'ofici de la cancelleria, tot serà oli en un llum.

—Potser mentre esperem l'ofici, seria qüestió de...

—Esteu nerviós, ¿Félicien? —em vaig cargolar el bigoti—. No passeu ànsia, tot va sobre rodes. Els despatxos són com les pageses, que es tanquen si reben massa atencions. Per cert —vaig repenjar-me a la taula—, no us he explicat mai la meva història amb aquella heretge... ¿com li deien? Espérance, Vertue... totes tenien noms d'aquests, ¡carai! Vejam, vejam... ¡Ara, ja ho tinc! Grace, es deia, sí. Quina peça, la Grace...

Els ulls se li van eixamplar com dues llunes, diria que amb petits cràters i tot. Era un panorama, aquell tros d'innocent. Qualsevol hauria pensat que parlava de la seva mare. Jo encara no havia explicat res, i ja el commovia la història d'una pagesa ordinària, més aviat robusta i colrada, de paraula escassa i òrfena de lletres.

—¿Grace? —va dir amb un fil de veu.

—Sí, li deien així. Una dona crassa, sempre abillada amb el vel i els draps negres dels protestants. Primer li feia de metge, i si no ho recordo malament, li vaig rebentar una pústula. ¿O va ser un abscés? Bé, tant és...

—La coneixíeu... ¿bé?

—¡He, mira-te'l, el cast! ¿En vols saber més, oi? —vaig xarrupar la tassa de cafè—. Doncs sí, la vaig arribar a conèixer molt endins. També coneixia el seu marit; vejam, ¿com es deia? No sé què Du Foi, era. Però no en puc recordar el nom de pila, ¡caram, com passen els anys! Bé, no hi fa res. Era un home tibat com una escombra, aquell. Anava per predicador, i no en deixava passar ni una; tenia amargada la muller, ho vaig clissar de seguida. O sigui que vaig desplegar les meves arts, i tot va resultar molt fàcil.

—¿Fàcil? —estava horroritzat, el molt babau.

—Home, li vaig prometre dues coses impossibles de resistir —vaig deixar la tassa al platet i vaig remenar amb la cullereta—: la meva virilitat i la meva protecció. I jo diria que totes dues la van complaure, potser més i tot la primera, de fet. Sota aquella disfressa de llauradora pietosa, s'hi refugiava la sang més calenta del reialme. La vaig posseir pel davant, pel darrere, i per la boca aquella tan callada i tan sucosa, fins a les amígdales, la molt puta...

—Prou, De Chirac.

—Hmmm —em vaig aclarir la veu—. Va durar dos anys, l'afer —vaig llepar la cullereta a consciència—. El seu marit ho sabia, és clar. A províncies, tot s'acaba sabent. Però l'home, tan virtuós i tan beat, era un gallina, i confiava en mi per salvar la seva família. Així que quan la Grace venia al meu casal, ell s'empassava l'orgull i la decència, i deixava fer.

—¿Ell ho sabia? —va mig somicar.

—Sí. Amb unes banyes més aparatoses que les del pobre sant Josep. I la Grace vinga a remenar el cul, he, he... Però aviat va començar la depuració —jo parlava sense mirar-lo, la ganyota als llavis—, i vaig renunciar a l'entreteniment, és clar. No hauria estat ben vist. La Grace, i el soca d'en Du Foi, van anar a parar a les llistes. Em va saber greu, però el món de les faldilles és així: o perjudiques les dones, o elles et perjudiquen a tu.

—¡No!

Va descarregar el seu puny damunt la taula, i amb la mateixa força del cop va fer saltar el seu cos. La porcellana de Sèvres va dringar. El gest no casava gaire amb la seva figura: era la primera vegada que veia Félicien en combustió, les galtes sulfurades i la mirada encesa. El seu capteniment s'havia desbordat, ell que era sempre tan discret i flonjo. Tampoc no puc dir que fos pres d'una erupció, perquè l'enuig no li esclatava amb un torrent de paraules. Era una olla massissa, que bullia en plena febre, molt ben fermada. La seva vàlvula de fuita eren els ulls. ¡I quins ulls, mare meva, plens de renecs i greuges i pavor! Els mateixos ulls que els de... no, allò no tenia ni cap ni peus, no era imaginable. Els ulls d'un home ofès no podien ser els d'una persona a punt de morir. Mai no serien igual, eren una altra cosa.

—Au va —vaig dir-li, mentre m'incorporava—; no us ho prengueu tan a la valenta. Mireu-me a mi...

Em va fulminar. Vaig esquivar la seva mirada i, ajudat

pel bastó, vaig obrir-me pas cap a la porta. Li vaig fer el senyal de seguir-me.

—...mireu-me a mi —el vaig desafiar—, jo no em prenc res seriosament. Ni tan sols la vida. Bé, la vida el que menys, perquè sé que no en sortiré pas viu. En fi, que no paga la pena alterar-se per res. Acompanyeu-me, he de fer una visita que us pot interessar. Au va, això mateix, veniu amb mi.

Em va seguir, no sé si empès per la inèrcia o pel seny que, a poc a poc, anava refredant la seva caldera. No ens vam creuar ni un mot en tot el trajecte, i jo em vaig demanar de nou què pretenia, el tal Félicien, al meu costat. Si el movia el pur interès, era un babau que no es cobria les espatlles; i si el movia la manca de criteri, doncs era un babau per definició. El cas és que, comptat i debatut, vam arribar a les portes de l'Acadèmia de Cirurgia. Hi vam ingressar. L'amfiteatre tornava a ser ple de facultatius, que observaven un cos exànime a la taula de disseccions. Era el cadàver d'una dona jove, i des de la primera renglera el vèiem a la perfecció. L'havien obert en canal: els budells li penjaven i es barrejaven a terra amb un bassal de sang.

—Les bufetes semblen ennegrides —va dictaminar el metge que manipulava el cos—, però no mostren cap patologia especial. Els murs de l'estómac, en canvi, presenten ulceracions notables. ¿Ho veieu?

Dues dotzenes de culs van abandonar els bancs per un instant, i van apropar dues dotzenes de nassos a la difunta. Però les natges van retornar de seguida a la seva plaça. El ventre d'aquella donzella, que en la seva hora de glòria devia haver disparat —cap al zènit més alt— els instints de legions senceres, resultava repulsiu. Les cèlebres úlceres es perdien en una escudella de freixures i sucs que estabornia l'acadèmic més valent. El cadàver desprenia una pestilència de merda, de merda i agror podrida, que tombava d'esquena. Dues dotzenes de mocadors d'encaixos van apressar-se a socórrer les dues dotzenes de nassos ultratjats. El meu acompanyant no es va tapar el nas, però es va passar la mà pel front i va provar d'esbandir-se la suor freda. En el decurs de l'acció, va desplaçar la seva perruca.

—L'abdomen de la Grace —vaig dir-li a cau d'orella— no presentava tumoracions ni llagues de cap mena. Ens estan prenent el pèl, el cafè no pot ser responsable de...

Félicien em va dedicar una mirada entelada. Se li estaven encreuant els ulls, i el seu rostre tenia l'aspecte de la neu bruta. Potser no l'hauria d'haver portat fins allà, d'acord, però ja hi érem. I suposo que podria haver-me estalviat els comentaris, sobretot després de l'escena a Procope. Però no ho podia evitar, les seves reaccions d'escàndol m'incitaven, i com més dolgut se sentia ell, més fort envestia jo. I tot sigui dit, ell no s'alçava i marxava, no: ell s'estava allà clavat, i encara tenia esma per fer alguna pregunta. En el fons, ell s'hi prestava. La morbositat era més forta que ell. Va sacsejar el cap i em va interpel·lar.

—¿Li vau... li vau donar cafè? —va dir amb la tremolor que li restava.

—Oh i tant. Al llarg d'un parell d'anys. La vaig introduir al beuratge, i li vaig dosificar les preses. I quan vaig saber que els soldats havien d'assaltar la seva granja, aquell mateix dia, li vaig fer arribar un avís. Després vaig omplir un flascó de cafè, i m'hi vaig acostar amb el carro.

A la post de dissecció, el cirurgià continuava remenant i dissertant. Havia progressat pel colon i havia davallat fins al recte, on trobava certa dificultat per seccionar. Els bancs, mentrestant, s'anaven despoblant: la docta concurrència havia recordat que els cridaven les seves obligacions domèstiques, de sobte més importants que la vocació mèdica. Però Félicien no es bellugava. L'amfiteatre no existia, les especulacions de l'operació li eren estranyes, tot l'aire pesant i pudent de la sala es difuminava en els vapors que envoltaven aquella història de trenta anys enrere. Només em mirava a mi, a través d'un tel d'estupor o de mareig.

—Al conducte —m'arribava la veu freda del físic—, encara s'hi observen restes del beuratge...

—La Grace era pagesa —vaig dir—, però no era curta. Havia enviat els seus a fer unes errandes, i s'havia quedat sola davant el perill. El primer perill en arribar vaig ser jo. La vaig reconfortar, que és el que pertoca a un home com cal: sempre he cregut que la millor extremunció no és la de l'ànima, sinó la de la carn. I tot seguit li vaig servir el darrer cafè. Estava alterada, la criatura, perquè es va esquitxar amb la infusió i li va regalimar per tota la cara.

—Déu... —Félicien es va passar la mà pel front, i es va enretirar un poc més la perruca.

—Llavors van arribar els botxins i van fer la seva feina. Van decapitar-la, el cap va saltar per una banda i el cos de la Grace va caure com un sac. Els soldats estaven furiosos perquè el marit se'ls havia escapat. Jo els vaig dir que marxessin, que no els faltarien heretges per mullar l'espasa. Aleshores, tot sol, vaig carregar el cos al carro i me'l vaig emportar. A la meva consulta li vaig dedicar el millor homenatge pòstum que se li pot fer a una persona: lliurar-la al progrés de la ciència. Vaig procedir a un examen minuciós, no com el d'aquest brètol —vaig assenyalar el quiròfan— i vaig concloure que el cafè atorga una lucidesa extrema. Abans de la mort, ordena els humors i dilata el rec sanguini, i també...

Félicien va perdre els sentits. Es va ensorrar al banc, sense fer soroll, de costat. Li va caure la perruca. Vaig prendre-li el pols a les venes del coll, i vaig comprovar que el defalliment no era greu. Vaig agafar el meu tricorn i el vaig ventar, fins que es va començar a revifar. Llavors vaig demanar ajuda a un dels metges presents per arrossegar-lo fins a l'entrada. El vam fer seure a les escales de fora, on l'aire de París, carregat com és, va obrar miracles.

—Sou un monstre —va bufar ell.

—Podria ser —vaig replicar—. Però juraria que és més aviat un problema de memòria. Jo recordo massa coses. Les normes més bàsiques diuen que no has de recordar el que et puguis permetre oblidar. ¿Què penseu que és la bona consciència, més que una acusada desmemòria?

—¿I no... no tenien fills? —va preguntar.

—¿Fills? ¿Allò menut i sorollós? No ho sé, ho he oblidat. Podria ser, un o dos. Un fill, o una filla... No ho recordo, fa molts anys. I jo no feia de llevadora, jo era metge diplomat, ¿per qui m'heu pres?

Va arribar el carruatge, i em vaig incorporar. Ell va assegurar que estava bé, que volia refer-se, i que aniria a passejar una mica. Així que em vaig ficar a la berlina, vaig picar el sostre i el cotxe va arrencar. Allà es va quedar ell tot sol, assegut a l'escala, sense perruca. Amb els seus ulls exagerats i la seva blancor. I aquelles orelles punxegudes que... ¡redéu, quines orelles! Gairebé no les exhibia mai, les cortines de la perruca les cobrien. Però quan quedaven a l'aire, i t'hi fixaves, ¡carai, és que semblava un follet del bosc!

Quan vaig arribar a palau, encara tenia aquelles orelles ficades dins el cap. Sense voler, hi tornava una vegada i una altra. Vaig fer que em servissin l'àpat, però gairebé no el vaig tocar. Després vaig reconèixer Sa Majestat —bé, li vaig fer un cop d'ull i prou— i li vaig dir, en broma, que un pacient de catorze anys era pitjor que un reialme sense problemes: un no s'hi podia lluir. En acabat, vaig sortir a estirar les cames per les Tulleries i els Camps Elisis. Alguns cortesans, i també algunes dames, se'm van acostar àvids de conversa. Però jo no estava per enginy i banalitats. L'estampa de Félicien em rondava, i els trenta anys que havien passat des dels dies de La Rochelle s'encongien en no-res. La cara d'aquell home es fonia amb la de Grace, els seus ulls amb els d'ella, i aquelles orelles de vidre... aquelles orelles... ¿per què em cridaven tant l'atenció?

De cop i volta, se'm va aparèixer ben clar el rostre de Du Foi. Em vaig quedar plantat enmig del passeig, recolzat al meu bastó. No podia ser. Estava perdent el senderi, allò no tenia ni cap ni peus. Provava d'expulsar la idea, d'ignorar-ne la coincidència, però tornava insidiosa, i cada cop més evident. Les orelles de Félicien eren pastades a les de Du Foi. I els ulls, eren els de la Grace. Déu meu, ¿era possible? El marit de la Grace havia salvat la pell, o si més no havia desaparegut del mapa. I els seus fills, o el fill, o alguna criatura, també. Tenien fills, ¿aquella gent? No encertava a recordar la família al complet, i una menudesa que mai no m'havia amoïnat es convertia de sobte en motiu d'alarma, en un autèntic afer d'estat.

Vaig fer mitja volta i vaig apressar el pas. No era possible, el passat no tenia per costum retornar i buscar revenja. El sol pensament que un petit hugonot ressorgís de l'ahir i vingués a buscar-me era un bogeria. Allò no s'esdevenia, era una animalada. Però jo m'embalava, m'aguantava el tricorn contra el vent i marcava el trot amb el bastó. França encara era massa perillosa per a un protestant, ningú no hauria gosat... Vaig trobar el cotxer, que dormia; li vaig clavar una coça a les costelles, vaig saltar dins el carrutage i vaig picar el sostre amb fúria. Vam sortir de palau. Si aquell individu era un heretge retornat, i havia vingut a jugar al gat i la rata, se les hauria d'haver amb mi. I veuria ben clar qui era el gat i qui era la rata. L'esclafaria. Vaig tornar a picar el sostre, rabiós. Anàvem a pas de tortuga —aquell maleït conductor encara no havia après la diferència entre una berlina i una tartana. Vaig treure el cap per la finestra, i em vaig adonar que el carrer estava embussat.

—¿Què passa?

—El pont Neuf, senyor. Hi ha un tap. No ho sé, sembla que...

Vaig sortir del carruatge, deixant oberta la portella. Mules, homes, fardells, cecs, soldats, gossos: tots barrejaven les seves suors, en un frec a frec que no avançava. Vaig abandonar el meu cotxe allà, i vaig retrocedir a cop de bastó. Em vaig arribar a peu fins al pont següent, i passat el riu vaig aturar una cadireta. Vaig prometre als dos portadors un Lluís d'or, si corrien com el vent, i per Déu que ho van fer. En un tres i no res ja era al meu destí —havia caigut a terra dos cops, però ja hi era. Em vaig acostar a la reixa, que era tancada, i vaig picar amb força. No me la podia haver jugat, no era capaç, aquell Félicien era massa babau. El porter va cridar des de l'altra banda: que tornés l'endemà al matí, deia, i que deixés de picar d'una punyetera vegada.

—¡Obre, fill de la grandíssima puta —vaig bramar—, si no vols que demà vingui el rei en persona i t'obri en canal!

Em va obrir, i en veure'm va provar de disculpar-se, però jo el vaig empènyer i vaig arrencar a córrer pel jardí. No s'hauria atrevit, pensava, no hi hauria pogut entrar, repetia per dins. Però jo corria. No podia ser fill de Du Foi, aquell boig no tenia fills, i si els tenia no n'hauria vingut cap a preguntar sobre sa mare, a jugar-se el coll. Però el cuc em rosegava per dins, i m'empenyia. Vaig entrar a l'hivernacle, el cor desbocat, l'alè esgotat, i vaig pensar que no, que tot semblava tranquil, que el cap devia haver-me traït, que m'havia deixat emportar per fantasmes, que havia fabricat històries, que no, que la veuria al seu lloc, la planta aquella, que...

—Els collons del Pare Sant.

L'arbust ja no hi era. Hi havia un forat a terra, i punt. Un poc més enllà, les tristes figures dels dos brots holandesos. Aquells sí: però la meva planta del bon cafè, el meu somni particular, ja no hi era.

—La candidesa és un do molt especial, doctor. Els que no la compartim, creiem que és cruel i dement. Però no la podem menysprear, perquè té una gran força.

—Teniu raó, com sempre.

Voltaire havia tornat a Procope. Feia ulleres; sens dubte portava la marca de l'amant que l'havia xuclat a fons, i que després havia desaparegut. Les lletres franceses estaven de sort, perquè havien recuperat un astre. I jo també em podia sentir afortunat, perquè en una hora trista havia recuperat el meu company de tertúlia. Li estalviava segons quines minúcies, però li podia explicar els avatars amb Félicien i el fracàs de la meva conxorxa. Sense sentir-me ofès. Vull dir ofès per vulgaritats, no pas per ironies, que en gastava més que mai.

—I ara, ¿què fareu? —ell va remenar el cafè—. Jo us aconsellaria que no féssiu res.

—Això mateix —vaig dir—, no res. O millor encara: obligaré altres a fer de tot, mentre jo no faig gaire. Tinc un capità, un normand, que està disposat a portar els brots de Batàvia a les colònies, en concret a la Martinica. Ja veurem què en surt.

—¿Ja és de refiar, aquest capità? —Voltaire va extremar la cara de ratolí murri—. Potser que en trieu un de malvat, ara... és a dir, un de normal.

—Jo diria que aquest és malpensat, envejós, violent i pervers.

—Bé, De Chirac, bé. Crec que tindreu èxit.

—Una cosa, Voltaire —vaig xarrupar la meva tassa—. Vós sou un lliure pensador, us heu enfrontat a les prelatures, els bisbes i tot plegat. I al rei. Digueu: ¿vós creieu que les matances, vull dir les accions contra els hugonots, creieu que són una barbaritat?

—Mireu, doctor —va xarrupar de nou—, els que ens poden fer creure absurditats, ens poden fer cometre atrocitats. I en aquest terreny, la corona i el bàcul s'enduen un lloc d'honor. Crec que sí, que són barbaritats, i mogudes per principis absurds.

Culpable d'una barbaritat, doncs. Jo era un bàrbar.

Doncs Déu n'hi do, la sort que havia tingut. Si la meva retribució per haver pres part en les atrocitats era el que m'havia passat, si allà s'acabava el meu càstig, no em podia pas queixar. M'havien robat una planta, d'acord. ¿I què? N'hi havia d'altres, de plantes, i de bojos disposats a embarcar-se en aventures. Que em prenguessin la planta era com compensar un genocidi amb tres parenostres.

—Sempre em reconforteu, Voltaire.

—Doncs tanquem aquesta història. I bevem cafè, doctor, que a l'altre món no n'hi haurà.

—Això mateix, bevem.

L'únic que no podia tancar del tot era la història de la família dels nassos, els Du Foi. Félicien no podia ser fill d'aquella gent. Per l'edat sí, encaixava a la perfecció, i els trets de la cara enganyaven molt bé. Però no podia ser. M'havia esforçat molt a recordar, havia fet revisar arxius locals, i havia arribat a la conclusió que l'home devia ser nebot, cosí, o tot simplement alguna mena de farsant. Ara ho tenia ben clar: la Grace i el seu marit no havien tingut mai cap fill. Alguna filla, potser. Però un fill, un fantasma que hauria retornat en la figura de Félicien, no senyor. De cap manera.

Pernambuco

Vinga, sí, digueu que li vaig prendre la vida. Digueu que no vaig saber estimar, que jo era una esclava pobra, que no llegia llibres i que no podia entendre res. Digueu que no li vaig donar cap goig; digueu que li vaig robar el millor. Vosaltres que sempre parleu, au, alceu-vos, i negueu que vaig ser la seva ombra, la seva orella, el seu afecte últim. Negueu que vaig ser el seu abric en les nits fredes, la brisa més fresca en les jornades del tròpic. Alceu-vos, aneu on vulgueu, parleu tant com us plagui, vosaltres que només sabeu parlar. Escampeu ofenses per la terra de Pernambuco, a les ciutats i a les plantacions, que la vostra llengua escupi verí pel Brasil sencer, si cal. Digueu, proclameu, anuncieu, crideu que jo, Rosa Fortaleza, vaig acabar amb aquella vida lluminosa. Jo no us penso escoltar. Tant me fa el que digueu, ¿em sentiu? Perquè jo ho tinc ben clar. Perquè jo porto la boca mullada, i per sempre marcada, amb el seu bes ardent.

—Una mort petita —em va dir abans de partir— no farà caure aquesta casa, la casa del nostre amor.

Amb les seves últimes paraules jo ja en tinc prou, no em cal negar res ni em cal demostrar res. La casa encara hi és, la casa del nostre amor, i sempre la duré amb mi. Diuen que me'n vaig desfer, d'ell, que vaig obrar com els cucs i les serps i els gossos carronyaires. Doncs entesos, ho vaig fer, si així ho voleu entendre, jo ho vaig fer. A mi el cuc, a mi la serp, a mi el gos fastigós. En aquest país dels esperits, de bruixes i macumba, seré l'orixà negre. Seré una altra mà divina, o infernal, en una terra generosa i abundant. Jo faré que els indis matin els blancs, i que els negres matin tothom; ordenaré als micos juparà que propaguin les plantes, que facin brotar el sucre i més tard el cafè; portaré tants mals, disfressats de bonança, que tots m'invocareu i em tindreu por. Seré la vostra malvada, i mouré tants canvis, que quan obriu els ulls, ja no sabreu on sou. Això faré, si així ho voleu, en aquest frondós jardí americà.

La veritat serà per a mi, només per a mi. Jo sabré que Rosa Fortaleza es deia així perquè va desembarcar al port de Fortaleza, i no pas perquè era la més robusta o poderosa —que no ho era. Jo recordaré, jo i no un altre, que la van arrencar de les costes de l'Àfrica, que li van canviar el pare i la mare per cadenes gruixudes i la van deportar a l'altra banda de les aigües. Jo reconeixeré aquella nena espantada que va arribar al Brasil, que va passar d'un capatàs a l'altre i d'un home al següent. Jo suaré els records de les canyes de sucre, que vaig carregar a milers, i suaré la memòria dels blancs que em van posseir a dotzenes. Jo seré qui vulgueu que sigui, tant és, però recordaré com ningú el dia que el món va mudar de dalt a baix, el dia que el meu Fèlix va aparèixer a les arenes de la platja d'Olinda.

A primer cop d'ull vaig veure que no era cap home corrent. D'això potser no se'n parlarà mai, però va ser així. Vaig entendre que havia trobat el primer home bo, o l'únic home bo, i que ell havia de ser el meu amo. Un amo atent, un amo de lletra; un home que no semblava home, de tan bondadós com era. De seguida el vaig comprendre i el vaig voler, quan se'm va acostar caminant per les arenes d'Olinda. Portava el cansament al rostre, i era un amo blanc; em podia haver clavat un cop de peu allà mateix. Ell carregava tot un món a l'esquena, i jo no era ningú. Però se'm va adreçar amb deferència.

—Disculpeu, senyora —va dir—; ¿coneixeu algun hostal on pugui passar la nit?

¿Senyora? M'havia tractat de senyora... ¿Que no ho veia, que era negra i esclava, que collia sucre, que creia en els sants prohibits, en Xangó i Iemanjà i Exú? ¿Que potser no parlava sola, la meva pell, tot anunciant que dotzenes d'homes havien abusat de mi? ¿Que no ho sabia, ell, que jo era Rosa Fortaleza? Doncs diria que sí, sí que ho sabia, però no li importava. Ell anava vestit amb rampoines, amb robes grises que un dia havien estat elegants, i em mirava amb ulls grans i nobles. Vull dir nobles de debò, sense rancúnia ni desig. Em mirava a la cara, m'ensenyava el trau aquell de la cella i les galtes brutes de tant navegar, i tanmateix era amable i delicat. I jo em vaig imaginar que algun dia em portaria en braços, i que als seus braços seria Rosa la princesa, Rosa l'afortunada, Rosa el tresor; un tresor tan preciós com aquella planta de tres pams que era tot el seu equipatge. Aquella planta que ell tant estimava, i que havia vingut amb ell de terres llunyanes.

—Ho sento, jo no hi entenc, d'hostals —vaig respondre, i amb aquella resposta vaig estar a punt de perdre'l.

—És que no tinc gaire argent —va confessar, mentre es gratava els punys—. De fet, no en tinc gens ni mica.

Que ell era bufó, no es podia discutir. És clar que d'altres dirien que no, que era estrany i prou. En diuen tantes, de coses, i tan errades... Per a mi era bufó i era graciós, amb aquelles orelles punxegudes de fetitx sagrat, que se li disparaven cap al cel. Era gran, molt més gran que jo, però no li creixien ni la barba espessa ni els pèls al nas i a les orelles que els creixen a tots els amos. Era blanc i anava brut, com la resta, però ell era fi. Potser per això em vaig atrevir a parlar com cal, i vaig estar a l'alçada de Rosa Fortaleza, que era jo mateixa.

—Jo visc en una cabana —li vaig dir—, a prop d'aquí, dalt d'un turó. És la casa més pobra del món, però és oberta a la bona gent.

—Seria un palau, per a mi. No ho sabeu prou.

Així va ser com aquell regal del cel va arribar a mi, per sorpresa, sense músiques solemnes. El meu Fèlix bufó. Vaig acompanyar-lo a la meva cabana perquè s'hi fes un racó, i m'ho va agrair amb un somriure. Llavors em va demanar on podia clavar la seva planta, i jo li vaig mostrar l'hortet. S'hi va passar una bona estona, a l'hort, fent forat i redreçant aquell petit arbust. Quan va acabar, el va regar, li va dedicar unes paraules, el va espolsar i va besar-li les fulles. Aleshores va seure a terra i va acceptar els meus fesols, la meva mandioca i la meva aigua. Va refusar el tabac i la *cachaça*, molt gentilment, el meu Fèlix diferent. Ell no era ordinari, i per això es va disposar a escoltar. I diran el que voldran, però el cert és que em va escoltar molt bé. Ningú no m'havia escoltat abans com ell, perquè ningú no s'havia molestat a escoltar Rosa Fortaleza.

Li vaig explicar que havia vingut de terres africanes, embotida en un buc amb centenars de germans negres. Jo encara era una nena, ningú no parlava la meva llengua, i em volia morir. Pensava que m'havien encadenat a l'infern, un infern que es balancejava i que marejava. No volia menjar: van haver d'obrir-me la boca amb tenalles i fer-me empassar les farinetes amb un embut. Quan vaig desembarcar al port de Fortaleza, m'havia fet gran i forta de tant jaure entre homes i pixats i excrements. Però en el fons continuava sent una nena, i em pregunto si no ho sóc encara avui. Vaig haver de fer un petó a una creu enorme i em van posar el nom que em van posar, el que porto des d'aleshores.

—¿Quin era, el teu nom d'abans?

—Oya, era el meu nom. Oya vol dir riu. Però ja no el faig servir, era el nom d'una altra persona en un altre país. Aquí sóc la Rosa, Rosa Fortaleza.

—És un nom bonic, Oya. I Rosa també ho és.

Li vaig explicar que havia viscut en unes quantes finques

de sucre. Treballava als enginys, als trepitjos i als camps, collint la canyamel. Abans de l'albada ens despertaven a toc de campana. A cop de fuet i de xiulet ens arrengleraven, passaven llista i ens feien pregar. Després esmorzàvem, i caminàvem fins a la feina; i vinga a treballar, fins al migdia, que menjàvem i dormíem. Llavors tornem-hi, fins a l'hora de plegar. Tota la vida me l'hauria passat d'aquella manera, si no m'haguessin trobat càlida i desitjable, i si no hagués fet olor de mar. Primer em van buscar els meus companys, després els caps de colla; tot seguit els mulats, els capatassos i els domèstics; i a la fi em van buscar els blancs, els majorals i els amos. Tots em van buscar i tots em van trobar, quin remei. Jo vaig deixar de fer la sega, i vaig passar als llocs millors: als molins, a les cuines i al servei.

—Però ara —va observar ell— ... ara sou mestressa de la vostra casa.

—Sí i no. Mireu, l'últim amo blanc es va barallar amb la dona per culpa meva. La dama portuguesa no em suportava sota el mateix sostre. Em van treure de la finca. Em van cedir una parcel·la, que és aquesta, i em vaig convertir en esclava de guany.

—¿De guany?

La claror ja marxava. Vaig encendre una metxa d'oli.

—Treballo quan em criden. Quan ve la temporada forta, em criden al molí, o a preparar el ranxo. De tant en tant, l'amo em visita, i d'altres també em visiten (d'amagat, perquè jo encara tinc propietari). Ningú no em manté, em guanyo la vida, i tot és més fàcil. Treballo el meu hort, destil·lo rom i *cachaça*, venc els meus productes a la platja, i no em puc queixar. La vida em somriu: he tingut la sort de ser desitjable i càlida, i de fer olor de mar.

Em vaig enretirar els cabells, aquelles tres-centes trenes que em queien avall. El vaig mirar sense rubor, els ulls lluents, a llum d'espelma, armada d'aquell esguard que feia embogir tots els homes. Jo sabia que el meu coll lluïa amb una suor prima i delicada, sabia que la foscor de la meva pell era llisa i brillant. Sabia que cap mascle, blanc o negre o barrejat, no podia resistir-se al meu gest. Però ell em va mirar amb afecte, no pas amb gana ferotge. Li van pujar els colors —quina gràcia, es va posar vermell...—; llavors va somriure i va continuar la conversa.

—¿No teniu cap home, ara?

—Sóc del meu amo, és clar —vaig encongir les espatlles—; és llei de vida. Però ja no tinc manso, ara ja no. En vaig tenir un, que es deia Zé Borinot. Un mosso que no feia una passa sense que li caigués una dona als braços. Capturava els ulls de totes les noies, que adoraven els seus aires de negre dolentot, la seva manera de contar històries i de jurar que ell ho havia vist tot amb els seus propis ulls.

—Pobra senyora: ¿no us sentíeu gelosa?

Li vaig demanar que no em tractés com una dama. Jo era la Rosa, jo no era l'esposa de l'amo. A mi tothom em tractava de tu, ningú no em feia reverències. Va abaixar el cap, va insinuar una protesta, però va prometre que ho intentaria. El meu Fèlix estrany. Jo li vaig donar les gràcies, i li vaig dir que només les dames podien sentir-se geloses. No pas jo.

—Zé Borinot em va enamorar —vaig confessar—, a mi i a totes les altres. Les dones passaven per la seva vida com els núvols del cel. Algunes provaven d'embruixar-lo, li ficaven plomes de gallina als calçons, li penjaven farofa amb oli en una bosseta, li muntaven escenes; però jo no. No era pas una dama, jo. I, a més, Zé tocava el llaüt com només sabia fer-ho ell. Somrient, tocava les cordes. Plorava, si calia. Em va ensenyar a fer l'amor i em va ensenyar a cantar. Per això ara sóc aquella que canta a la nit, Rosa Fortaleza, la que fa olor de mar.

—¿Què se'n va fer, del Borinot?

—No se sap. Un dia ja no hi va ser —em vaig encongir

d'espatlles—, com sol passar amb els homes. Un dia hi són, i un altre ja no hi són. Diuen que va caure del cavall quan apagava un foc, a la plantació; i diuen que es va cremar, i que si no hagués mort encara hi seria, perquè Zé Borinot havia de viure eternament. Això és el que diuen. Jo penso que encara és viu, que un dia tornarà per tocar el seu llaüt i enamorar-nos a totes.

—Potser en trobareu un altre, no se sap mai...

—Potser sí.

El vaig mirar amb força, els llavis badats i generosos, fent-li arribar el meu alè. Cap home no ha pogut fugir, de la meva mirada i dels meus llavis oberts. Jo sé que tots volen entrar a la meva boca i perdre's allà dins. Però el meu Fèlix era fet d'una altra pasta. Es va estirar i em va demanar que li cantés alguna cançó. El meu Fèlix fatigat, el que carregava un món a l'esquena i volia reposar. Aquella nit, i la següent, i encara moltes més, vaig cantar-li. El vaig acollir, el vaig animar amb cançons: les cures, pensava, ja les faria quan arribés l'hora. Les hi faria jo, Rosa Fortaleza, la que havia estat un petit riu a l'Àfrica. Jo, la dona que cantava a la nit i que feia olor de mar. Ja poden dir el que vulguin, que jo li vaig cantar. I tant que ho vaig fer, allà, a la cabana del turó. I ja poden estendre veus i parlar fins a la mort. Fins que rebentin, poden parlar.

Va estar-se uns quants dies amb mi. Li vaig fer les cures, les cures per al cansament. Vaig preparar-li te de malva, i se'l va beure mentre jo invocava sant Nicodem, que en realitat era el déu Obatalà, al qual vaig pregar que li conjurés el cansament. Després vaig anar a la platja i vaig dibuixar signes màgics a la sorra: quan venia una onada, aquell signe s'esborrava i jo en traçava un altre, i després un altre, i encara un altre. Així vaig cridar tots els orixàs poderosos, amb noms de sants catòlics, perquè derrotessin els fantasmes del seu passat. Tot allò vaig fer, i encara més: vaig enterrar a la meva porta, davant de la cabana del turó, un sac amb farina de mandioca, oli de dende, dues monedes de real i un petit urubú escapçat. I vaig veure que es refeia, el meu Fèlix cansat. Però no n'hi havia prou.

Vaig cantar, cada nit. Cançons de naufragis, de pescadors absents i de la mar grossa. Càntics a la Mare de Déu del Carme, càntics a la deessa Iemanjà, que és la mateixa cosa: la senyora de les aigües i de les onades. Ell s'incorporava, em somreia i m'agraïa totes les cançons que li retornaven les forces. «Rosa Fortaleza», em deia ell, «a tu et van posar un bon nom.» I anava a l'hort, regava la planta i li parlava. Una nit em vaig estirar al seu costat i li vaig acaronar la cara. Ell va deixar fer, va tancar els ulls i es va endormiscar. Una altra nit vam dormir plegats, agafats de les mans. I així li vaig aplicar la medicina de l'abraçada i el remei de les carícies. No vam fer l'amor, perquè al meu Fèlix no li calia.

Un bon dia, el vaig avisar que l'amo em vindria a veure. Jo no hi podia fer res, havia d'oferir el meu cos al propietari, eren les lleis de la terra. Ell va fer que sí, va dir que es trobava fort, i que aprofitaria per marxar a la ciutat. Vaig tenir por que es fongués per sempre, com s'havia fos Zé Borinot i com es fonia la gent a Pernambuco. Però Fèlix em va assegurar que tornaria: m'ho va haver de repetir moltes vegades, perquè jo no el volia creure. I em va pregar que cuidés la seva planta. Aleshores sí, aleshores el vaig creure. Va començar a ploure, cada cop amb més ràbia. Ell va girar cua, i el vaig veure que davallava el turó. Vaig veure que es feia petit i que les cortinades d'aigua s'empassaven la seva figura.

Aquell vespre va venir l'amo blanc, el de la barba i els pèls al nas i a les orelles. Ell que sempre tenia urgència a marxar, ell que solia anar per feina i després corria cap a la dona i cap a l'enginy, doncs aquell vespre, ell semblava que no tenia cap pressa. Al final se'n va anar, gràcies a Déu, i jo em vaig posar a cantar ben fort des del turó. Volia que la meva veu arribés allà baix, allà on cremaven les torxes enceses de la ciutat d'Olinda. Pensava que potser el meu Fèlix m'escoltaria, que allargaria les seves orelles punxegudes i em recordaria. Vaig cantar aquella nit, i moltes més nits, i ell potser em sentia, però no tornava cap a mi. Llavors jo arronsava les espatlles i deia «bé, la nostra terra és així, un dia hi són i després ja no hi són, els homes sempre marxen, com el Borinot i com tots els homes».

Vaig compondre una nova cançó. ¿Com s'entenia que els homes tinguessin ales? ¿I com s'entenia que les dones quedessin enganxades? El fang de Pernambuco, cantava jo, només atrapava les dones. Mel viscosa, era la terra. Mel viscosa, als nostres peus. S'enganxava i ens atrapava de per vida. El fang de Pernambuco, cantava jo. Mel viscosa, aquella terra. ¿Com s'entenien tants coronels, capitans i doctors? Homes sense títols a la butxaca, homes que manaven. Tots tenien ales i volaven. També els esclaus, homes que obeïen, ells també fugien i volaven. Les dones no, cantava jo. El fang de Pernambuco. Mel viscosa per a dones.

La cançó nova em va fer companyia, però jo vaig descobrir que volia el meu Fèlix; i ell, si és que em sentia, no tornava. Van passar encara més dies i més nits. Vaig pensar que no se'n recordava, que ell també havia volat. I em deia que era igual, que jo era Rosa Fortaleza, la que cantava de nit, i que no vindria d'un home. Però no era igual, perquè el meu Fèlix no era un home corrent. Tenia por, sí, jo tenia por. Temia que s'hagués perdut; temia que l'haguessin mort, temia que l'hagués atrapat el Castrabrancos, un llop que rondava la contrada. El llop era l'esperit d'un amo antic, que no volia nens mestissos, i que castrava tots els blancs que s'acostaven a una esclava. També em feia por la serp Surucucú, els orixàs malignes i el dimoni, que campaven al seu aire pels boscos encantats.

Vaig anar a veure el vell Jabavu. Deien que l'ancià coneixia tots els misteris, perquè era un sant dels bons, dels que encara tenien un peu a l'Àfrica. Vivia en una cova, tothom el saludava, els rics s'aturaven a la seva porta i els blancs l'escoltaven amb respecte. Jabavu em va dir que no havia de patir, que ell tenia el dimoni presoner en una ampolla. També em va jurar que la serp Surucucú i el llop Castrabrancos no assaltarien el meu Fèlix, perquè era un home diferent. I em va recomanar que acudís al seu camp sagrat, la nit de lluna plena, i que entrés en la macumba.

Així ho vaig fer. Vaig barrejar-me en el ritual, a ritme de timbals, sonalls i carabasses buides. Em vaig deixar posseir per la música, una música més antiga que la raça. El vell Jabavu es va transformar en déu dels trons, sant Jeroni per als blancs, Xangó per als negres. I va entrar dansant al mig de la rotllana. Va pronunciar els mots d'inici: «*eduro demin, lonan o ié!*», va dir. «Feu lloc, que dansarem», volia dir, i tots els joves el vam entendre, nosaltres que havíem oblidat la parla dels avis. Llavors va saludar, *oké, oké*, i tots vam respondre *¡oké, oké!* I ja no recordo res més, però diuen que vaig entrar en trànsit, que la deessa Iemanjà i jo vam ser una sola cosa, que em vaig quedar amb els pits a l'aire. Diuen que vam ballar tota la nit, els peus nus, els cossos suats, i que la terra va tremolar. Que el vell Jabavu, o sigui Xangó, em va posseir amb el seu bastó lluminós. I que jo vaig acabar a terra, clavant cops de peu, presa d'espasmes, traient escuma per la boca i pel sexe.

—Has tingut una deessa al cos —em va dir el vell Jabavu a l'endemà—. Tu no has de patir, perquè has acollit Iemanjà, i perquè Xangó t'ha penetrat. Ets invencible, Rosa Fortaleza. Els orixàs t'ajudaran.

Potser sí, vaig pensar jo, però el meu Fèlix no tornava de cap de les maneres. S'havia oblidat de la seva planta i de la seva amiga invencible, o s'havia deixat empassar per la terra fangosa de Pernambuco. Ell no tornava al matí, no tornava a la tarda, no tornava al vespre. Fins que un dia, carregada de rom i de *cachaça*, vaig baixar a la platja d'Olinda. Demanaria per ell, vaig decidir; preguntaria a tot arreu, a les tavernes i a les esglésies, a les barques i als estables. Preguntaria als peixos morts i a les mules, si calia, i també als cocoters i als micos juparà. I seria jo, Rosa, la que feia olor de mar, seria jo que l'aniria a trobar.

Vaig seure a la platja i vaig desplegar el farcell. Abans que res, volia desfer-me dels destil·lats. No em va costar gaire, els mariners me'ls treien de les mans. Aquella terra nostra era tan calorosa, i tan poblada de penes, que els homes necessitaven portar algun esperit al cos, fos diví o fos terrenal. A tots els vaig demanar si havien vist el meu Fèlix, però ningú no en tenia notícia. No havien vist cap home d'ulls verds i grans, cap cicatriu en una cella, cap orella punxeguda. I aleshores, quan ja plegava els draps, una ombra se'm va dibuixar al davant. Vaig alçar els ulls, i el cor em va fer un salt. Ell estava dret, a contrallum. El meu Fèlix bonic, el primer i únic home bo. El tenia plantat al meu davant. Vaig fer un crit i el vaig abraçar amb totes les forces. Potser sí, que jo era invencible. Potser m'havien visitat els orixàs, i el vell Jabavu tenia raó. Havia tornat, l'home gentil, a veure'm a mi. La Rosa Fortaleza.

Vaig deseixir-me, i el vaig contemplar de prop. Tenia bon aspecte. Vestia una casaca i uns calçons escarlata. S'havia cenyit un tricorn brodat, i semblava un blanc de debò. Un hisendat, semblava, però preciós.

—He anat fins a la Guyana, allà on hi ha els anglesos —va dir—. He ajudat a fundar una colònia de puritans. M'han pagat molt bé.

—¿Quan heu tornat?

—Fa un parell de setmanes —i em va tallar, perquè jo era a punt de protestar—; et volia donar una sorpresa.

—¿Ah sí? ¿Quina sorpresa pot ser tan important? M'heu tingut a l'espera, el cor en un puny...

—He comprat unes terres —va esbossar un somriure—. Cap gran cosa, una petita possessió al nord. I... —em va regalar uns ulls lluents, una meravella d'ulls— ... també he comprat... bé... t'he comprat a tu.

Vaig obrir la boca, sense dir res. La vaig obrir tant, i tanta estona, que em van sortir els dimonis; tots els diables, i la serp Surucucú i el llop Castrabrancos. Van marxar tots els orixàs que duia a dins, va marxar Iemanjà i va marxar el poderós Xangó. Trons i llamps, van marxar del meu cos. Vaig caure de genolls, damunt les arenes de la platja d'Olinda, i vaig obrir les mans. Allò sí que era un déu. El meu Fèlix. Allò sí que era un amo, un amo caigut del cel. Allò era un home que no semblava un home.

Ell em va redreçar, ferm i delicat, i em va acompanyar al meu turó. Va anar a parlar amb la seva planta, que creixia ufanosa. Després es va fer un racó a la cabana, es va deixar acaronar, es va deixar besar al front i als ulls, i es va adormir. No va perdre del tot el somriure, no, ni en somnis no el va perdre. Jo vaig sortir a fora i el vaig observar dolçament, com la lluna, des de l'altra punta de la nit. Després vaig mirar els focs d'Olinda, als peus del turó, amanits de mil remors: crits, rialles, veus de borratxos, i els cecs que pidolaven almoina per caritat. Un llaüt va escampar els seus acords en la frescor del vespre, i jo vaig reconèixer aquella cadència. No era pas el Borinot, ell tocava millor, però era una de les seves balades. Vaig posar veu a la música, ho vaig fer per al meu Fèlix. Vaig cantar com mai no havia cantat per ningú.

Ens vam instal·lar en una petita finca, a dues llegües de la vila d'Olinda, camí del nord. Hi havia palmeres, prats verds, herbes silvestres, i un camforer enorme, que escampava el seu perfum als quatre vents. Crec que el meu Fèlix va triar l'indret per l'olor de càmfora, i potser per la platja, que jo necessitava, i que no era gaire lluny. Allà hi vam transportar l'arbust de cafè, i jo em vaig cuidar dels llegums, els bananers i altres plantes. Amb el nostre esforç, vam construir una caseta modesta, així com un corral per a les gallines i les cabres que ja anirien arribant. Reconec que el nostre tros no era un jardí celestial dels grossos, però era nostre, i no en volíem cap d'altre. Sense ser gran cosa, era molt.

Jo havia deixat de ser esclava. Ell m'havia comprat i, tot seguit, m'havia emancipat. Segons la llei, doncs, ja no tenia propietari. El meu Fèlix sempre m'ho retreia, quan jo li deia que ell era l'amo bufó, o que li devia cos i ànima. Ell no entenia que el paper deia una cosa, i la gent una altra de ben diferent. La gent sempre diu el que li sembla. Una negra no podia vestir com una dama, per molt que fos lliberta; no podia viatjar sola; no es podia enjoiar, ni podia anar a l'escola. Una negra podia tenir papers de dona lliure, però sempre tindria pell de captiva. Allò no ho entenia, ell. No entenia que em convenia tenir un amo, un amo bondadós com ell, per evitar molts maldecaps i ser ben vista. Tan atent i sensible com era, i en canvi allò no ho podia arribar a comprendre. Era, potser, la seva gran mancança, i no consentia que jo fos massa servil, ni li agradava que el tractés de vós. Però jo no me l'estimava menys, a causa del seu defecte. En el fons, la seva mancança, aquella resistència al món de veritat, el feia més tendre. I és clar, quan el veia tan foraster, tan obstinat a ser un estrany, encara me l'estimava més.

—Vós també teniu amo —li recordava jo.

—¿Vós? ¿Qui és, aquest vós? —feia petar la llengua, donant-me per inútil—. No tens raó, Rosa, jo sóc lliure del tot, jo no tinc ni una pàtria que m'encadeni... ¿De qui sóc esclau, jo? ¿De tu? ¿Del senyor cafè?

—No, no —li deia jo—, això ho heu escollit, forma part

de la vostra elecció. Sou captiu d'un petit amo que porteu a dins. Us heu passat la vida a les ordres d'un nen, aquell infant que vau ser un dia i que encara us mana. Per això teniu aquesta carona, i aquests ulls que tot s'ho empassen.

—El meu passat... —sospirava ell, i tot seguit callava, amb els seus silencis de sempre, que parlaven molt però que mai no sabies de què parlaven.

Quan podia, jo mirava de tractar-lo a cos de rei. Li preparava abarà, les fulles de banana farcides amb pasta de mongeta; o xinxim de gallina amb salsa picant; o acarajé, les boletes fregides de pasta de fesols. De tot, li cuinava, perquè entengués que jo era feliç al seu servei. Ell rondinava, deia que jo no era la seva cuinera sotmesa, i després s'ho menjava de gust, ja que ho trobava suculent de debò. I si no li servia els plats més deliciosos, és a dir si no li oferia en safata el meu cos, era perquè no m'ho demanava. El meu Fèlix era estrany, no n'hi havia dos com ell al món. Era un home únic, tan únic que no semblava un home.

La gent no hauria entès mai la nostra relació, allò era tan difícil com que el sol sortís per ponent, o que la pluja caigués cap amunt. Ell era un home blanc, i havia nascut per ser amo. Jo era Rosa Fortaleza, la devoradora d'homes, la que feia olor de mar, la més càlida i desitjable de les negres. Allò era clar com l'aigua, i portes enfora jo havia de ser l'amistançada de l'amo. Però, ¿i portes endins? ¿Que ho entenia, jo, el que m'estava passant? ¿Com me'n podia estar, d'empaitar el fantasma de Zé Borinot, o d'empaitar qualsevol altre borinot de paraula fàcil i cordes melòdiques? Doncs ja poden dir el que vulguin, poden negar la veritat i estendre tantes tafaneries com els sembli, perquè la veritat és la veritat.

Jo adorava el meu Fèlix perquè em respectava. Insistia a tractar-me com una senyora; m'havia regalat un sostre de debò, m'havia comprat la llibertat, i encara que jo no en pogués treure tot el profit, era el millor que mai m'havien donat. Però no tot era agraïment, admeto que ell m'agradava de valent. Ja hauria volgut tenir-lo a dins, ja, i més d'una nit m'estremia, des del ventre fins als peus, sospirant pel seu escalf. És clar que, posada a desitjar, el que més desitjava era la seva companyia. Tenir-lo com a germà era millor que perdre'l com a amant; saber-me necessària m'omplia més que saber-me posseïda, i capturar aquella criatura encisadora, el seu temps, el seu afecte, el seu cor, era la meva autèntica fantasia.

Diran que jo, la que cantava a les nits, no tenia ànima. Jo era negra, era esclava, i era dona. Jo m'empassava els homes amb l'ànsia d'una bestiola. Com a molt, diran, Rosa Fortaleza tenia l'ànima d'un ocellet, potser d'un infantó. Jo no escoltaré, ni m'amoïnaré, perquè no ho he fet mai. Quan era amb el meu amo gentil, no em preocupava. En tenia prou a veure el meu Fèlix i saber que un home com aquell existia, que jo el podia adorar sense tocar-lo amb els dits. I si jo estimava més enllà de la carn, doncs alguna cosa més que cames, i pits, i llavis carnosos, devia tenir, jo. Alguna cosa més que olor de mar, alguna cosa més que veu cantaire. No sabia res de les ànimes, jo. Com tampoc no sabia res de les estrelles, però les veia al cel, i sabia que eren la bellesa de la nit. Ja en tenia prou, amb la bellesa del que jo sentia pel meu amo bonic. El meu Fèlix bo. No em calia entendre si la meva ànima era gran, mitjana o de la mida d'un mosquit.

Pensareu que ell no es mirava les dones. Que era un home contranatura, que no admirava la rodonesa d'un pit, la morenor d'una cuixa, o l'encanteri d'uns ulls. Direu el que voldreu, i us equivocareu. El meu Fèlix estimava el món amb els cinc sentits, i tot ho estudiava amb afecte. Mostrava devoció per la seva planta de cafè, és clar, però també per l'olor d'un canyissar segat, per les ombres del capvespre i pel cant d'un grill. Era molt observador, l'amo preciós. Un dia el vaig descobrir que m'espiava. Jo repartia pinso a les gallines —ja en teníem cinc, aleshores—, i ell era davant meu, assegut, atrapat per la meva mirada fosca. Jo només escampava gra al corral, però ell es va fixar en els meus ulls. Em vaig sentir festejada.

—¿Voleu mirar-me de més a prop? —li vaig proposar.

—¿Què ho fa... —va dir ell, pensatiu— que les dones orientals portin la dolçor als ulls, i el temperament en la parla?

—No ho sé, amo meu. I les dones americanes, ¿que no us interessen?

—Aquí volia anar a parar, Rosa —va alçar les celles i va prémer els llavis—. Les dones americanes sou ben diferents. Vosaltres porteu la dolçor en la parla, i el temperament als ulls.

Poques dones s'haurien sentit afalagades per un comentari tan... ¿com ho diria? Tan general, tan de mestre tites. Algunes haurien pensat que el rodamón se les volia donar d'entès en femelles. Ell, dirien, que era tan maldestre com a seductor, de sobte volia tirar floretes marcides. Però no pas jo, jo em vaig inflar de satisfacció. Vaig trobar-lo tendre i especial. Potser maldestre, sí, però un poc infantil, el meu Fèlix bufó. El vaig mirar de cantó, a través de les trenes que em queien per la cara. Vaig tornar a les gallines i vaig notar una escalfor al cor. Quina criatura més adorable, vaig pensar. I quina vida més serena, la meva, al costat d'aquell home únic.

Un matí, però, tot va canviar. Havíem viscut més d'un any a la nostra possessió, habituats a una calma que també era molt nostra. Direu que fèiem una parella curiosa, i tal vegada tindreu raó. Però érem feliços, i no fèiem cap mal: ningú no ens molestava, i nosaltres no molestàvem ningú. Ja no esperàvem grans canvis en la nostra condició. Per això aquell matí, quan afluixaven les pluges, una petita novetat es va convertir en un fabulós presagi. Resulta que ens vam despertar a trenc d'alba i el meu Fèlix, com sempre, se'n va anar cap al seu arbust. Jo encara mandrejava al jaç quan vaig sentir el seu crit. Em vaig llevar d'un bot i el vaig veure de genolls, davant la planta, pres d'una forta tremolor.

—Ha florit, Rosa, el cafè ha florit... —se li va trencar la veu.

Va tibar una branca amb els dits, i amb l'altra mà va pescar un pètal rosat, un brot diminut de flor. Es va girar cap a mi i li vaig veure els ulls aigualits. Jo n'havia vist moltes, de flors, però mai no havia vist el meu amo tan emocionat. Vaig tocar la flor, la vaig ensumar, després el vaig tocar a ell i el vaig ensumar. Ell va empassar-se la meva olor de mar, i em va acaronar el rostre amb els dits, de dalt a baix. Ens vam mirar de prop, entelats per les llàgrimes, i vam riure. Li vaig agafar el cap amb les dues mans i me'l vaig acostar. Em vaig perdre en la seva mirada verda, enorme, i ell es va enfonsar en el temperament fosc dels meus ulls. Li vaig resseguir el trau de la cella, amb un dit, molt a poc a poc. Després les galtes llises, i també la boca fina. Vaig badar els llavis, mullats, calents, indecisos. El meu alè va ser d'ell, i el seu alè va ser meu. Li vaig fregar els llavis i els vaig unir als meus, amb força. I vaig plorar, jo, Rosa Fortaleza. Vaig plorar perquè nosaltres també havíem florit. Déu meu, havíem florit.

Va passar aquella besada tan llarga i no vam saber què fer. No vam saber gaire què dir-nos. Jo em vaig fregar els ulls i me'n vaig anar cap al corral, i després vaig cuinar, i no li treia els ulls de sobre. Ell es va abocar a la planta, la va remenar de tots costats, i tampoc no em treia els ulls de sobre. Mentre jo somniava a construir una gran estança, i parlava d'engrandir la casa del nostre amor, ell es veia sembrant les llavors i parlava d'una plantació molt especial. Enraonàvem de moltes coses per no pensar en aquell petó que ens havia trasbalsat. Sobretot ell, que es trobava ben perdut. Va dir que faria brotar un cafetar a la nostra finca, el primer cafetar del Nou Món. No pas una plantació qualsevol, com les de sucre, no pas un negoci ordinari. No volia casar l'olor del cafè amb la suor negra dels esclaus, ni amb el tacte fred de la plata. Colliria cafè per a nosaltres dos i prou, i potser per a la gent que ho mereixés. Llavors faria bullir la millor infusió, però només per a la millor gent.

Tot allò va dir, i era cert, ho pensava de debò. Però també tenia el cap a una altra banda, i d'aquella banda no en va parlar gens. Vaig arribar a creure que l'espantava jo, Rosa Fortaleza, la que havia conegut tants homes. Vaig pensar que estava gelós, quina gràcia. Li vaig dir que no era massa dona per a ell, que ni s'ho imaginés, que jo em sentia verge al seu costat. Que quan m'havia trobat en braços d'un altre, fins i tot de Zé Borinot, ja era ell qui m'abraçava. Que abans d'haver-lo conegut a ell, el meu amo preciós, jo ja el portava al cap, ja era ell el primer i l'únic home bo. Però el meu Fèlix deia que no era allò, que no patia pels homes que m'havien posseït. L'amor era de foc, va murmurar, purificava el passat i l'enaltia. No, la seva presó no estava poblada dels meus antics fantasmes: era una altra cosa ben distinta.

—Mare meva, ¿i doncs què és?

Li vaig enretirar el plat, perquè estàvem dinant i es refugiava massa en la pasta de nyam. Ell no va alçar la vista.

—És una altra cosa, soterrada al meu passat —es va gratar els punys amb les mans—. I soterrada al meu cos.

—Doncs doneu-me el cos, amo meu. Doneu-me el vostre ahir. ¿No dieu que l'amor neteja el passat? Doncs doneu-m'ho tot, jo ho sabré guarir.

—No pot ser —va prémer els llavis.

—Parleu-me, Fèlix meu. Parleu-me, per caritat. Jo també tinc un passat fosc, i us l'he donat tot sencer. Ara parleu-me de vós, del vostre foc, de la vostra pell. Del nen que porteu a dins. Parleu-me d'aquests llavis que m'han besat, aquests llavis que ara es tanquen i encara tremolen.

—No puc. Et parlaria del bes, i ja seria besar-te un poc.

Vaig deixar que acabés de dinar. Quin home més adorable i més desesperant, vaig pensar. Durant més d'un any l'havia tingut a la vora, havia dormit al seu costat, i havíem estat germans. L'apreciava tant que, ben mirat, hauria pogut continuar d'aquella manera fins al final dels meus dies. N'estava segura, hauria pogut, jo la Rosa, jo la que cantava a les nits. Però a partir de l'hora que ens havíem besat, i que el seu alè s'havia barrejat amb el meu alè, ja no podia. A partir d'aleshores, jo estimava el seu gest i estimava la finor de la seva pell. Era ben veritat que les paraules s'estimaven en ell. Però havíem viatjat més enllà de les paraules, i ja no podíem tornar enrere.

Li vaig prendre la mà, i el vaig estirar fins a la platja. Els pescadors ja havien plegat de la feina: havien deixat les seves jangades, les barques tosques de troncs, adormides damunt les arenes. Ens hi vam estar una bona estona allà. Ell es barallava amb les paraules, ara es deixava tocar i ara no es deixava. Jo feia olor de mar, era Rosa Fortaleza, càlida i desitjable. Ell m'ensumava amb timidesa i protestava. ¿Com podíem fer malbé l'amor, rondinava ell, amb la suor i el fregament? Jo m'acostava al meu amo bonic, li dedicava el poder de la carícia i la medicina de l'abraçada. Ell anava i venia, volia i no volia, s'apropava i s'allunyava.

Li vaig proposar un joc. Trauríem a mar una barca, una d'aquelles jangades pesants. Ens hi ficaríem tots dos i allà, enmig de les aigües, ens faríem promeses. Jo li regalaria el millor, ell em regalaria el millor. Seuríem cada un a un extrem de la barca, no caldria ni que ens miréssim. Ell va assentir amb el cap. Ho vam fer, i quan ja ens bressolava la primera onada, vaig obrir foc.

—A vós... —vaig dubtar—, a vós, el millor cafè.

Ell va somriure.

—A tu —va dir—, l'home més bo.

—A vós, amo meu, la pau.

Ho va encaixar amb els ulls oberts. La mar se li reflectia a les ninetes.

—Sí. I a tu, Rosa, la dignitat.

—A vós, la pell.

—A tu —es va redreçar en el fust—, a tu l'amor sincer.

—A vós, el meu cos —em vaig aixecar—. A vós, tota jo. A vós, les tres-centes trenes, a vós, el meu frec i la meva suor negra. A vós —em vaig recolzar al seu braç—, l'olor de mar, a vós, les cançons. A vós, el meu alè i els meus llavis oberts —li vaig besar el trau a la cella—; a vós, aquest vespre, a vós, la morenor, a vós, la negra nit que arriba.

La nit és negra, els pobres són negres, ja ho sabem. Però en aquella hora, dins la barca, a prop de la nostra platja i de la nostra casa, l'amor va ser negre i va ser ric. La llum del sol va marxar del tot i ens va deixar sols. Em vaig acostar a la seva boca i li vaig fregar els llavis. Sentia cada frec, i sentia també el que gairebé fregava però no ho feia. La punta de la meva llengua li va llepar les dents, la geniva i els llavis. Les nostres llengües van jugar. Li vaig estrènyer el pit, i els seus mugrons i els meus també van jugar a través de la roba. Vaig acompanyar el seu respirar feixuc. Vaig desfer la seva resistència, cada cop més feble. Els meus dits es van escapar sota els seus calçons, buscant la duresa de l'home.

Em vaig quedar clavada. No el vaig deixar anar, ni em vaig aixecar. El tenia atrapat entre els braços, i l'estrenyia amb força. Però no podia moure més que els dits. Vaig explorar el seu ventre, el pèl sedós entre les cames, l'arrencada de les seves cuixes ardents. Ell xuclava. No plorava, xuclava amb el nas. El vaig palpar altra vegada, a poc a poc. El cor em bategava, els dits em bategaven damunt d'ell, el cap em bategava. Déu del cel, el meu Fèlix estava mullat de plaer i de desig. El meu amo fi, el meu amo delicat. Que caiguessin les aigües de Iemanjà i els trons de Xangó. Ell no era el primer home bo, ell no era l'únic home bo. Que s'enfonsés la terra ferma, perquè ell era una dona. Ell era ella.

Déus del cel i de la terra, orixàs tots, jo era Rosa Fortaleza i ella era una dona. Em vaig incorporar, a poc a poc, amb la suor a les mans i a la cara. La vaig mirar des de l'altra punta de la barca. Potser la vaig contemplar un moment, potser una eternitat. Déus del cel, la serp Surucucú i el llop Castrabrancos. El món era embruixat, la nit era negra i el meu amo bonic era una femella.

—Com... —vaig fer—, com no he sabut veure...

—Has vist —es va encongir— el que volies veure.

Em va esguardar amb el seu verd indefens. Vaig negar amb el cap, em vaig cobrir la boca amb la mà. M'hi vaig acostar, li vaig fregar la galta amb el dit i em vaig allunyar. Em vaig apropar de nou i li vaig resseguir el coll. Ell, ella, em va suplicar amb l'expressió arronsada, em va suplicar que continués. La vaig atrapar amb els dits, primer molt suau i després amb força. Llavors li vaig treure la roba d'una volada, em vaig despullar jo, vaig unir els seus llavis als meus i les dues ens vam desfer en aquella llarga nit negra.

—Mai no havia fet l'amor amb una dona —vaig dir—, i no m'ho pensava.

—Jo tampoc m'ho pensava, jo que no ho havia fet mai amb ningú.

Estàvem abraçades al fons de la jangada. La nuvolada s'aclaria, damunt nostre apareixien les estrelles i ens saludaven amb complicitat. Resultava que l'únic home bo era una dona, vet aquí. El meu amo era una mestressa, i el meu Fèlix... ¿com li hauria de dir, a partir d'aleshores? Perquè el meu Fèlix bonic ja no es podia dir Fèlix, i no podia ser bonic. Bonica ho era, per descomptat, ho era tant com l'home que jo havia conegut, però no era pas bonic.

—Si ara marxessis —va murmurar—, ho entendria molt bé.

—No penso marxar —vaig mirar-li els ulls—. Ets el primer home bo que he conegut, i ara no partiré només... només perquè siguis una dona.

Vam riure plegades, encara nervioses. La seva pell blanca va tremolar una mica contra la meva morenor.

—¿Què farem, doncs?

—No res, no farem. Sempre he volgut la persona que dúieu a dins, i no l'home que mostràveu per fora. Viurem juntes, no direm res a ningú, i ja ho veurem.

Es va vestir amb mandra. Va posar-se els calçons, la brusa i la casaca. Me la vaig mirar de dalt a baix: les galtes llises, aquella pal·lidesa exagerada, els ulls grans, les orelles estirades i fràgils. Com a home era suau i jove, és clar. Però com a dona, era més aviat robusta i madura. Un cop destapat el seu secret, jo descobria que era una criatura a mig camí dels dos sexes, a mig camí de les edats, a mig camí de tots els desitjos. Potser era allò, el que tant em seduïa. Buscava un home i m'havia ensopegat amb una dona —¿i què? La gent diria que allò era una aberració, molt bé. Doncs la gent no sabria res, i punt. Poc que em treia la son, el que parlés la gent.

—No ho sé, fa molts anys que faig d'home —va afirmar, mentre m'ajudava a enfundar-me el vestit—. M'he amagat de la meva condició, m'he protegit, i crec que ho he portat bé. Però amb tu, no ho sé. No estic segur, vull dir segura, de voler continuar. M'agradaria deixar de fingir, ara que t'he trobat.

—Ja ho veurem.

La vaig estirar. Vam clavar la barca a la sorra, vam caminar descalces per la platja i, agafades de les mans, ens vam endinsar al bosc de palmeres. Ens ajudàvem l'una a l'altra a esquivar els esbarzers i les roques més cantelludes. Quan vam tenir la casa a la vista, ella es va aturar i va respirar a ple pulmó.

—La càmfora... —va sospirar—. Amb aquesta aroma ja ho tinc tot. Crec que he arribat al final, Rosa. Ja no em cal ensumar més. Tinc el millor cafè, l'elixir del bon saber. Acabo de tastar l'amor més franc. ¿Què més puc voler?

—Jo també sóc feliç, amo meu —vaig arronsar el front—. Bé, mestressa, vull dir.

—He... No passis ànsia, jo també trigaré a habituar-m'hi. Però el que t'estava dient —em va estrènyer la mà— és que ja no em cal ser home. Fins ara, essent una dama, no estic convençuda que hagués pogut fer el que he fet. Del vinagre de Londres vaig passar a la menta d'Istanbul, luxosa i conspiradora; d'allà a la flor de l'Aràbia, mística i amanerada; al mesc confós de les terres d'Abissínia, i a la pàtria de l'èter, la Negreria dels esperits. Llavors vaig sentir la fetor de la França més bruta i cínica, i ara sóc aquí, envoltat per la càmfora dels tròpics.

—Això en fa set, set terres diferents —havia comptat amb els dits—. Teniu raó, com a dona no hauríeu pogut, no hauríeu arribat gaire lluny.

—És ben veritat, jo ho veig així. De nena, no hauria pogut fugir de França amb el meu pare. No hauria pogut ser un eunuc a l'harem dels turcs, no m'hauria enfilat a les muntanyes del Iemen, ni hauria estat un príncep dels etíops; potser m'haurien volgut igual a l'Àfrica remota, un cop allà, però a París no hauria pogut enganyar l'assassí de ma mare. I aquí, a Pernambuco...

—Els peus se us haurien enganxat al fang viscós d'aquesta terra, ja us ho dic jo. Ara no seríeu propietària, i pel que fa a mi, bé, jo crec que m'hauríeu trobat igual, perquè jo sóc invencible. M'ho va assegurar el vell Jabavu, que coneix molt bé la força dels orixàs.

—Potser sí. En qualsevol cas, sóc aquí. I ara que ho he aconseguit, ara que tinc el tresor del cafè, regat per les set fragàncies de la terra, ara que et tinc a tu, ara em veig a mi mateixa. ¿Vols dir que no ha arribat l'hora de descansar?

—Anem a casa, Fèlix. Això... —vaig sacsejar el cap—. ¿Com us haig de dir, ara? Quan siguem a casa, entre nosaltres, és clar.

—Em van posar Félicienne, en néixer. Però n'he tingut molts, de noms, gairebé un de diferent a cada lloc. Posats a triar, vejam... —va amidar els prats, la casa, el corral, l'arbre de càmfora i l'hort on creixia la seva planta, tot estès sota la volta estelada de la nit—. ¿Què et semblaria, no ho sé, Felicidade?

—Em semblaria el millor dels noms —la vaig estrènyer per la cintura—. Som-hi, Felicidade, et faré un bon sopar.

Vam arribar a casa, vam menjar de gust i vam seure a fora, allà on la brisa marina ajudava a pair. Aquella nit jo no vaig parlar de mi, de Rosa Fortaleza. Tampoc no vaig cantar als quatre vents, ni vaig usar la medicina de les abraçades, ni el poder de les carícies. Aquella nit vaig escoltar la història de Fèlix, de Felicidade i de tants personatges units sota una mateixa pell. Ella va parlar com no ho havia fet mai, com no ho havia fet amb ningú. Vaig aprendre els fets de la seva vida, i diran el que voldran, però jo vaig ser la primera i l'única. Ja poden xerrar i tafanejar, ja poden cantar missa si els vaga, que jo vaig ser l'afortunada. A mi, la veritat; als altres, el rumor.

Em va confessar els secrets de la seva infantesa. Les rareses de son pare, recte com un pal, que es passava el dia amb les escriptures i lluitant contra el més menut dels plaers. Per a la petita Félicienne no hi havia dolços ni confits, no hi havia llaços de colors, no hi havia ni jocs ni joguines. La seva mare, colrada per les feines del camp, la protegia dels excessos: un petó furtiu, una abraçada ferma, una cançó en veu baixa... Damunt d'ells penjava l'espasa dels catòlics, i la persecució de les seves creences ho ofegava tot amb presagis foscos.

Ella no se'n va adonar, però a partir de cert moment la mare va començar a estar-se estones fora de casa. Ella i Justin Dufoy, o sigui el seu pare, passaven molt de temps tancats. L'humor del pare encara es va agrejar més: recorria els porxos de banda a banda, les dents serrades, les mans a l'esquena, i maleïa els seus propis ossos. Llavors va començar a rebre, a partir de la més petita relliscada. De sobte, sense avís, queia un bolet de dalt, o una plantofada a la galta, o una esbroncada salvatge. I un dia funest, un dia que els seus pares estaven molt nerviosos, un dia que la terra semblava a punt d'encendre's, la mare els va demanar que marxessin. Volia una mesura de llard, de seguida, no es podia esperar. I ella i Justin van marxar amb el carro —ella tremolosa i ell amb les celles juntes.

Quan van tornar, van saber que l'horror havia visitat aquella casa. La porta era oberta de bat a bat: van entrar i van veure, a terra, un gran bassal de sang. Enmig hi havia una Bíblia mig cremada i xopa. Justin va collir el llibre, es va ajupir, va mirar sota el bancal, i es va exclamar. Llavors va estirar uns cabells, els de la mare, i va treure el seu cap solitari. El va alçar i el va sostenir amb mà trèmula davant els ulls d'ella, de la nena. Ella va plorar amb els ulls esbatanats, va allargar la mà i va acaronar amb els dits la cara blavosa de sa mare. De dalt a baix, com havia fet sempre, des que era un infant de llet. Li va fer un munt de petons i va retenir aquella olor estranya, que li amarava el rostre, i que no recobraria fins molt més tard.

Van enterrar la testa i van pujar al carro. Els soldats encara rondaven per la contrada, i si volien salvar el coll havien de fugir. Però les dones i les nenes no podien fugir, ho prohibia el decret del rei de França. Son pare va dir que ja se n'ocuparien, d'aquell problema. Abans calia que ell, Justin Dufoy, es convertís en un baldat, perquè als homes inhàbils sí que se'ls permetia marxar del regne. Així que va aturar el carro en plena ruta, i va obligar la filla a passar-li per damunt.

—Els braços no em responien —va dir Felicidade—, somicava i no podia ni assotar els bous. Ell era a terra, em cridava com un endimoniat. Quan me'n vaig adonar, els bous ja havien arrencat sols, i vaig provar d'aturar-los. Però aleshores vaig sentir aquell espetec sord, de fractura, de cama que es partia en dos. Diria que encara el puc sentir avui.

—Pobra mestressa, Felicidade meva. Pobra nineta.

Va continuar. Havien baixat a la vila de la Rochelle, que era un port important. Allà havien anat al casal d'un metge conegut, un tal De Chirac. Aquell cirurgià, un suposat amic, era el que s'havia beneficiat de la mare, el que els havia promès impunitat, i era el marrà que els havia denunciat i els havia enviat els soldats. Se'n van adonar quan es van plantar a poca distància de la seva consulta: els oficials entraven i sortien de cal metge com si d'una caserna es tractés. El pare, Justin, encara era ajagut al carro, a estones delirant i a estones despert. En aixecar el cap i veure aquell traginar, li havia ordenat a ella que girés cua i anés de dret cap al moll.

Abans d'embarcar van buscar un barber, per fer les primeres cures al pare. En acabat, Justin li va allargar unes monedes a ella, i va dir-li que entrés a una botiga de roba. Que li despatxessin una muda completa per a un germà bessó, va ordenar. Ella va preguntar que quin germà bessó, però ell va insistir que fes el que li deia. Al cap de poc va tornar amb la roba, i ell va manar que es canviés. La camisa, l'armilla i els calçons li van entrar prou bé. Amb les sabates es va haver d'esforçar més, però se'n va sortir. Llavors el pare va treure la ganiveta que portava a la butxaca, la que portaven tots els pagesos, i li va tallar els cabells. Allò li va fer mal. En acabat, el pare va ficar la roba de nena en un sac, i va contemplar la seva filla amb una ganyota.

—Déu meu, quina aberració —va pronunciar—. Perdoneu-me, Senyor, no sóc digne d'entrar a casa vostra. Sóc un covard, sóc un pecador indecent.

Li va anunciar que es diria Fèlix, per un temps. Que no es despistés, la va avisar, o els matarien a tots dos. Aleshores es va procurar un pal, el pare, i amb el pal es va arrossegar com va poder fins a un vaixell anglès, que estava amarrat. Ella li va anar al darrere. La guàrdia reial se'ls va mirar, però els va deixar passar. Eren dos homes inhàbils, la llei no se'ls podia aplicar. Eren un pare baldat i el seu fill petit. Podien sortir del reialme, travessar el canal i acollir-se a l'hospitalitat de l'oncle, un home que vivia a Londres des de feia temps. Es van instal·lar a la bodega, sols, i no van bellugar ni un dit fins que no van sentir el balanceig potent de l'alta mar. Llavors el pare va prendre el sac de la roba, va fer-hi uns estrips i es va embenar la cama entre grunys de dolor. Tot seguit va llançar-li la roba de nena a la filla.

—Ja et pots canviar un altre cop —va bordar.

—No —va dir ella—, no ho faré.

—Au va, canvia't —va repetir—. Ja som fora de perill.

—No ho penso fer.

Dins d'aquella embarcació, aquell dia, va confessar-me ella, alguna cosa s'havia trencat. En algun racó secret del cap, li havia nascut un home. Sense adonar-se del gir que estava fent, va prendre una determinació, tossuda i profunda, com són les decisions d'alguns infants. La vida té estranyes maneres de defensar-se, i aquella devia ser-ne una. Volia ser un nen, i volia créixer com a home. No volia acabar com la mare, maltractada per tothom, fins al punt del sacrifici més alt. Volia ser forta, volia ser home per trencar amb el seu ofec, i també amb el seu pare quan calgués. En aquella hora tan precoç, sense saber-ho, ja havia decidit que havia d'anar tan lluny com fos possible, a buscar allò més sublim i a escapar de la misèria d'una dona.

El pare la va estovar de valent, va agafar el vestidet i va provar de passar-li pel coll a la força. Ella es va aixecar, va prendre la roba de nena, i va marxar corrents. Va sortir a coberta i va llençar les peces per la borda. Quan va baixar de nou a la bodega, el seu pare encara mirava d'aixecar-se, amb el bastó entre les mans. La va veure i li va sortir foc pels ulls.

—Desgraciada, ¿què has fet?

Ella s'havia gratat els punys, o creia recordar que ho havia fet.

—He llençat la roba.

—Ets un dimoni —va bramar ell—. ¡Ets el diable en persona, infeliç! ¡No ho pots fer, això, Déu nostre Senyor ens ho farà pagar! No pots ser un nen, les lleis de Déu no...

—Tant me fan, les lleis de Déu.

—¡Blasfèmia, filla, blasfèmia!

Va alçar el pal, i la nena el va esquivar. Es va enfuriosir, i la va pescar pel coll. Ella es va escapolir de nou.

—Pare, no, si us plau, pare, si us plau...

Ell va tornar a aixecar el pal, i aquell cop la va encertar de ple. I tant, que la va encertar. Li va descarregar un cop brutal a la cella, de manera que van caure tots dos entre sacs, cordes i barrils. Justin havia perdut el seny, havia enfollit del tot. Va redreçar-se a mitges, com va poder, i se li va tirar al damunt.

—Tu ets una dona, ¿em sents? ¡Ets una dona, mira com ets una dona!

Li va arrencar els calçons, li va tenallar les cames i li va deixar el sexe al descobert. Es va treure el membre, dur i tibat, i li va dir: «Això és un home, ¿ho entens?, ¡això és un home!» Li va separar les cuixes, amb els dits que eren urpes de ferro, i la va penetrar amb l'estaca feridora. Cridava: «¡Ets una dona, ets una dona pecadora, ¿ho veus, que ets una dona!?» I li mossegava el coll, li escampava la sang de la cella pels ulls i per la cara, i a cada embat li estripava un tel de carn menuda.

No va arribar al final. De cop i volta, es va quedar rígid, les faccions se li van tibar, i va començar a plorar. Ella va aprofitar per sortir de sota, va marxar cap a un racó i es va cordar la roba. També va començar a somicar.

No es van parlar durant molt temps. Després d'allò, el pare no viuria mai més en pau. Tota la vida se sentiria brut, tota la vida seria una tortura, una confessió i una penitència d'aquella obra execrable. Quant a ella, si és que n'havia pogut dubtar, a partir d'aleshores ja no va voler fer-se enrere. Mai més no la violaria ningú. Mai més no seria vulnerable. Mai més no perdonaria el pare, i el trenc obert a la cella recordaria el seu crim. Mai més no seria feble. Deixaria de ser nena, i de ser dona, i faria camí. Fins que trobés el que perseguia, i pogués tornar a ser ella mateixa. Fins que arribés l'hora més clara, més serena, més estimada.

—Diria que l'hora ja és aquí, Rosa —tenia la mirada aigualida i es mossegava el llavi—. He tastat el que volia, i he vist que era bo.

¿Que jo vaig matar Fèlix Dufoy? Doncs sí, ho vaig fer. Vaig ser jo, Rosa Fortaleza, la que cantava a les nits. Ja poden callar tots, no cal que estenguin més veus, no calen els rumors, ni les enraonies, ja els ho dic jo. Vaig ser jo, negra i dona; i esclava fins a la fi, a banda del que diguin uns papers que no sé llegir. El vaig enviar a una altra vida, perquè el meu Fèlix m'ho va demanar. I perquè l'estimava. El meu amo bonic, el primer home bo, l'únic bo que havia caminat sobre la terra fangosa de Pernambuco. Me'n vaig desfer jo, Rosa la meuca, la que feia olor de mar. La càlida i desitjable, la de les tres-centes trenes.

Aviat van començar a parlar. Els pescadors no, ells no pesquen veus, ells prou feina tenen a pescar les criatures de les aigües. Però un dia va aparèixer un cadàver d'un home blanc a la platja. Estava inflat i morat, tenia el nas mig devorat pels peixos i sorollets de petits crancs sota la pell. Els pescadors no van dir res, però les seves dones sí, elles que tenen els peus enganxats a la terra i s'avorreixen; i també els criats de la plantació de més amunt, sí, i els de la hisenda de més avall, aquells van murmurar que a la casa de la càmfora n'hi havia passat alguna de grossa.

L'amo ja no hi era, deien. La dona que cantava a les nits s'havia desfet d'ell, asseguraven, i l'havia llençat a mar. Van dir que jo l'havia embruixat, i que l'havia lliurat al llop Castrabrancos i als pitjors orixàs. Van dir que l'havia amansit, com feien algunes criades, que trinxaven els caps de serps de cascavell, i amb el polsim enverinaven l'amo a poc a poc. Van dir de tot, i van negar que jo l'hagués estimat mai. Les males llengües van arribar fins a Olinda, i un dia de pluja, un dia que no convidava a sortir de casa, va arribar un lacai de la Capitania. Va desmuntar del cavall i em va ordenar que sortís l'amo.

—No hi és.

—Doncs vés a buscar-lo ara mateix.

—No puc —vaig replicar.

—No siguis estúpida, negra. ¿Vols fer el favor de...?

—No pot ser, l'amo és mort.

—¿Com?

—Ha passat a millor vida —vaig afirmar, sense vacil·lar—. La gent neix, viu i es mor. L'amo Fèlix és mort.

L'home es va quedar plantat sota la pluja. L'aigua li queia per les ales del barret, i li regalimava per la barba. Es va gratar els pèls. Estava pensant què havia de fer: si m'havia de lligar i portar a ciutat, si m'havia d'empènyer dins de casa i violar-me, o si havia de marxar a informar les autoritats.

Estava dubtant entre les tres coses, ho puc dir perquè jo conec aquella mena d'home. A la fi, va fer el que realment sabia fer. Va pujar al cavall i va desaparèixer al galop. Jo vaig entrar a casa a corre-cuita.

—¡Felicidade! —vaig cridar—. Ah, sou aquí. Recolliu les coses, de seguida. Hem de marxar.

—¿Tan ràpid? Sí que ha durat poc.

Després de matar en Fèlix, o sigui després de canviar-li el nom, de comprar-li roba de dona, d'enterrar-lo com a home i de fer-lo renéixer com a dona, havia resolt que allà no ens hi podíem quedar. Jo amagava Felicidade de dia, i només la treia a les nits. Les poques visites que rebíem les atenia jo, i sempre evitava parlar del meu amo. Però sabia que aquella situació despertaria sospites, i vaig anar disposant la partida. Quatre pertinences, una gallina, i la planta, naturalment: ho tenia tot llest. Vaig decidir que aniríem a Palmares, un dels pocs indrets lliures del país, ho tenia molt clar. És clar que quan Felicidade em va pregar d'aprofitar fins al darrer moment, ho vaig entendre molt bé. Ens havia costat molt, de trobar aquell tros de paradís, tan verd, tan impregnat de càmfora i d'amor. A ella li dolia, haver de marxar. I a mi també.

El respir s'havia acabat, però. Vam prendre el que vam poder i ens vam endinsar en la mata espessa, tot apressant les ombres del vespre. Ens vam internar al país, vam evitar les viles i els camins, vam travessar els grans canyissars, i al cap de dues setmanes ja érem a la regió de Palmares. ¿Què hi buscàvem, allà? Doncs el mateix que tots els que s'hi havien aplegat, procedents dels quatre extrems del Brasil. Allà hi havia el que anomenàvem un quilombo, és a dir una comuna de fugitius. Poblada d'indis i de blancs renegats, però sobretot d'esclaus escàpols.

Tots els negres havíem sentit històries de llibertat, a la porta dels nostres barracons. Els que ens en recordàvem, cantàvem la llibertat dels boscos d'Àfrica; i els que no se'n recordaven, s'ho inventaven. Tots havíem cantat somnis de retorn a un món just, però molt pocs ho havíem provat. Només els perseguits, els que escapaven de la llei escrita i de la llei parlada, aquells sí. Quan vaig ser a tocar del quilombo, doncs, vaig recordar les històries dels vespres de lluna, cantades a la porta del barracó. Aquell era l'únic lloc on deixaria de ser esclava, de debò, i l'únic indret on Felicidade podria ser una dona, un home, un ocellet solitari o el que volgués.

Vam passar un riu, i a l'altra banda ja ens vam ensopegar amb una partida de negres armats. Ens van encanonar amb els fusells, diria que amb poca convicció, i van demanar-nos on anàvem. Ja es veia que no preteníem enderrocar aquella república de llibertats, així que van creure el que els dèiem i ens van acompanyar fins a la casa del capitost. Un tal Zumbi, ens van dir; era molt valent, portava la força de Xangó dins el cos, i comandava el quilombo sencer. Ell decidiria, van dir, si ens podíem quedar amb ells. Vam entrar a la casa, que era feta de canya però prou àmplia, i que tenia les parets cobertes de pells de serp. Va comparèixer un home corpulent i rialler, que ens va mostrar unes dents blanquíssimes i se'ns va presentar com el gran Zumbi de Palmares.

—¿Zumbi? —vaig exclamar—. ¡Tu ets en Zé Borinot!

Ell va tenir certa dificultat a reconèixer la meva persona. Això em va disgustar un poc i va fer riure Felicidade per sota el nas. Però llavors hi va caure, el gran Zumbi, i tot van ser fortes abraçades i elogis. Ens va convidar a instal·lar-nos al seu palau —sí, va dir palau—, a compartir les seves menges i a escoltar el seu llaüt als vespres. No havia canviat pas tant, era el mateix animal embaucador de sempre. Li vaig agrair l'oferiment, però li vaig dir que no, que preferíem construir la nostra casa i viure en un lloc més modest. Va respondre que d'acord, que ens podíem fer un forat allà on ens convingués. Que no ens oblidéssim d'ell, però, va afegir; que hi anéssim alguna nit, jo i la senyora blanca, a cantar sota els estels.

Va ser d'aquella manera tan senzilla, i alhora tan inesperada, que ens vam instal·lar al lloc més lliure de la terra. Vam dreçar una barraca, vam plantar l'arbust del cafè, i ens vam acomodar a una existència tranquil·la. De tant en tant, ens arribaven veus sobre els atacs dels soldats, que eren sempre refusats pels nostres escamots. El coratge dels homes negres era impressionant, i el de Zumbi en particular era llegendari: tothom estava d'acord que les bales enemigues, quan el veien, feien mitja volta. Fos com fos, en aquella vall de Palmares s'hi vivia ben tranquil. No era cap llogaret; potser entre uns i altres, blancs i negres, mulats i indis *cafuzos*, podíem comptar-hi uns quants milers de persones. Però teníem bons guerrers, vivíem dels horts i del bestiar, muntàvem una macumba quan ens semblava, i ens governàvem nosaltres mateixos.

La planta va continuar donant fruit, i Felicidade va preparar uns beuratges exquisits, que aclarien el cap i que tothom volia tastar. Es feia gran, els cabells se li aclarien, però havia guanyat serenor i fermesa. No va voler vendre mai ni una llavor de cafè: bullia la tisana ella mateixa, per a nosaltres dues, i sovint convidava els veïns. Fins i tot un dia va fer venir el gran Zumbi en persona, que va tastar l'elixir, la va felicitar sincerament, i ens va entretenir amb el llaüt. El cabdill negre va provar de portar-me al seu llit altre cop; no podia ser que una deessa com jo, va dir, no fes feliç algun home. Felicidade se'l va mirar amb gelosia, quina gràcia, i jo vaig donar carabasses al gran Zumbi. Perquè, tot i ser el més destacat dels guerrers, encara arrossegava una cara de borinot considerable, i jo no tenia cap intenció d'embolicar-me amb algú que sempre era a punt d'alçar el vol.

Van passar els anys, van caure moltes pluges i vam arribar a creure que allò havia de durar per sempre. Però no hi ha fortuna eterna, i l'adversitat va començar a treure el nas. Els mals presagis van arrencar amb una traïció. Bé, no sé com els llibres recolliran aquells fets, però per a nosaltres va ser un acte deslleial. Una colla de gent jove, nois que havien nascut a Palmares, i que devien pensar que el món de fora era una meravella, van tancar una entesa amb les autoritats d'Olinda. Es van intercanviar missatgers, van acordar la llibertat a canvi d'abandonar el quilombo i, un bon dia, van marxar. Després vam saber que els havien apresat, els havien marcat al foc, i els havien venut a un plantador. Es van acabar les desercions, però l'abandó va estendre el dubte i el desànim entre molta gent.

Al cap de poc, Felicidade es va posar malalta. No sabria dir si tenia un mal o un altre: se sentia feble, li pujaven unes febrades molt fortes i havia de guardar repòs. Jo li aplicava la medicina de l'abraçada i el remei de la carícia, li oferia infusions de malva o acudia a alguna macumba, que allà al quilombo eren lliures i obertes. No semblava que res li fes gaire efecte, més enllà del seu cafè preciós, que la reviscolava durant una estona. Les set aromes del món l'omplien de vigor: olorava la tassa, xarrupava sense pressa, i deixava que la verdor dels ulls recuperés la brillantor d'abans. Aleshores s'asseia al llit i em mirava amb tendresa.

—Em faig vella, Rosa. Potser hauries de trobar algú altre. No et faltarien pretendents...

—Fa temps —la vaig tallar— que no crec en els vostres cabells blancs. El vostre cap potser s'ha aclarit, mestressa, però el meu cor continua ben roig.

—Però dona —va sospirar—, tu podries aspirar a més, encara ets jove, i molt bonica.

—Ser feliç no és fer tot el que desitges, mestressa bufona. Ser feliç és desitjar allò que estàs fent.

Em va observar les tres-centes trenes, que em queien

com una cortina davant dels ulls. Li agradava el temperament fosc del meu esguard, ja m'ho havia dit més d'un cop.

—A més, reina meva —vaig afegir—, per ser del tot feliç, algú ho ha de saber. I aquest algú sou vós.

Una tarda, va aparèixer un mercader blanc, un tal Antoni, encaparrat a comprar llavors de cafè. Havia viatjat molt, venia de l'illa de Cuba o de les Espanyes, no ho sé, i se n'havia vist de totes per arribar al quilombo. L'havien pres per un espia, i va faltar poc perquè els nostres mossos no l'esquarteressin a cop de matxet. A mi em va semblar bona persona, tan tossut i somniador, una mica com el Fèlix que jo havia conegut anys enrere. Però la mestressa, clavada al llit amb un atac de febre, no en va voler saber res. El seu cafè no sortiria del quilombo, com un desertor qualsevol. I menys encara per quatre monedes d'or. Malgrat que aquells diners del foraster, n'estava segura, haurien servit per posar Felicidade en mans del millor metge del país i guarir la seva afecció. Res, no hi vaig poder fer res. El tal Antoni va marxar amb la cua entre cames.

Tot just havia marxat, com qui diu, que van començar a arribar males noves. Tres regiments de *bandeirantes* havien irromput a les nostres valls, i sembraven el terror pertot. Amb els seus fusells, les seves barbes, els seus nassos i les seves orelles plenes de pèls, exterminaven tot allò que se'ls plantava al davant. Eren una colla de salvatges, molt més bruts i cridaners que els soldats d'uniforme, i molt més perillosos. Els nostres guerrers van sortir, liderats pel gran Zumbi, i van combatre amb les armes, amb els matxets i amb les ungles. Molts d'ells no van tornar mai, i uns altres van aparèixer amb els ulls vermells i derrotats. Havien salvat la vida, però havien perdut els dits o les orelles, sota l'espasa enemiga, i quan arribaven queien rendits en braços de les mares, les esposes i les amants.

Mentre vam tenir el gran Zumbi amb nosaltres, encara

hi va haver esperança. Però en una segona sortida, la lluita va ser aferrissada: vam sentir els espetecs molt a prop, i el vent va portar fins a casa la fortor de la pólvora. De sobte, hi va haver una escampada general. Els nens xisclaven amb les gallines als braços, les dones carregaven farcells i miraven cap al cel, els ancians no sabien on anar. I els guerrers, els pocs que havien sobreviscut, ploraven. Aquells homes que eren estàtues, aquells valents, aquells fills de la poderosa mare Àfrica, ploraven sense consol. Cridaven que havien perdut el nord, el seu estel lluent, la força i la bravura. Perquè el gran Zumbi ja no hi era. Uns deien que l'havien vist caure, rebentat per les bales; altres deien que no, que havia volat amunt, per convertir-se en estrella eterna; altres deien que, simplement, havia desaparegut. Però tots lamentaven la seva pèrdua, que era també la fi d'un somni.

Vaig entrar a la cabana, decidida a carregar amb la pobra mestressa i fugir d'aquell malson. Vaig lligar quatre coses dins un sac i em vaig agenollar al costat del llit. Felicidade no es movia, tenia els ulls boirosos i els clavava al sostre de canya. A fora se sentien els brams dels *bandeirantes*, potser a l'entrada del quilombo. Li vaig dir que marxàvem, i li vaig demanar què havia de fer amb la planta. Va empassar i va trigar una estona a respondre.

—Res. Vull que la plantis a la meva sepultura... si pots.

—Per l'amor de Déu, mestressa —vaig ajuntar les mans, pregant ran del seu cos—, ja són aquí. Se'ns cruspiran vives.

—Fuig, Rosa... t'espera tota una vida.

Vaig sentir uns trons, sis o set cases més avall. La vaig agafar pel tronc. Vaig vèncer la seva resistència, que era poca, i me la vaig carregar a l'esquena. Els braços li penjaven davant meu. Vaig sortir a fora. A poca distància, unes flames s'alçaven enlaire, i podia sentir el crepitar del foc. Estaven cremant la nostra llibertat. Vaig fer unes passes fins a l'hort, i em vaig fixar en la planta. No sabia què fer: veia l'arbust, i veia els braços blancs que penjaven sense força, fregant la meva cintura. Els crits es van allunyar un poc, o m'ho va semblar. Vaig deixar la mestressa a terra, acompanyant-li el clatell amb la mà. Llavors em vaig ajupir davant la planta, i vaig enfonsar les ungles prop de les arrels. Vaig començar a treure sorra, però estava ben premsada; vaig esgarrapar, vaig clavar les ungles a la soca, em vaig fer sang a les mans. Un gos va córrer cap a mi, bordant, va saltar i em va mossegar el braç. Em vaig aixecar, me'l vaig treure del damunt com vaig poder, i el vaig engegar a coces. Els crits se sentien a la cabana de més avall.

Em vaig arraulir al costat d'ella. No podia, vaig somicar, no podia salvar-les a les dues, ella i la planta. No era prou bona, no en sabia prou. Llavors la mestressa bonica em va estirar cap a ella, amb les forces que li restaven, i em va obligar a mirar-la. La verdor dels seus ulls s'apagava, i la dolçor de la veu també. Però encara va poder parlar.

—Una mort petita —va dir— ...la meva.

—No mestressa, ni parlar-ne de marxar, de cap manera, Felicidade preciosa meva, no em deixeu, no em deixeu, no marxeu...

Va aixecar uns dits, per fer-me callar.

—Petita mort, Rosa... i no farà caure aquesta casa... La casa del nostre amor.

Se'm va fer un nus al pit, i per un instant vaig pensar que havia de jaure amb ella, allà vora la nostra casa. Però vaig sentir un calfred, i em vaig començar a moure. ¿No era jo Rosa Fortaleza? ¿No era pas la que feia olor de mar, la deessa invencible? ¿Que potser no havia estat investida per Xangó? Vaig carregar altre cop la mestressa, i vaig caminar cap a la selva, sense la planta, però amb Felicidade a les espatlles. Quan ja deixava enrere les últimes cases, una forta empenta i un tro em van fer caure de quatre grapes. Encara la portava al damunt, allà a terra, i vaig aguantar amb els braços per no acabar bocaterrosa. Llavors vaig notar un broll espès i calent que em regalimava per la panxa.

Em vaig girar, amb molta cura, vetllant pel cos d'ella. Quan la vaig tenir ajaguda, me'n vaig adonar. Mostrava un esvoranc al ventre, i per allà se li buidava el cos sencer. Una bala l'havia travessat, i m'havia estalviat a mi l'impacte. Vaig aixecar la vista, i vaig veure un bordegàs que s'acostava, el fusell encara fumejant. Vaig fer un petó a Felicidade, diria que el més veloç i més intens que mai ha fet ningú, i vaig arrencar a córrer. Vaig córrer cap a la mata espessa de Pernambuco, vaig córrer com una endimoniada. Vaig córrer cap al record i cap al no-res, cap a la negra nit dels amors perduts.

I ara digueu que li vaig prendre la vida. Digueu-ho, si no sabeu fer res més que parlar. Digueu que no vaig saber estimar, que jo era una esclava pobra, que no llegia llibres i que no podia entendre res. Digueu que no li vaig donar cap goig; digueu que li vaig robar el millor. Vosaltres que sempre parleu, au, alceu-vos, i negueu que vaig ser la seva ombra, la seva orella, el seu últim afecte. Digueu que no la vaig dur a les portes del cel, que no li vaig oferir la darrera aroma, que no vaig veure i acaronar amb ella el seu gran somni. Negueu que vaig ser el seu abric en les nits fredes, la brisa més fresca en les jornades del tròpic.

Tot aquell que vulgui parlar, que ho faci. Tot aquell que em vulgui ofendre, endavant, jo sóc la Rosa, la que cantava a les nits, la que va venir al món per ser insultada. Tot aquell que pensi malament, que no se n'estigui, que escampi la maldat i que la barregi amb la càmfora preciosa dels arbres. Tot aquell que no vulgui creure en el poder de la saviesa, que no hi cregui, i tot aquell que es begui el cafè sense profit, que se'l begui d'un glop mesquí. Tot aquell que negui l'amor, que el negui, i que no busqui les set aromes del món.

Tot aquell que pensi que la vida és cruel, que s'ho pensi. Perquè el cafè és una delícia, estimar és un regal, i la vida, la vida... tot aquell que pensi que la vida no val res, que sàpiga que s'enganya, que la vida és una meravella.

I ara mireu, beneits. Aneu on vulgueu, parleu tant com us plagui, vosaltres que només sabeu parlar. Escampeu ofenses per la terra de Pernambuco, a les ciutats i a les plantacions, que la vostra llengua escupi verí pel Brasil sencer. Sou uns poca-soltes. Digueu, proclameu, anuncieu, xiscleu com corbs que jo, Rosa Fortaleza, vaig acabar amb aquella vida lluminosa. Jo no us penso escoltar. Tant me fa el que digueu, ¿em sentiu? Perquè jo ho tinc ben clar. Perquè jo porto la boca mullada, ¿em sentiu? Encara la porto mullada. I per sempre marcada, la boca, ¿ho veieu? Per sempre, babaus, per sempre marcada amb aquell bes tan bell.

Epíleg

Poc m'ho podia pensar, que en els meus darrers dies assistiria a un viratge rotund dels designis d'aquest món. Mai no he fet cabòries sobre els anys que em tocaria viure, i el fet de passar generosament la setantena ja ha estat prou inesperat per a mi. Però imaginar, a més, que en la meva vellesa la humanitat s'alçaria i es capgiraria com ho ha fet, això no entrava de cap manera en els meus càlculs. Suposo que, a mesura que ens fem grans, perdem la confiança en les mudances dramàtiques, i pensem que la pròpia placidesa és també una condició humana general. És a dir, intuïm que ja res no pot canviar de debò, vist que nosaltres som incapaços de canviar. Però permeteu que ara retorni una pila d'anys enrere, quan jo m'esperava a les platges de la venturosa vila d'Olinda. Recapitulem i anem a pams.

Entràvem en el segon any de regnat de S. M. Ferran VI, sobirà de les Espanyes i de les Índies. Jo em trobava a les platges de la capitania de Pernambuco, amb el meu equipatge a punt, a l'espera de la barca que m'havia de recollir. Havia d'abandonar les latituds brasileres amb un parell de mudes completes, el meu tricorn gastat i una bossa buida de peces d'argent. Deprés de la recerca del misteriós Fèlix Dufoy, dels seus brots de cafè i de la seva vaporosa història, tornava a casa més pobre que abans, però sobretot més desconcertat, perquè no havia trobat ni el personatge anhelat ni les seves veritats. Jo era un altre cop el de sempre, Antoni de Gilabert, mercader d'origen català, establert a l'illa de Cuba. La meva fantasia retornava a l'estadi original, o pitjor encara, tornava a casa acompanyada d'un notable fracàs.

De l'encontre amb la Rosa Fortaleza n'havia destil·lat una forta decepció, malgrat la viva sensació de conèixer una persona excepcional, tal vegada més forta i singular que el cèlebre Fèlix. Al meu pensament encara hi covava interrogants. La Rosa en qüestió havia estat sincera, sens dubte, tal com s'havia expressat. Les seves paraules càlides suaven franquesa pels quatre costats. ¿Però m'havia amagat, potser, alguna cosa? ¿M'havia segrestat la visió i el tacte del millor fruit del cafè? I si era així, ¿per què? Una ombra semblava entelar l'esguard franc i directe d'aquella dona.

Els mariners van començar a carregar les meves pertinences, i jo me'ls mirava distret. ¿Què havia passat al quilombo de Palmares? Mirant enrere, aquella conversa amb la tal Rosa em semblava precipitada, com si per part meva no hagués explotat tot el que en podia treure. ¿Qui era aquella dona blanca, ajaguda al fons de la cabana? Per algun motiu, durant tot el periple de tornada fins a la costa, l'estampa d'aquella anciana m'havia rondat la memòria, i encara la tenia incrustada en les meves remembrances. Tampoc no podia deixar de pensar en el cafè memorable de Fèlix Dufoy. ¿Havia desaparegut del tot, s'havia dissipat sota la capa del cel? ¿L'antiga esclava, ella que semblava tan dotada de llums, no n'havia conservat ni un brot? ¿I per què havia mort el seu amo? Si se n'havia desfet per lucrar-se amb la planta, com deien alguns, ¿a què jugava? ¿Per què no havia volgut negociar amb mi?

Fou justament aleshores, a punt de partir, amb el cap ple de cabòries, quan vaig sentir algú que s'acostava corrent per la platja. Un negre suat de dalt a baix se'm va plantar al davant i em va interpel·lar.

—Amb permís, senyor —va prendre alè—. ¿Sou vós, Antoni de Gilabert?

—Ho sóc.

—La senyora Rosa us crida.

—¿Com? —vaig arrufar les celles, i vaig fer un senyal als descarregadors.

—Rosa Fortaleza.

—Sí, ja m'ho suposo. ¿Que és aquí, a Olinda?

—No, amo, encara és a la zona de Palmares —el negre va esbufegar—. Vol que hi pugeu vós.

Em vaig quedar clavat. Els estibadors em van demanar què havien de fer amb el meu equipatge, i els vaig fer un gest d'espera.

—Per Déu —vaig dir al negre—. ¿Que es pensa que m'he begut l'enteniment? ¿Què vol, la senyora?

—No ho sé, amo.

Dins meu, el mercader corrent i l'aventurer sostenien una lluita a ultrança. D'entrada, vaig fer desembarcar l'equipatge i, davant l'estranyesa dels presents, vaig anul·lar el passatge. Fet això, a poc a poc, la cautela es va anar apagant, i l'expectació es va anar encenent. No sabia el que m'esperava, allà als confins de l'ordre i la llei, i bé podia ser que tornés amb les mans buides altra vegada. Em podia ensopegar dos cops amb la mateixa pedra, i tant que podia. A més, el missatger negre em va deixar ben clar que ell no m'acompanyaria, i que me les hauria de compondre tot sol.

Però ja no s'esqueia el meu retorn immediat a casa. La temptació era massa a prop, i massa gran. A la fi, doncs, la batalla interna es va resoldre a favor del risc. El que em pertocava era respirar a fons i internar-me, de nou, en la terra feréstega de Pernambuco. Havia d'arreplegar les forces que em restaven, esgarrapar el crèdit que pogués, empaquetar els pertrets indispensables i pujar altra vegada al quilombo de Palmares. Allò requeria un esforç colossal, però l'alternativa no era imaginable, atès que un servidor, Antoni de Gilabert, no es podia permetre deixar passar l'ocasió. Mai no m'hauria perdonat abandonar el Brasil amb el corcó de la inquietud. D'haver-ho fet, sabia que tota la vida m'hauria penedit de no esgotar les accions que podien completar l'objecte de la meva missió.

Em vaig obrir pas a les parts agrestes del rerepaís, doncs, armat de poca cosa més que unes bones botes i una ganiveta esmolada. De seguida vaig veure que una onada de destrucció m'havia aplanat el camí. Tres regiments de bandeirantes, en concret, s'havien ocupat de tallar, cremar i violentar tota criatura que aixecava tres pams de terra. Els infeliços que em trobava no s'adreçaven enlloc, més aviat vagarejaven amb la mirada buida, fugint amunt i avall, endavant i endarrere, en tots els sentits imaginables —tret del sentit comú. Jo sabia que les autoritats havien muntat una expedició punitiva, però no sabia que em trobaria cadàvers d'infants a la cuneta, ni cases en cendres, ni dones empalades als troncs dels arbres escapçats. No era el paisatge que més convidava a perseguir la quinta essència del cafè, ni a cavil·lar sobre els misteris del tal Fèlix, i confesso que l'absurditat va ser la meva principal companya de viatge.

Quan vaig posar els peus a Palmares, vaig veure fins a quin punt jo havia abraçat la insensatesa. El quilombo, aquella comuna d'esclaus fugitius, ja no existia. En el seu lloc hi havia una pila de brases, quatre gossos esquifits i una considerable població de rates. La república d'esperances s'havia transformat en una tirania de carronya, buida de vida i de veus humanes. Allò era la fi, vaig pensar. M'havia equivocat, l'aventurer s'havia estimbat contra les fatalitats del món real. Vaig regirar la porqueria, faltat d'altra motivació, i vaig arribar a la trista conclusió que mai no trobaria la Rosa Fortaleza. Em vaig resignar a fer mitja volta.

Al camí de tornada vaig ensopegar-me amb un seguit

d'ànimes errants, i no em vaig poder estar d'interrogar-les. Però deien sempre el mateix: no recordaven res, no sabien res, no volien saber res. Fins que vaig trobar un vell encorbat, afectat de demència, i que a força de glops d'aiguardent em va confiar quatre informacions concretes. La major part dels escapats, va dir, els que no havien volgut renunciar al somni de la revolta, s'havien dirigit a una localitat de nom impronunciable. El nom no em deia res, però era tot el que tenia. Vaig demanar orientacions, al vell i a tot passavolant, i cap allà em vaig encaminar.

Arribar al nou campament de fugitius no va ser cap passeig. Els supervivents de Palmares havien triat un emplaçament inaccessible, envoltat de selva espessa, custodiat per gats salvatges i serps escanyadores. Investit d'una teia encesa i d'una sort miraculosa, em vaig obrir camí fins al gran riu des d'on es distingia, a l'altra riba, l'encanyissat defensiu de la població. Allà em vaig enfilar a una branca i vaig començar a cridar «¡Rosa Fortaleza, Rosa Fortaleza!», d'una manera tan indigna que a qualsevol racó del món civilitzat, sens dubte, m'haurien tancat per boig. Però allà la iniciativa va prosperar, i al cap de poc apareixia la dona que feia al cas i ordenava que em vinguessin a buscar amb un rai. Em va rebre amb una mirada ben oberta i un rostre envellit, que portava la marca de patiments recents. Jo em vaig inclinar.

—Us ho agraeixo, senyora —vaig dir-li—. Ja era a punt de partir quan m'ha arribat el vostre missatge, i he cregut que seria oportú...

—¿Heu vingut sol des d'Olinda? —va preguntar ella—. ¿El missatger no us ha volgut acompanyar?

—No, i admeto que el camí no és gaire bo, però...

—Esteu com un llum, Don Antoni —va somriure—. Com un llum d'oli. M'heu impressionat. Veniu, que us donaré alguna cosa per refer-vos. Déu, em recordeu tant a...

Em va portar a la seva cabana, i el primer que vaig fer va

ser espiar-ne tots els racons. La vella dama blanca no hi era. Vaig acceptar un cafè ben calent i una galeta de blat de moro. A l'estança hi havia un sol llit, un jaç de palla prou endreçada, i un vestit que penjava d'un ganxo. Allò era tot llevat, és clar, de la presència ardent de Rosa Fortaleza, que va seure a terra davant meu. Devia endevinar el que buscava, perquè em va parlar sense esperar que jo la interrogués. La senyora ja no hi era, va dir, l'havien morta els bandeirantes. Ara vivia sola.

La Rosa seia amb les cames plegades, els colzes al damunt i les mans que li aguantaven el cap. M'observava sense moure les parpelles, els ulls atents, els llavis entreoberts. Podien passar els anys, podien bramar les guerres a mig món, podien ploure infortunis, que aquella dona, l'anomenada Rosa Fortaleza, conservava la seva bellesa singular. I com més gran es feia, juraria jo, més commovia amb el seu esguard silent i serè. La faldilla deixava veure mitja cuixa, asseguda com estava, i la meva mirada fugia sense remei cap a les foscors de l'entrecuix. Però la seva expressió magnètica em reclamava un cop i un altre, i no podia resistir la temptació de comprovar, tot sovint, si encara em capturava en el seu gest. Ho feia, no cal dir que ho feia. Posseïa un poder que no era el de la bèstia, ni el del minyó, ni el del governant.

Em vaig acabar aquell cafè únic, i vaig deixar que m'embolcallés la parla sàvia d'aquella dona. Sense demanar-ho, sense ni tan sols pretendre-ho, em vaig embarcar en una història fascinant. La història de Fèlix Dufoy, que la Rosa va anar desgranant davant meu. Potser jo era el confessor que ella havia estat esperant, potser era el testimoni assenyalat per consignar un dels relats més singulars que mai no ha escoltat orella humana. Fos com fos, vaig recolzar el braç a terra i vaig escoltar fins al final, tota una tarda i tot un vespre, aquella relació de fets prodigiosos.

Des de la França intransigent fins al Pernambuco negrer, el periple de Fèlix se m'obria amb tota la seva grandiositat. En aparença, sempre s'havia rendit: s'havia rendit al furor de son pare, s'havia rendit a les normes de l'harem otomà, als brots del mercader àrab, als designis d'una reina etíop, als rituals de la tribu africana, al tutelatge del cirurgià francès i a l'amor sensual de Rosa Fortaleza. Però la seva ingenuïtat no era més que una crosta d'aparença, perquè tota l'estona havia cultivat el seu somni i havia perseguit la pròpia llibertat. El seu relat semblava el del camaleó, sempre canviant, sempre dòcil i ajustable. En el fons, s'havia alimentat d'una determinació fèrria i havia sobreviscut a totes les fatalitats, i sota el seu vernís de resignació havia nascut una ànima indomable.

Set mons havia viscut, que a l'hora de la veritat eren part d'una sola humanitat; set vides atzaroses, com els gats, morint i renaixent de les seves despulles, quan en realitat havia passat per una vida única, plena de sentit; set aromes diferents, fins i tot enfrontades, que es barrejaven i es fonien en l'afortunada cocció del millor cafè. Aquell era el llegat que Rosa Fotaleza, l'única criatura prou venturosa per haver-lo descobert, aquell era el llegat que ella em passava a mi. Amb un missatge clar i fort: cal obrir els sentits per veure i tastar l'enteresa de les coses. Altrament, anirem sempre a remolc de les parts, i no veurem pas la suma, sinó l'aparença de les seves diverses manifestacions. I acabarem pensant que les coses i les persones no són allò que són, sinó allò que volem que siguin.

—¿I qui era, doncs, el vostre Fèlix Dufoy?

—¿Qui era de debò? —va preguntar, amb els seus llavis carnosos, que dibuixaven un somriure mullat—. Era l'únic home bo.

—Però, vejam: ¿el vau matar? Ho sento, no em mireu així, és que no entenc res...

—Ja us ho vaig dir, va ser ell qui m'ho va demanar.

—Però, diantre, ¿per què?

—Mireu, Don Antoni, només us diré que a la persona estimada, la que estimes de debò, la que t'estima de debò, no se li pot negar res. Ni la mort, no se li pot negar.

Se'ns havia fet tard. El ble de l'espelma ja començava a vacil·lar. Ella va escampar palla en un racó, i em va convidar a dormir. Reconec que m'hauria agradat compartir el seu llit, però també admeto que m'hauria semblat impropi ocupar el lloc d'un amor tan gran i tan sacrificat. Vaig bufar l'espelma i, després d'un parell o tres de voltes, vaig caure en un son profund. A l'endemà ella em va sacsejar i em vaig alçar d'un bot. Havíem d'anar a visitar la planta del cafè, va dir ella. Vaig parpellejar com un babau. No estava somniant, no, havia dit ben bé allò: la planta del cafè. Vaig obrir els ulls, em vaig omplir d'aire i vaig bufar fort. Tot seguit em vaig deixar posseir per una rialla d'infant, aguda i incontenible. La vaig voler abraçar, però ella em va frenar.

—Som-hi —va dir.

L'indret era a dues hores de camí, no pas lluny de les runes de Palmares. El sol es filtrava entre els arbres i queia com la pluja damunt d'un túmul de terra fresca. A sobre hi creixia un arbust de cafè. Ella va explicar que, quan s'havia produït l'atac dels bandeirantes, va arribar a pensar que ja no veuria més aquella planta. Però, passat l'avalot, hi va tornar i se'n va fer càrrec. Ens vam estar una bona estona en silenci, i llavors la dona es va agenollar i va acaronar els fruits que ja brotaven de la planta. Va palpar uns grans lluents i vermells, els va ensumar, i els va arrencar amb tendresa, com qui arrenca un fill de la mare. Es va alçar i me'ls va allargar amb un somriure. Vaig arrufar les celles.

—En Fèlix volia que la seva troballa morís amb ell —va sospirar—, però jo no. Jo vull que algú, mereixedor d'aquesta llavor, vetlli per la seva herència.

—¿I com podeu saber que jo sóc la persona?

—Us heu jugat la pell per arribar fins aquesta planta. ¿No és això el que ell va fer sempre? Sou un poc com ell, i jo sé que no malversareu el que teniu entre les mans.

Vaig retenir el tresor amb mans tremoloses. I no em vaig enretirar de cop, no: vaig estar una bona estona amb els meus dits a frec dels d'ella, sentint la rosada fresca d'aquella pell tersa i càlida. Li vaig agrair el regal amb la mirada, també llarga i sostinguda, i vaig marxar d'allà. Me'n vaig anar cap a la platja d'Olinda, i cap a la meva fragata, i cap a les terres de Cuba. Encara avui, quan regiro els fills d'aquella llavor, o els fills dels fills de la llavor, diria que sento als meus dits la humitat generosa de Rosa Fortaleza. Llavors m'oloro les mans, i me les llepo, i recordo la dona que cantava a les nits, la seva salabror marinera i la portentosa història que ella em va contar.

Al meu enginy, prop de l'Havana, vaig provar de plantar-hi el cafè que havia portat de Pernambuco. L'empresa no va ser gens fàcil, perquè alguns grans s'havien fet malbé, altres van germinar però es van morir de seguida, i els que van fructificar van produir uns brots menuts i fràgils. Hi havia un problema de clima, allà al Carib, atès que els dies no eren prou frescos o no eren prou secs, o cap de les dues coses. Vaig cercar consell en alguns manuals i en persones instruïdes, i vaig arribar a la conclusió que havia d'empeltar els esqueixos bons en plantes més bordes i robustes. Així conservaria, si més no, una part de l'essència original. Vaig procedir a fer-ho. Al cap d'uns quants anys, el cafè noble i pur havia sucumbit, i en canvi l'altre, l'adulterat o reforçat, havia pujat esponerós fins al punt d'infantar descendència.

No era ben bé el que jo hauria volgut, però ja era alguna cosa. Amb temps i paciència, doncs, vaig aparellar una plantació modesta, tres-centes soques saludables que produïen prou gra per a mi i per a quatre amics. El beuratge que en sortia no era el que jo havia tastat a Pernambuco. Tenia menys cos, una textura més aspra i, sobretot, no seduïa amb aquell atac d'aromes que et feia tocar el cel amb les mans. Totes les propietats que jo recordava, les que havia tingut la sort d'ensumar i assaborir anys enrere, a penes s'insinuaven en la meva tisana. És clar que, només amb aquella lleu insinuació, el meu cafè ja era com un nèctar dels déus, sense comparança possible amb el gruix del cafè corrent que s'exportava des de les Amèriques. No em vaig fer ric com a cafeter, naturalment, però sí que em vaig dispensar un munt d'alegries a mi mateix i a les persones més properes.

Una de les persones que més va gaudir del meu cafè va ser una dama francesa, força més jove que jo, que va passar una temporada a les Antilles. Al cap d'un temps, ignoro si seduïda per les meves gràcies ocultes o per les meves coccions, aquesta dama va consentir a ser la meva esposa. Arribat el moment, jo vaig decidir tornar a Europa amb la meva adorable consort, tot confiant terres i rendes al meu capatàs. I fou així com em vaig establir a París, en un retir daurat que recompensava tota una vida d'inversions i treballs. L'òpera, les lectures i les converses fàcils van omplir la meva, penso, merescuda jubilació. D'altra banda, em reconfortava pensar que no era gaire lluny de la meva Mediterrània natal.

Val a dir que, al cap de poc, el cuc de la lliure empresa em va començar a rosegar per dins. Un home que s'ha passat tota la vida fabricant propòsits, que ha tingut les mans sempre ocupades tocant gènere, que mai no ha deixat de pensar a ampliar negocis, no es pot convertir de sobte en un dolç paràsit. Un bon dia, doncs, em vaig embrancar en la compra d'un establiment i vaig fundar, jo també, un dels populars cafès que proliferen a la capital de França. El vaig inaugurar sota les arcades del Palais Royal, amb unes taules que, quan feia bo, plantava a fora. Com a particularitat, vaig disposar que només s'hi servissin filtres del meu producte, que jo importava puntualment de Cuba. Cada matí, tastava personalment la beguda, i res no sortia de les cuines que no hagués rebut el meu vistiplau. Vaig batejar l'establiment amb el nom de cafè de Foy, en honor a un personatge que mai no havia conegut, però que tant m'havia influït.

He arribat a vell, i fins fa poc creia que ja havia viscut el millor i el pitjor del que em tocava viure. Imaginava que el darrer tram del camí el viuria en calma, sense sobresalts ni aventures, i que no hi hauria novetat que alterés el dolç i suau pendent que m'havia d'acomiadar d'aquest món. Però fa uns quants dies van succeir uns esdeveniments insòlits, que han fet trontollar la meva placidesa i que, efectivament, han sacsejat també els fonaments del món sencer. Tot va començar una tarda d'estiu al meu cafè, quan jo em trobava allà mateix, entre les taules, oferint conversa i companyia als clients predilectes. De sobte, una cridòria es va alçar del fons de la sala, amb un individu abrandat que s'enfilava a la cadira. Res d'anormal, vaig pensar d'entrada: un ardor característic d'un capvespre estival.

He de puntualitzar que al cafè de Foy s'hi aplega una parròquia molt inquieta, a voltes revoltosa i tot. Escriptors de províncies, nobles arruïnats i picaplets vociferants s'hi donen cita cada dia, i allà esbraven les seves diferències, tant les mútues com les acordades contra el reialme. L'espectacle m'abelleix, i jo no hi poso aturador si no és que arriben a les mans. Sovint penso que els meus beuratges, més punyents que els que se serveixen a la resta dels cafès, subleven els ànims de la clientela. Aquesta noció em complau ben sincerament, perquè em confirma que el gra de la meva collita, el que porta ingredients de les llavors que vaig anar a trobar al Brasil, té unes propietats insòlites. I que desvetlla unes llums, una insurgència de l'esperit i un estat d'alerta superior al de qualsevol altra tisana. «Els que tastin el meu cafè», no em canso de recordar als meus clients, «endevinaran l'existència d'un món millor.»

Tornant a la tarda d'estiu, doncs, diré que vaig apreciar el capitost d'aquell motí, no pas altre que Camille Desmoulins. Era un jove advocat sense feina, conegut per la seva flama interior i els seus parlaments inflamats. No era el primer cop que el veia tan encès. Sempre armava rebombori amb els seus companys de tertúlia. No pertanyia pas a una colla de borratxos, no, ni tampoc de jugadors. Un tal Robespierre, un tal Marat, un tal Danton i altres l'acompanyaven en disputes acalorades. De tant en tant s'hi afegia un tinent d'artilleria, un pobre cors que, per consumir, sovint empenyorava el barret. Li deien Bonaparté, així amb accent final, per ferlo enrabiar. Doncs bé, eren tots uns joves exaltats, units per les paraules elevades i un futur més que dubtós. Aquella tarda li tocava el torn a Desmoulins, com deia, i se'n sortia prou bé. Amb el seu mocador al coll, els punys descordats i els cabells en desordre, bramava per damunt els caps i agitava els braços.

—¡A les armes, ciutadans, a les armes!

La norma era secundar els crits amb consignes enèrgiques, desafiar els miralls de la sala i acabar la paròdia amb una commovedora ronda d'aplaudiments. Aquella tarda, però, les coses van anar un poc més enllà. Potser va ser l'espessor del cafè, potser els estalvis que jo havia ordenat en la dosi de sucre. O potser l'estat general de carestia i de malestar que castigava el regne de França. El cert és que la proclama de Desmoulins va calar a fons entre els seus seguidors, i es va produir una escampada general cap al carrer. Vaig pensar que els tornaria a veure l'endemà, satisfets i ben pagats del seu coratge, xarrupant les tassetes de porcellana en franca solemnitat. Aviat vaig saber, però, que havien reunit una multitud considerable, i que havien pres l'Ajuntament a l'assalt.

A l'endemà em vaig assabentar, ple d'estupor, que aquella gernació s'havia inflat sense mesura, s'havia plantat davant el castell de la Bastilla i havia capturat la cèlebre presó. Aquella penya de joves cridaners, regats pel meu cafè, havien desbocat un cavall sense brida. A partir d'aquí, els fets són coneguts de tothom, i no caldrà que jo ressenyi la importància dels canvis trepidants que han fet trontollar la humanitat. Encara no puc saber on conduirà l'encadenat d'il·lusions, i també de despropòsits, que s'han esdevingut aquest estiu. L'únic que puc asseverar és que tot el rebombori va nàixer al meu establiment. Del meu cafè va sortir l'espurna que després ha encès una autèntica revolució, i això ho haig d'elevar al rang d'homenatge. Salutacions franques, doncs, al misteriós Dufoy, a Rosa Fortaleza i a tants d'altres, veritables ànimes dels set racons de la terra, que van aportar les seves fragàncies al meu cafè. Un cafè que, en honor a la veritat, els pertany més a ells que no pas a mi.